»Wollen Sie mir unter die Schminke schauen? Wollen Sie wissen, was ich von Geld, Glamour, Gott und Gottschalk halte? Dann folgen Sie mir hinter die Kulissen meines Lebens. Dieses Buch ist mein Dank dafür, dass Sie mich fast vierzig Jahre in Ihr Wohnzimmer gelassen haben.«

Thomas Gottschalk brachte frischen Wind ins Radio und prägte einen neuen Stil der ernsehunterhaltung. Als Kinostar und Werbefigur wurde er Kult, als Showmaster ist er Legende – zwei ganze Generationen sind mit ihm aufgewachsen. Aber auch wenn 98 Prozent der Deutschen sagen, dass sie Thomas Gottschalk kennen, hat sich doch nur ein winziger Teil seines Lebens im Licht der Scheinwerfer abgespielt, und vieles, was backstage abgelaufen ist, war spannender, lustiger und ehrlicher als das, was die Kameras eingefangen haben.

Jetzt erzählt Thomas Gottschalk aus seinem Leben: von der Kindheit und Jugend im oberfränkischen Kulmbach, von seinem Aufstieg zum Medienstar und seinen Begegnungen mit den Großen dieser Welt, von Rückzugsorten und Glücksvorstellungen, von Familie und Freunden, tragischen und glanzvollen Momenten.

So nah wie in diesem Buch ist Thomas Gottschalk uns noch nie gekommen: nachdenklich, selbstironisch, lebensklug und ehrlich.

Zum Autor:

THOMAS GOTTSCHALK wurde am 18. Mai 1950 in Bamberg geboren. Er startete seine Karriere beim Bayerischen Rundfunk. Mit der Sendung *Na sowas!* gelang ihm der Durchbruch im Abendprogramm des ZDF. 1987 übernahm er das Unterhaltungs-Flaggschiff *Wetten, dass..?* und moderierte 2023 seine 154. und letzte Sendung. Er hat zwei Söhne und zwei Enkel und lebt mit seiner Frau Karina in München.

THOMAS GOTTSCHALK

HERBSTBLOND

DIE AUTOBIOGRAPHIE

WILHELM HEYNE VERLAG
MÜNCHEN

Penguin Random House Verlagsgruppe FSC® N001967

3. Auflage

Taschenbucherstausgabe 11/2016
Copyright © 2015 by Wilhelm Heyne Verlag, München,
in der Penguin Random House Verlagsgruppe GmbH,
Neumarkter Straße 28, 81673 München
produktsicherheit@penguinrandomhouse.de
Redaktion: Barbara Imgrund
Umschlaggestaltung: Hauptmann & Kompanie Werbeagentur,
Zürich, Dominic Wilhelm
Umschlagfoto: © Frank Bauer, München
Satz: Schaber Datentechnik, Austria
Druck und Bindung: GGP Media GmbH, Pößneck
Printed in Germany

ISBN 978-3-453-60404-9

www.heyne.de

Meinem Freund und Förderer Udo Reiter

1944–2014

INHALT

FROM ME TO YOU

Beatles

Dies ist der dritte Versuch eines Einstiegs. Im ersten hatte ich Ihnen erklärt, warum ich nie ein Buch schreiben wollte, was ziemlich unsinnig ist. Im zweiten hatte ich alles zusammengefasst, was in diesem Buch steht, und damit jede weitere Lektüre überflüssig gemacht. Auch nicht sehr sinnvoll. Jetzt habe ich beschlossen, dass weder Sie noch ich ein Vorwort brauchen. Was wir brauchen, ist ein Warm-up. Vor meinen Sendungen gibt es das auch immer: Dabei habe ich noch zwei Kleenex oben im Hemd stecken wie ein Lätzchen, damit das Make-up den Kragen nicht schon verschmiert, bevor es losgeht. Ein Jackett trage ich noch nicht, damit sich mein Publikum Gedanken darüber machen kann, ob es zu der Hose, die ich immerhin bereits anhabe, tatsächlich eine passende Jacke gibt.

Das Warm-up brauche ich, um die Zuschauer im Saal auf meine Seite zu ziehen. Sie sollen mich ja durch die ganze Show begleiten, so wie Sie mich durch dieses Buch. Ein bisschen Applaus zwischendurch wäre auch nicht schlecht. Ich weiß, das ist unbescheiden, aber einer meiner wenigen Albträume ist, dass ich die Showtreppe runterkomme und keiner klatscht. Genauso wenig will ich, dass Sie beim Lesen einschlafen – das wäre mein Bankrott als Entertainer. Deshalb ist das Warm-up eine wichtige Übung zu meiner und Ihrer Sicherheit.

Das Schöne an diesem inoffiziellen Teil der Show ist die Tatsache, dass die Kameras noch nicht besetzt sind. Und wenn die nicht laufen, hat man auch noch keine Schere im Kopf und legt nicht jedes Wort auf die Goldwaage. Statt dort zu stehen, wo es für Licht und Kameras am besten ist, kann ich zwischen den Zuschauern herumirrlichtern und dummes Zeug erzählen, ohne mir damit gleich die Kritik oder die Quote zu versauen. Mir hat das immer großen Spaß gemacht, obwohl es mittlerweile Profis gibt, die das übernehmen. Beruf: Warm-upper. Nicht bei mir – ich mache das immer noch selber, so wie jedes Wort in diesem Buch von mir stammt und nicht von einem professionellen Hilfsdichter. Die gibt es nämlich auch. Beruf: Ghostwriter. Brauchen wir nicht. Ich schreibe, Sie lesen.

Manchmal habe ich von meinem Publikum einen Kommentar gehört, der vielleicht nicht schmeichelhaft für die anschließende Show war, aber ein Kompliment für mich: »Das Warm-up war das Beste. Da waren Sie echt!« Das stimmt. Und man kann es auch gar nicht verhindern: Sobald die Kameras laufen, wird das, was eben noch Wirklichkeit war, zur Optimierung der Wirklichkeit – und damit zur Show.

Echtsein ist heute in. Kein Wort wird in Castingshows so inflationär verwendet wie »Authentizität«. Vor Jahren, als ich beim Radio anfing, gab es »Ansager«, »Sprecher« und »Conférenciers«. Die einen haben gelesen, was ihnen andere vorgeschrieben hatten, die anderen haben sich vorher aufgeschrieben, was sie sagen wollten. Ich hab einfach drauflosgeredet. Und das mache ich auch in diesem Buch. Allerdings bemühe ich mich gleichzeitig um eine gewisse Ordnung in meinen Gedanken. Das ist neu. Ich beschäftige mich sozusagen mit dem Phänomen, das ich für andere, aber auch für mich selbst bin.

Wollen Sie mir unter die Schminke schauen? Wollen Sie wissen, was ich von Geld, Glamour, Gott und Gottschalk halte? Auch ein Showmaster lebt sein Leben nur zu einem winzigen

Teil im Licht der Scheinwerfer, und vieles, was backstage abgelaufen ist, war spannender, lustiger und ehrlicher als das, was die Kameras eingefangen haben. Wenn Sie Lust haben, dann stehe ich jetzt mit zwei Kleenex im Kragen und ohne Glitzerjacke vor Ihnen, und Sie folgen mir hinter die Kulissen meines Lebens. Ich werde an meinem eigenen offenen Herzen operieren und lasse Sie dabei über die Schulter schauen. Dieses Buch ist mein Dank dafür, dass Sie mich fast vierzig Jahre in Ihr Wohnzimmer gelassen haben.

Teil 1

GREEN, GREEN
GRASS OF HOME

Tom Jones

In meinem Alter wäre es töricht, mir einzureden, dass die beste Zeit meines Lebens noch vor mir liegt. Man mag darüber streiten, ob ich schon durchs Ziel bin oder kurz davor, aber ich habe nicht die Absicht, mich an dieser Diskussion zu beteiligen, solange ich selber noch nicht weiß, wo ich hinwill. Was ich dagegen genau weiß, ist, woher ich komme.

Hätte ich die Wahl gehabt, wäre ich gern zur Hochblüte der Romantik oder im Zeitfenster des Sturm und Drang unterwegs gewesen. Mit dem romantischen Dichter Joseph von Eichendorff verbindet mich nicht nur *Aus dem Leben eines Taugenichts* – eine Biographie, der ich schon früh zu folgen beabsichtigte –, sondern auch eine gewisse schlesische Noblesse.

Die Blaublütigkeit meiner Mutter verliert sich zwar im Nebel diverser »Rittergietl«, also: Rittergüter, von denen bei uns in jeder zweiten Flüchtlingsgeschichte gefaselt wurde, aber ansonsten ist die Herkunft meiner Eltern unstrittig. Mein Vater kam aus dem niederschlesischen Örtchen Kaulwitz und kaufte mir später einen riesigen Atlas nur deswegen, weil er diesen Flecken darin gefunden hatte. Meine Mutter stammte aus dem oberschlesischen Oppeln, genauer gesagt aus Groschowitz. Ich verstand mich also nicht nur als Schlesier, sondern ich verstand auch Schlesisch. Der Schemel war bei uns zu Hause eine »Ritsche« und die Pfütze eine »Lusche«, ich sollte weder »rumgameln« (trödeln) noch auf dem Eis »kascheln« (rutschen). Es gab manchmal Buttermilchsuppe, die »Polifka« hieß, und ein Weihnachten ohne »Mohnkliese« (Mohnklöße) war sowieso undenkbar.

Der Oberschlesier neigt zum Maulheldentum, was dafür spricht, dass man gewisse genetische Konditionierungen bei mir nicht außer Acht lassen darf. Meine Großmutter soll die jüdischen Weinhändler, die das Restaurant ihrer Eltern, die »Villa Nova«, belieferten, und die polnischen Zugschaffner, denen sie auf dem Weg zur Schule begegnete, treffsicher imitiert haben. Hildegard, die Schwester meiner Mutter, trat schon im zarten Alter von zwölf Jahren als Nachwuchspianistin im Rundfunk auf. Mein Vater hingegen trat nirgendwo auf; er fiel auch nie auf, auch dann nicht, als er als »Extranier« mit zäher Selbstdisziplin das Abitur nachholte, das ihm als Bauernsohn auf normalem Wege verwehrt geblieben war. Von ihm habe ich nur die Nase geerbt. Das flusige Haupthaar und die große Klappe kamen von Mutti, der man bereits in einem frühen Schulzeugnis bescheinigte: »Rutila neigt zum Widerspruch.«

Völlig mittellos hatten sich meine Eltern 1945 im Auffanglager Hof wiedergefunden – 30 Kilometer von Kulmbach entfernt. Sie hatten mitten im Krieg in Karlsbad geheiratet und sich danach in den Kriegswirren aus den Augen verloren. Warum sie gerade in Oberfranken gelandet waren, wusste bei meiner Ankunft niemand mehr, aber ich hatte auch nie Anlass, diese Wahl zu beklagen. Meine Eltern hatten das ebenso wenig, denn die wackeren Kulmbacher, die auf Nachnamen wie Murrmann oder Dörnhöfer hörten, mussten sich damit abfinden, dass nach Kriegsende die Trzcezioks oder Kosytorzs schwarmartig in die Kleinstadt am Zusammenfluss des Roten und des Weißen Mains einfielen.

Kulmbach war der Zerstörung weitgehend entgangen. Die Naziorganisation Todt hatte zwar auf der Plassenburg über der

Stadt ein Trainingslager betrieben, und Adolf Hitler hatte es – achtundsechzig Jahre vor mir übrigens – zum Kulmbacher Ehrenbürger gebracht, aber es gab wohl wichtigere Bombenziele als die paar Mälzereien und Brauereien, die Kulmbach dem Feind zu bieten hatte. Den Flüchtlingen, die gerade mit nichts als ihrem Leben »dem Russen« entkommen waren, steckte der Krieg doch wesentlich tiefer in den Knochen als den Kulmbachern die eher freundliche »Befreiung« durch die Amerikaner.

Ich verbrachte viel Zeit bei unserem Nachbarn, dem Schuster Heinrich Witzgall, der immer einen Bürstenhaarschnitt und meistens eine Schürze trug. In seiner Werkstatt roch es wunderbar nach Leder und Klebstoff, und der vierschrötige Meister erzählte in seinem bräsigen oberfränkischen Dialekt beim Besohlen unserer Schuhe die wundersamsten Geschichten. Zum Beispiel vom Kriegsende in Kulmbach. Als »a Banzer« durch die Wolfskehle in die Kleinstadt rollte, sei diesem ein dunkelhäutiger GI entstiegen: »Des wor mei erschter Neecher.«

In meiner frühen Kindheit begegneten mir immer noch die Nachwehen des Krieges. Es gab diverse »Kriegerwitwen«, ein »Ausgleichsamt« und einen »Versehrtenkiosk«. An dem bekam man fränkische Bratwürste, die auf einem Holzkohlengrill brutzelten und von einem einarmigen Kriegsheimkehrer mit einer Zwickzange gewendet wurden, die er virtuos mit seiner einen Hand bediente. Der andere Ärmel seiner weißen Dienstjacke steckte fein gebügelt in der Tasche, was ich – sehr zum Missfallen meiner Mutter – mit meinem Kinderblazer gern nachstellte. Mein von der Großmutter ererbter Hang zur Imitation kam nicht immer gut an. Es gab da noch einen armen Kulmbacher, von dem man wusste, dass er im Krieg verschüttet worden war, was mich aber nicht davon abhielt, das Zittern seines Arms immer dann am Mittagstisch vorzuführen, wenn es Spinat gab.

Aber auch in meinem unmittelbaren Umfeld hatte der Krieg Spuren hinterlassen. Meine Tante Hildegard hatte es vom Piano- zum Orgelspiel gebracht und war Nonne geworden – man munkelte hinter vorgehaltener Hand von »schlimmen Erfahrungen im Krieg«. Hans Seifert, ein katholischer Priester und der beste Freund meines Vaters aus Vorkriegszeiten, war mit seinen drei Schwestern ebenfalls in Kulmbach gelandet. Zehn Jahre nach dem Krieg finanzierte und baute er gemeinsam mit meinem Vater ein Doppelhaus, in das wir 1957 alle einzogen. »Onkel Hans« fand eine Anstellung als Kaplan in der Pfarrei zu Unserer Lieben Frau und wurde für mich zu einer lebensbestimmenden Figur. Im vorkonziliaren Weihrauchnebel der späten Fünfzigerjahre hangelte ich mich als sein Ministrant von Mai- zu Rosenkranzandachten, von Früh- zu Spätmessen und von Kirchweihfesten zu Fronleichnamsprozessionen. Offenbar konnte ich den Hals nicht vollkriegen, denn ich fing an, zu Hause von Ohrensesseln aus zu predigen und huldvoll profane Dinge wie meinen kleinen Bruder zu segnen. Zu Wundern hat es leider nicht gereicht.

Meine Kindheit war friedlich. Ich kann mich nicht daran erinnern, dass meine Eltern sich jemals gestritten hätten, und die schlesische Sippschaft umgab uns wie eine wohlige Plazenta. Onkel Jakob, der Apotheker, Tante Marianne, eine Freundin meiner Mutter, unter den Schlesiern als Ostpreußin nur geduldet, und Onkel Robert, Muttis klapperdürrer Cousin, der einen Job als Architekt suchte – sie alle hockten ausgehungert bei uns in der Küche. Meine Mutter kochte ständig, um den Nachholbedarf zu decken: »Wir hatten ja alle nüscht zu fressen!«

Eher selten war Konrad, Onkel Roberts Bruder, zu Besuch. Er weckte bei mir früh das Fernweh, denn er arbeitete in der Deutschen Botschaft in Bagdad; in meiner Fantasie war er Geheimagent. Für meine Spießigkeit sorgten die Schwestern von Onkel Hans: Tilla, Minke und Grete. Alle drei blieben zeit ihres Lebens unverheiratet, wurden also zu dem, was man damals »alte Jungfern« nannte. Sie verwöhnten mich mit Russisch Brot oder mit Marzipan, das ich hasste, aber aus Höflichkeit schluckte. An der Wand ihrer Dreizimmerwohnung hing ein gesticktes Bild mit dem Satz: »Glücke kennt man nicht, drinnen man geboren, Glücke kennt man erst, wenn man es verloren.«

Um nicht schon jetzt der Verdrängungsgefahr zu erliegen, muss ich an dieser Stelle die beiden frühkindlichen Psychoschocks einfügen, von denen mich einer ausgerechnet bei den frommen Schwestern ereilte. In ihrem *Kleinen Brockhaus* suchte und fand ich immer wieder unter J wie »Jüngstes Gericht« ein Bild von Lucas Cranach dem Älteren, in dem ein schnabelbewehrtes Ungeheuer einen armen Sünder in einen Henkelkorb packte, um ihn ins ewige Höllenfeuer zu transportieren. Vielleicht stand es im Lexikon auch unter H wie Hölle, ich weiß es nicht mehr genau, aber meine Angst vor einer solchen Zwangsverschleppung hat sich bis heute nicht ganz gelegt.

Mein zweites frühkindliches Trauma wurde durch einen pädagogischen Missgriff der Ordensschwestern hervorgerufen, zu denen ich im Caritashaus in den Kindergarten ging. Der bei Katholiken alleingültige Nikolaus mit seiner hohen Mitra war einst der gütige katholische Bischof von Myra gewesen und in seinem prächtigen Ornat ohne Schrecken für uns. Deswegen stellte man ihm einen furchterregenden, zerlumpten Gesellen zur Seite, der bei uns zu Hause Knecht Ruprecht hieß, in Oberfranken aber als Krampus unterwegs war. Diesem »Grambus« – so wird das in Kulmbach ausgesprochen, mit rollendem »r« und weichem »b« – hatten die unsensiblen Nonnen einen Sack umgehängt, aus dem ein kleines Bein ragte. Das Schicksal des »verschleppten« Kindes hat mich über Jahre in meinen Träumen verfolgt. Ich wusste nicht, ob ich es in der Hölle, im Fegefeuer oder im ewigen Eis vermuten musste – im Himmel (und nur dort war man glücklich, wenn man sich nicht zu Hause befand) war das arme Wesen auf jeden Fall nicht.

Das war's dann auch an frühen Schockerfahrungen. Gut, einmal habe ich meinen Vater nach einem Umzug des Schützenvereins im Vollrausch auf dem Sofa liegen sehen, aber das zählt nicht, ich wurde sofort aus dem Zimmer eskortiert, als läge dort ein Mordopfer auf der Bahre.

Ich wuchs in einer behüteten Sorglosigkeit auf, die mich heute noch anspringt, wenn ich die Fotoalben meiner Kindheit durchblättere. Ich gehöre zur letzten Generation, die in Schwarz-Weiß groß geworden ist. Farbfotos von mir existieren erst ab meiner Pubertät, und es gibt nur eine wackelige Filmaufnahme vom Richtfest unseres neuen Hauses am Galgenberg. Meine Mutter frisch vom Friseur, mein Vater als Bauherr im feinen Zwirn, der über dem Bauch spannt. Ich bin zehn Sekunden im Bild und verstecke mich zum ersten und letzten Mal in meinem Leben vor der Kamera.

Deutlich erinnere ich mich auch an ein Fotoalbum, das leider irgendwann verloren ging. Die Pappe war schwarz, die Fotos steckten in Klarsichtecken. Meine Tante Hildegard hatte in Schönschrift mit einem weißen Stift launige Kommentare daruntergemalt. Es gab darin eine kleine Fotoserie mit mir im Freibad, wo man mich früh zum Helden stilisiert: Mein erster, furchtsamer Schritt ins kühle Nass ist noch mit »Brrr … ist das kalt« untertitelt, aber dann folgt sofort ein furchtloses:

»Aber forsch hinein!«, und man glaubt es nicht – ich stehe bereits bis zum Bauch im Wasser!

Auf allen Fotos meiner Kindheit sieht man Menschen, die lachen. Was bei anderen eine Sonntagslaune gewesen sein mag, bestimmte bei uns den Alltag. Meine Mutter lacht meinen Vater an, mein Vater lächelt milde zurück und sieht dabei wie alle Männer seiner Generation älter aus, als er ist. Ich lache sowieso, grundsätzlich und überall. Zu etwas anderem hatte ich auch keinen Grund. Alles wurde aus dem Weg geräumt, was mein kindliches Glück hätte gefährden können. Das ging so weit, dass man den Lesezirkel aus dem Wartezimmer entfernte, wenn ich in der Anwaltskanzlei meines Vaters auftauchte. Eine Mordgeschichte in der *Quick* oder der Ansatz eines Busens in der *Neuen Revue* hätten bei mir ja frühkindliche Spätschäden auslösen können, also weg damit. Vielleicht wurde da zu viel des Guten getan, aber ich habe in dieser Zeit wohl ein solches Übermaß an Lebensvertrauen entwickelt, dass ich heute noch davon zehren kann.

Mein Vater hat mir beigebracht, auf Menschen zuzugehen; manchmal habe ich das wohl übertrieben. Warum ich dem Kinderbuchautor Otfried Preußler mit sieben Jahren einen Brief schrieb, in dem ich mich altklug für sein Kinderbuch *Der kleine Wassermann* bedankte, ist mir heute schleierhaft. Aber ich verfasste den Brief im Krankenbett nach einer Mandeloperation und hatte wohl von der Strickliesel die Schnauze voll, die mir irgendeine Tante ins Spital gebracht hatte. Dass ich dort strickend im Bett gelegen haben muss, ist mir heute noch peinlich.

Meine Mutter stärkte unser Selbstvertrauen, indem sie immer wieder betonte: »Ihr müsst euch vor niemandem verstecken«, und mein Vater erklärte mir früh seine pädagogischen Absichten: »Ich kann dich auf den richtigen Weg stellen. Gehen musst du ihn allein.« An dieser häuslichen Harmonie – und an nichts anderes kann ich mich erinnern – kommen mir heute manchmal leise Zweifel. Kann es so etwas überhaupt geben? Ist das eine späte Verklärung früher Missverständnisse?

Wir pflegten das überkommene Familienbild der Fünfzigerjahre: Der Vati ging ins Büro, die Mutti war für Kinder und Haushalt zuständig, und wir hatten eine Hausangestellte, Rosemarie, weshalb meine Mutter wahrscheinlich keine größeren Aufstände gegen ihre eigene »missliche« Lage veranstaltete (die sie nach meiner Beobachtung auch durchaus nicht als verzweifelt empfand). Nach dem frühen Tod meines Vaters wurde ein paar Gänge zurückgeschaltet, meine Mutter fing an, »günstig« zu kaufen, und der Job des Dienstmädchens ging an mich. Aber auf die Idee, dass meine Mutter arbeiten gehen müsste, kam keiner. Sie war immer da, wenn wir sie brauchten, und leider auch, wenn wir sie überhaupt nicht brauchten. Mutti war omnipräsent.

Ich kannte ein anderes Familienmodell nur von den Kindern, die in einer Siedlung der Arbeiterwohlfahrt in der Stettiner Straße gleich um die Ecke lebten. Während ich schon mit Penatencreme am Hintern im Bett lag, fuhren die Ständners und die Weisflogs noch mit scheppernden Seifenkisten den Galgenberg hinunter oder bauten sich Burgen in den riesigen Kastanienbäumen, die ihn säumten. Tagsüber hing ihnen der Hausschlüssel um den Hals, damit sie in die Wohnung konnten, während beide Eltern in der Fabrik arbeiteten, und am Abend mussten sie nicht ins Bett. Um beides beneidete ich sie.

Mein Vater war zwanzig Jahre älter als meine Mutter. War sie das Dummchen mit dem Vaterkomplex? Nichts, was ich in späteren Jahren mit ihr erlebt habe, spricht dafür. Hat sie die Rolle gespielt, die für Frauen jener Zeit im Drehbuch stand? Zu leiden schien sie nicht an diesen furchtbaren drei Ks: Kinder, Küche, Kirche, sie hat sie täglich genussvoll durchbuchstabiert. Mir ist ein bezeichnender Satz von ihr in Erinnerung: »Der Vati hat nie gewusst, wo die Kaffeelöffel sind!« Sie meinte das als Kompliment für ihn und sich selbst. Es gab keinen Anlass für meinen Vater, die Kaffeelöffel zu suchen, weil sie sie bereits dorthin gelegt hatte, wo er sie brauchen würde; er hatte schließlich wichtigere Dinge im Kopf. Würde diesen Satz heute meine Frau über mich sagen, hätten wir beide etwas falsch gemacht. Damals ging er in Ordnung, so wie vieles in Ordnung ging, was heute gar nicht mehr geht.

Jedes Mal, wenn ich an den Selleriestücken herumwürgte, die in der Graupensuppe schwammen, musste ich mir anhören: »Ihr habt eben nicht gehungert.« Auf dem Dachboden stand als Denkmal der Entbehrung noch die Rübenpresse, und dauernd war von der »schweren Zeit« die Rede. Erst später wurde mir klar, was mir Helmut Kohls »Gnade der späten Geburt« erspart hatte. Ich entstamme einer Generation, wie sie es in Deutschland nicht oft gegeben hat: Wir sind sechzig geworden, ohne einen Krieg im eigenen Land erlebt zu haben.

Und ich komme aus der tiefsten Provinz. Kulmbach, in Nordoberfranken weitab von jeder Großstadt gelegen, war, solange ich dort gelebt habe, Zonenrandgebiet; bei Sonntagsausflügen geriet man immer wieder in den Sichtbereich des Stacheldrahtes. Für uns waren die Grenzsoldaten, die auf ihren Wachtürmen ständig durch ihre Ferngläser glotzten, interessante Vertreter einer fremden Macht. An jedem 17. Juni, dem Tag der deutschen Einheit, standen wir, als Schulklasse geschlossen angetreten, vor dem Kriegerdenkmal im Stadtpark und gedachten pflichtschuldig unserer »Brüder und Schwestern hinter dem Eisernen Vorhang«. Die von Provinzpolitikern heruntergeleierten Sonntagsreden – keiner glaubte damals an eine Wiedervereinigung – wurden nur dadurch spannender, dass man dabei einer Fackel, die man in der Hand hielt, beim Abbrennen zuschauen konnte. Zu Weihnachten stellten wir, weil sich das gehörte, für die Menschen in der Zone Kerzen in die Fenster, obwohl sie das hinter ihrem Eisernen Vorhang gar nicht sehen konnten. Meine Mutter fand die Sache mit den Kerzen eher bedenklich, weil sie befürchtete, das Haus könne in Flammen aufgehen.

Ich kann mich nur an verschneite Weihnachtstage erinnern – ein Eindruck, der keiner Statistik standhält, aber ich lasse es mir trotzdem nicht nehmen: Im Winter hat's zuverlässig geschneit, und im Sommer war immer Badewetter. Das Kulmbacher Schwimmbad, so wie ich es von früher in Erinnerung habe, ist heute noch ein Fluchtort für meine Fantasie, an den ich mich gedanklich zurückziehe, wenn ich mich von der Wirklichkeit bedrängt fühle. Wenn man entlang der Flutmulde mit dem Fahrrad – damals mein einziges Fortbewegungsmittel – dorthin fuhr, war schon von fern das dumpfe Brausen eines Wehrs zu hören; denn das Freibad lag am Weißen Main, der an dieser Stelle gestaut war. Das Geräusch niederprasselnden Wassers vermischte sich beim Näherkommen mit dem Stimmengewirr lärmender Kinder und dem Plumpsen vom Sprungturm fallender Körper. In meiner Erinnerung ist das heute noch ein symphonisches Klangerlebnis. Wann immer ich will, höre ich das Trampeln nackter Füße auf den hölzernen Lattenrosten, die das Becken einrahmten, und habe das Gemisch aus Sonnenöl, Chlor und Schweiß in der Nase.

Diese jederzeit abrufbaren Erlebnisfetzen habe ich im Ordner »Heimat« mental abgeheftet. Wenn ich heute im Flugzeug sitze und nicht mehr genau weiß, woher ich komme und wohin ich will, dann rufe ich solche Erinnerungen ab: das »Transeamus« des schlesischen Komponisten Joseph Ignaz Schnabel, das Herr Krömer – ein Mitarbeiter des Kulmbacher Arbeitsamtes und begabter Bass – jedes Jahr zu Weihnachten im Hochamt sang und dabei die Damen des Kirchenchores mit ihrem »Glohohohohooria« abhängte. Den Geruch in der Sauermannschen Fleisch- und Wurstfabrik, in der ich in den Ferien arbeitete. Ich steckte dort Schaschlik auf Spieße und habe mich vor den Nierenstücken derart geekelt, dass ich sie einfach weggelassen habe. Meine Schaschliks waren hochwertiger als die anderen, aber abends musste ich heimlich eine Wanne voller Nieren entsorgen.

Diese DNA einer oberfränkischen Kleinstadt ist ein Teil von dem, was mich ausmacht, und sie wird es auch immer bleiben. Es wäre ein Armutszeugnis, wenn ich inzwischen nichts dazugelernt hätte, aber ich behaupte ernsthaft, dass damals ein Koordinatensystem geschaffen wurde, auf dem ich seitdem die senkrechte Achse nur noch in verschiedenen Richtungen hin- und hergeschoben habe. Wahrscheinlich habe ich mich mit diesem Bild aus der Geometrie verhoben – denn wenn ich eine Form von Bildung besitze, dann ist es keine naturwissenschaftliche, sondern eine humanistische. Und eine solche schließt alle mathematischen Kenntnisse aus, die über das kleine Einmaleins hinausgehen.

Ich erinnere mich sogar noch an entsprechende Diskussionen in meinem Elternhaus. Es gab auf dem Kulmbacher Markgraf-Georg-Friedrich-Gymnasium, das erst während meiner Schulzeit den Namen des fränkischen Hohenzollerngrafen erhielt, einen naturwissenschaftlichen und einen humanistischen Zweig. Während jeder vernünftige Mensch die Tatsache, dass man auf dem »Realgymnasium« Englisch und Französisch lernen würde, zur Grundlage einer realitätsnahen Entscheidung gemacht hätte, war mein Vater anderer Meinung. Ich bin ihm heute noch dankbar für diesen Anachronismus und teile mit allen Humanisten aus dieser Epoche eine durch nichts begründete Arroganz. Man löst die Probleme des Lebens *sine ira et studio*, also ohne Zorn und Eifer, benutzt komplizierte Fremdworte, die man auf ihren lateinischen oder griechischen Ursprung zurückzuführen weiß, und vermittelt unaufhörlich den Eindruck, sich die Gedankentiefe eines Sokrates und die Redekunst eines Cicero auf dem schulischen Dienstweg ganz nebenbei erworben zu haben.

Allerdings war der Pfad zum humanistischen Abitur damals noch ein schmerzlicher – eine *via dolorosa*, wie der Lateiner sagt. Zum großen Latinum mit neun Jahren Latein kam das große Graecum mit sechs Jahren Altgriechisch. Zwischendurch geriet ich ins Schleudern, da ich durch wiederholtes Sitzenbleiben in die eine oder andere Reform des schulischen Systems schlitterte und dadurch eine sehr eigenwillige Laufbahn nahm.

Aber der Reihe nach. Neben der häuslichen Idylle und der provinziellen Umgebung war auch meine Schulzeit im unaufgeklärten, unaufgeregten Lehrbetrieb der Sechzigerjahre eine Wanderung durch arkadische Landschaften, trotz einer erschreckenden Erkenntnis, die mir erst sehr viel später gekommen ist. Es geht gar nicht anders: Mein gesamter Lehrkörper hat seine Jugend und Ausbildung in der Nazizeit hinter sich gebracht. Nicht, dass mir oder uns das zu dieser Zeit ins Bewusstsein gedrungen wäre. Aber die kauzigen älteren Herren, die damals Mitte bis Ende fünfzig waren, müssen an der Front, in der Hitlerjugend, in der SA oder im günstigsten Fall beim Sanitätsdienst das Dritte Reich durch- oder mitgemacht haben. Es hat sich zumindest keiner von ihnen als Widerstandskämpfer geoutet.

Das Kriegsende war bei meiner Aufnahmeprüfung ins Gymnasium gerade mal fünfzehn Jahre her. Ich bin aus jener Generation, die in der Schule Hannibals strategische Leistungen im Zweiten Punischen Krieg wesentlich ausführlicher im Lehrplan stehen hatte als Hitlers verbrecherische Feldzüge. Die Hermannsschlacht im Teutoburger Wald, im neunten Jahre des Herrn, wurde in Geschichte ausführlich besprochen, Stalingrad nicht. Wollte die Vätergeneration sich aus der Verantwortung schleichen? Wollte man den Kindern das Trauma und sich selbst jede Form von Eingeständnis ersparen? Ich habe diese Fragen weder meinen Lehrern noch meinen Eltern gestellt.

Meine Mutter war bei der Kapitulation vierundzwanzig Jahre alt und hatte den Krieg als Lazarettschwester miterlebt. Ihre Erzählungen von eitrigen Verbänden, die sie aufschneiden musste, wenn die Verwundeten zerschossen von der Front heimkamen, waren für uns Halbwüchsige, die wir gerade die Beatles entdeckten, das Signal, auf Durchzug zu stellen. Heute schäme ich mich dafür, aber damals war da nicht der Ansatz eines Problembewusstseins. Mein Vater war Jahrgang 1902, hatte also als Jugendlicher den Ersten Weltkrieg erlebt und war einer der jungen Männer, die gerade ins Leben treten wollten, als der Kriegswahn erneut begann. Hat er mitgemacht? War er Opfer eines mörderischen Systems oder war er Täter? Fast muss ich in diesem Fall von der Gnade des frühen Todes sprechen, denn als ich alt genug war, ihm diese Fragen zu stellen, hat er nicht mehr gelebt. Ich gab mich gern mit den Beschwichtigungen meiner Mutter zufrieden, nach denen mein Vater natürlich kein Nazi war: Er hatte erst in einem Kosakenregiment gedient, was auch immer das gewesen sein mag, und wurde später als Lastwagenfahrer eingesetzt, weil er eine Fahrerlaubnis für Traktoren und Zugmaschinen hatte. Das Wort »Führerschein« habe ich mir gerade verkniffen.

Es ist mir heute selbst ein Rätsel, warum ich die zeitliche Nähe zu dieser dunklen Epoche nie als Auftrag begriffen habe, Fragen zu stellen. Muss ich mir deshalb vorwerfen, ein unpolitischer Mensch zu sein? Denn so wenig ich meinen Lehrern eine mögliche, wenn nicht sogar wahrscheinliche Nazivergangenheit vorwarf, so wenig roch ich an ihnen den »Muff von tausend Jahren«, der angeblich unter ihren Talaren hing. Die Außerparlamentarische Opposition erhob gerade ihr langhaariges Haupt; es gab sie auch in Kulmbach, aber ich wusste nichts mit ihr und sie nichts mit mir anzufangen.

Lieber legte ich mir eine Mao-Bibel zu und auch gleich noch das optisch ähnlich aufgemachte Bändchen mit den *Worten des Vorsitzenden Heinrich*, eine Verarsche des an Alzheimer erkrankten Bundespräsidenten Heinrich Lübke. Von dieser Krankheit wusste man damals noch nicht viel und lachte den ersten Mann im Staate aus, weil er auf dem Marktplatz von Helmstedt stand und ihm bei der Begrüßung der Bürger der Name des Ortes nicht mehr einfiel. Dass er bei einem Staatsbesuch in Afrika auch die »lieben Neger« begrüßte, ist zwar eine unfromme Legende, aber dass »die Leute dort auch mal lernen müssen, dass sie sauber werden«, hat er leider wirklich gesagt. Wir fanden das lustig, und ich mochte das grüne Büchlein mit den Lübke-Aussetzern mehr als die rote Mao-Bibel. In meiner Klasse war damals auch ein Trotzkist. Aber was immer das war, es schien ihm bei den Mädchen keinen großen Vorteil zu verschaffen.

Nun wird mich der Verdacht des Lesers treffen, dass ich nicht nur unpolitisch, sondern schlichtweg oberflächlich bin. Es wäre hilfreich, könnte ich zu meiner Ehrenrettung anführen, dass ich eben ein Träumer war, ein weltentrücktes Seelchen, das tief betrübt die *Leiden des jungen Werther* gelesen hätte. Aber nichts dergleichen. Während der optimistische Deutschlehrer Josef Heim uns eine Interpretation von Kafkas *Schloss* abnötigte, an dem schon ganze Generationen von Germanisten gescheitert sind, begnügte ich mich in meiner Freizeit mit einer Form von Literatur, die ich nicht nur verstand, sondern im Notfall auch hätte selbst schreiben können.

»Schmutz und Schund«, zürnte meine Mutter jedes Mal, wenn sie wieder eines der rot-schwarzen *Jerry-Cotton*-Hefte aus einem Versteck zog oder einen *Kommissar X* in meiner Schultasche fand. »Groschenhefte«, stieß sie angewidert hervor, während sie diese in Fetzen riss – was mich nicht nur jedes Mal 70 Pfennige kostete, sondern auch meine Kombinationsgabe förderte, denn nun musste ich den Kriminalfall selbst lösen. Ich gab den braven Sohn, zeigte mich einsichtig und versprach, an *Jerry Cotton* keinen Pfennig mehr zu verschwenden. Zur Abwechslung las ich dann eben die Abenteuer der *Schwarzen Fledermaus*, in denen sich ein blinder, aber heimlich längst wieder sehender Anwalt der New Yorker Verbrecherszene annahm, wobei er eine Fledermausmaske trug. Dass er ein billiges Batman-Plagiat war, wurde mir erst Jahre später klar; das Phantom aus Gotham hatte es damals noch nicht bis nach Kulmbach geschafft.

Comics interessierten mich nicht, ich reiste mit Karl May durchs Wilde Kurdistan oder ins Land der Apatschen. Die Bilder zu den Abenteuern meiner Helden malte ich mir im Kopf aus, und der internationale Kult um Superman und Co. blieb mir fremd. Der einzige Comic mit internationalem Flair, den ich kannte, war Tarzan. Ansonsten gab es mit Falk und Sigurd zwar ein paar edle deutsche Comic-Ritter, die allerdings mit ihren Pferden (»Ho, Brauner«) oder Feinden (»Nimm dies!«) nur relativ kurze Dialoge pflegten und zu Selbstgesprächen neigten (»Himmel … ich bin geblendet!«).

Was meine Mutter in diesen Machwerken an Gewaltverherrlichung und sittlicher Verrohung vermutete, entsprach nicht ansatzweise ihren Befürchtungen. Es waren moralinsaure Schwarz-Weiß-Geschichten, in denen es meist ein Opfer, einen Täter und ungefähr drei Verdächtige gab – mehr hätten die Fans dieser Literaturgattung geistig gar nicht verkraftet. Am Ende siegte das Gute, und dem chronisch überlasteten Vertreter des Rechts – sei er Privatdetektiv, FBI-Agent oder scheinblinder Anwalt – blieb nie die Zeit, sich um die schmachtenden Frauen am Wegesrand zu kümmern.

Mit meiner literarischen Grundausstattung made in Kulmbach bin ich ganz gut über die Runden gekommen. Ich hatte nie den Ehrgeiz, mit Dostojewski der ganz großen Frage nach Schuld und Sühne nachzugehen oder mit Nietzsche das Elend der eigenen Existenz auszuloten. Ich war immer, mit Mörike, ein Mann der Mitte: »Herr, schicke, was du willst, / ein Liebes oder Leides; / ich bin vergnügt, dass beides / aus deinen Händen quillt. / Wollest mit Freuden / und wollest mit Leiden / mich nicht überschütten, / doch in der Mitten / liegt holdes Bescheiden.«

Wenn ich mich einer Figur aus dem großen Welttheater verbunden fühle, dann entstammt sie nicht den Dramen Shakespeares oder der Gedankenwelt eines deutschen Dichterfürsten. Es wäre ein Fabelwesen aus dem Kopf von Emanuel Schikaneder, der das Libretto für Mozarts *Zauberflöte* verfasst hat. Dem Vogelfänger Papageno habe ich mich verbunden gefühlt, seit ich ihm mit siebzehn im Landestheater Coburg zum ersten Mal begegnete. Sein schlichtes Lebensmotto »Stets lustig, heißa, hopsassa« ist kein schlechtes. Dagegen war mir Tamino, dieser alte Streber und angestrengte Tenor, der sich durch diverse

Prüfungen quält, um am Ende in den Besitz der Weisheit zu gelangen, immer ein Gräuel. Wo Papageno – wie ich ein entspannter Bariton – entgegen der Götterweisung, die Klappe zu halten, diese weiterhin munter aufreißt, um nach Speis' und Trank zu rufen, schickt Tamino sich schweigend in sein Los. Der »Weisheitslehre« gilt sein Streben, während sich der Vogelfänger nur das wünscht, was ich auch wollte: »ein Mädchen oder Weibchen«.

Mädchen oder Weibchen konnte man in Kulmbach am besten mit einem orangefarbenen Plastikbomber der Marke NSU Prinz auf sich aufmerksam machen; ein eigenes Auto hatte in meiner Klasse allerdings nur die Tochter des Zahnarztes. Es handelte sich beim Markgraf-Georg-Friedrich-Gymnasium zwar um eine Knabenschule, jedoch waren einzelne humanistische Jungfrauen als Vestalinnen zugelassen. In meiner Klasse waren es drei: Ilse, Elke, und später kam die sehr ansehnliche Zahnarzttochter Dagmar dazu. Die anderen Damen blieben im »Lyzeum« unter sich, was bereits die fortschrittliche Bezeichnung der ehemaligen höheren Töchterschule war.

Mein Schulweg war gegenläufig zu dem der Oberschülerinnen und ich dadurch täglich auf Brautschau. Die höheren Töchter waren mir zu wohlerzogen, es zog mich eher zu Fleischfachverkäuferinnen und Friseusen. Meine Mutter sah das mit Sorge, und ich tat ihr deshalb den Gefallen, wenigstens öffentlich Anstand und Würde zu zeigen. So führte ich beim Abschlussball meines Tanzkurses wunschgemäß die Tochter des Krankenhaus-Chefarztes am Arm, aber verknallt habe ich mich dann doch in eine Friseuse. Ich erwähnte dies meiner Mutter gegenüber nicht und Ihnen gegenüber nur, weil ich den entsprechenden Familienanschluss heute noch für bemerkenswert halte.

Brigitte wohnte in Höferänger, was nicht die feinste Ecke Kulmbachs war. Man nannte sie dort »Gittla«. Ihr Vater war Maurer, und er bot mir bei Hausbesuchen Bier an – ein Getränk, das bei uns zu Hause wenn überhaupt nur aus Gläsern getrunken wurde. Brigittes Vater schnalzte routiniert den Bügel vom Kopf der Flasche und gluckerte das Bier direkt aus der Pulle weg. Kulmbach war zu dieser Zeit noch die »Weltstadt des Biers«, und der Fachmann trank Reichelbräu. Gittlas Vater war einer.

Nach der zweiten Flasche griff er zum Akkordeon. Auch das war ein für mich neues Instrument. Ich ging bei Frau Noll zur Klavierstunde, und zu Weihnachten, wenn meine Mutter am Piano saß, übernahm ich die Blockflöte. Soweit ich mich erinnere, spielte der Maurer besser Akkordeon als meine Mutter Klavier und definitiv besser als ich Blockflöte. Wenn er leicht beschwipst eine Akkordeonfassung des »Klarinettenmuckl« hinlegte, war das für mich eine virtuose Vorstellung. Zum einen, weil es gut klang, zum anderen, weil er nicht in Gittlas Zimmer auftauchen würde, solange er unten die Ziehharmonika quetschte. Trotz des musikalischen Vaters hat die Sache nicht lange gehalten, ich wandte mich kurz darauf einer rothaarigen Metzgereiangestellten zu, die Mona hieß. Um Mona zu verschleiern, erzählte ich meiner Mutter von der reizenden Friseuse. Gittla hat ihr dann jahrelang die Haare gemacht.

Ich hatte nichts, was Mädchen hätte beeindrucken können. Kein Auto, nicht mal ein Moped – und Letzteres galt zu jener Zeit als nicht zu unterschätzendes Statussymbol. Das lag daran, dass unserer Familie relativ früh der Ernährer und damit auch unser komfortabler Mittelklassewohlstand weggebrochen war. Mein Vater hatte sich in einem vornehmen Bürgerhaus in der Langgasse 6 eine gutgehende Anwaltskanzlei aufgebaut, war zum Stolz meiner Mutter auch am Landgericht in Bayreuth zugelassen und saß außerdem als Mitglied der CSU-Fraktion im Stadtrat. Ein geachteter und gefragter Mann also – was nicht verhindern konnte, dass ihm die Ärzte eines Tages eine furchtbare Diagnose stellten: Bauchspeicheldrüsenkrebs.

So wurde ich mit zwölf Jahren hilfloser Zeuge eines zweijährigen Martyriums. Mein Vater war jünger, als ich es heute bin, als ihm zwei Drittel seines Magens entfernt wurden. Als die Metastasen nach einem Jahr wiederkehrten, wusste meine Mutter, dass es keine Rettung gab. Ich war dreizehn, als sie mich in die Arme nahm und schluchzte: »Der Vati wird sterben.« Das war das einzige Mal in meinem Leben, dass ich nicht wusste, was ich sagen sollte. Es war schon deswegen nicht einfach für mich, mit dieser Situation umzugehen, weil ich mich mit einschneidenden Änderungen in meinem Leben schwertue. Das gilt bis heute. Ich will, dass alles in geordneten Bahnen verläuft – und zwar möglichst »normal«, wie bei anderen Leuten auch.

Großväter sterben. Väter führen die Braut ihres Sohnes zum Altar und entschlafen irgendwann als alte Männer friedlich im Kreise ihrer Enkel und Urenkel. So hatte ich mir das vorgestellt, wenn ich jeden Abend die Hände gefaltet und gebetet hatte: »Die Eltern mein empfehl ich dir, behüt, o lieber Gott, sie mir!« Ich liebte meinen Vater und rätselte, warum uns der liebe Gott das antat, aber ich kam nicht auf die Idee, ihn dafür zu hassen, dass er mir den Vater nahm. Der übrigens auch nicht. Irgendjemand brachte ihm geweihtes Wasser aus Lourdes, und ich sehe ihn noch heute vor mir, wie er kurz vor seinem Tod mit großem Ernst das Fläschchen leerte. Doch das Wunder blieb aus. Wir standen alle an seinem Bett, als er starb. Sein letzter Satz war: »Haltet alle fest zusammen.«

PARADISE LOST

The Herd

Als der Sarg mit meinem Vater aus dem Haus getragen wurde, hatten sich die Rollen in der Familie verändert. Meine Mutter hielt nicht mehr mich an der Hand, sondern ich hielt die Hand meiner Mutter. Sie war zu diesem Zeitpunkt knapp über vierzig, und es hat nach meinem Vater keinen Mann mehr in ihrem Leben gegeben. Sie verbrachte es damit, mich und meine jüngeren Geschwister Christoph und Raphaela durch Schule und Ausbildung zu schubsen.

Meine kleine Schwester wurde von Mutti »mein Lichtblick« genannt. Wir Söhne trugen wenig dazu bei, uns Kosenamen zu erwerben. Die einzige Stütze meiner Mutter war Onkel Hans – nicht nur als offizieller Testamentsvollstrecker, sondern auch als ständiges Ziel ihrer Klagen. Der arme Mann erschien jeden Freitagnachmittag bei uns, nachdem er sich zuvor in der anderen Haushälfte, in der seine Schwestern lebten, das auch nicht gerade muntere Gezwitscher der drei alten Jungfern angehört hatte.

Der Kaplan war inzwischen zum Studienrat befördert worden: Er unterrichtete in Kronach am Kaspar-Zeuß-Gymnasium und hatte zusätzlich – vielleicht als Fluchtpunkt vor den diversen Klageweibern – eine Pfarrei im tiefsten Frankenwald übernommen. Besser als dort kann man sich nirgends auf der Welt verstecken. Ohne lügen zu müssen, konnte er zwischen Oktober und März jederzeit behaupten, eingeschneit zu sein. Aus diesem Kaff brachte er in regelmäßigen Abständen Kollektionen aus einer kirchlichen Kleidersammlung mit.

Und während sich meine Klassenkollegen in Bamberg beim Hertie Schlaghosen und Beatstiefel besorgten, klaubte ich mir aus trostlosen Pappkartons irgendwelche Kleidungsstücke, die anderen nicht mehr gut genug gewesen waren.

Ich kombinierte den Kram mit ein paar Teilen, die ich mir hatte leisten können, und tat so, als sei ich modisch nicht hinterher, sondern voraus. In der Kleinstadt und mit meiner Klappe ging das. In München wäre ich ein Clown gewesen, in Kulmbach war ich ein Exot. Auf eine russische Pelzmütze, die ich bei einem Besuch bei Onkel Horst und Tante Mia in der DDR zu einem guten Wechselkurs erworben hatte, steckte ich mir einen Sowjetstern, der Marx und Lenin Schulter an Schulter zeigte. Mit einem wadenlangen, engen Mantel mit Pelzkragen sah ich aus wie ein Statist aus *Doktor Schiwago*.

Weil es fürs Moped nicht reichte, gab ich keine Ruhe, bis ich ein Vélosolex aufgetrieben hatte – ein Fahrrad mit Hilfsmotor, das in Paris jeder Teenager besaß, das aber in der oberfränkischen Provinz noch kein Mensch gesehen hatte. Ich kannte es aus der französischen Musikzeitschrift *Salut les copains*, die es nur am Kulmbacher Bahnhofskiosk gab – genau ein Exemplar, und wenn ich es nicht kaufte, kaufte es keiner. Genauso war es mit dem Vélosolex, das irgendein Bayreuther Fahrradhändler in Zahlung genommen hatte. Mein Freund Elmar Kiessling fuhr mich mit seinem Opel Kadett hin, und ich knatterte auf meiner Neuerwerbung selig die 24 Kilometer nach Hause. Das Ding bewegte sich nur im Schneckentempo und bei Regen überhaupt nicht, weil die kleine Walze, die das Vorderrad antrieb, dann nur über den nassen Reifen flutschte. Es regnete viel in Kulmbach, aber trotzdem saß ich meist schon im Trockenen, wenn die anderen nass wurden.

Das galt auch im übertragenen Sinne. Ich hatte kein Geld, kein Auto und eine modische Fantasie, mit der die Wirklichkeit nicht Schritt halten konnte. Dass ich besonders hübsch gewesen wäre, hat nicht mal meine Mutter behauptet. Das größte Kompliment machte mir einmal ein Mädchen mit der Bemerkung, ich würde aussehen wie Thomas Fritsch, wenn meine Nase kleiner und meine Augen größer wären. Es ist also durchaus nicht so, als wären mir die Dinge in den Schoß und die Mädchen in die Arme gefallen. Aber ich hatte nie in meinem Leben das Gefühl, zu kurz gekommen zu sein, auch nicht finanziell. Ich war es gewohnt, dass das Geld bei uns knapp war. Nur dass ich es manchmal eintreiben musste, passte mir nicht.

Wir hatten von meinem Vater den »Nießbrauch« für ein klappriges Fachwerkhaus am Kulmbacher Holzmarkt geerbt. Einmal im Jahr musste ich dort die Zähler ablesen und den Mietern entsprechende Rechnungen schicken. Strom, Gas, Müllabfuhr: Der Ablese- und Abrechnungsprozess lag ausschließlich in meiner Verantwortung. Schon beim ersten Versuch, die entsprechenden Daten einzusammeln, bildete ich mir allerdings ein, in diesem feuchten und gruseligen Kellergewölbe eine Ratte gesehen zu haben. Von da an kam ich nicht mal mehr in die Nähe der unheimlichen schwarzen Kästen mit den rotierenden Zahlengruppen. Damit sich die Mieter aber nicht wegen überhöhter Rechnungen beschweren konnten – wodurch ich aufgeflogen wäre –, verlangte ich jedes Jahr ein bisschen weniger. Meine Fantasierechnungen wurden nicht nur anstandslos beglichen, sondern ich wurde immer freundlicher begrüßt, wenn ich mit Block und Taschenlampe zum »Ablesen« erschien (und dann unmittelbar hinter der Kellertür stehen blieb, um bis dreihundert zu zählen).

Auch wenn ich meiner frühen Verantwortung nicht immer gerecht geworden bin: Ich bin heute froh, dass ich sie damals hatte. Ich bin von Natur aus faul und nicht zum Kämpfer geboren, und mit einem Vater, der's »schon richten« würde, hätte ich mich wahrscheinlich früh zurückgelehnt. Dazu ließ es meine Mutter nicht kommen. Sie war von Natur aus ungeduldig und neigte zur Nervosität. Die Sorge um meinen Vater hatte bei ihr zu einem Diabetes geführt, unser Hausarzt sprach von »Schockzucker«. Ich nahm das nicht ernst. Als mein Bruder sich die nächste Maulschelle abholte, erklärte ich ihm, dass unsere Mutter ab jetzt »im Schock zuckte«, und hatte gleich selber eine sitzen.

Die Ohrfeigen, die wir von ihr einsammelten, waren meist berechtigt; im Schnitt kamen wir dabei noch gut weg.

Mein Vater neigte zwar zur Milde, aber er konnte es nicht leiden, wenn ich herumlamentierte oder mein Schicksal bejammerte: »Hör mir auf zu winseln«, sagte er dann jedes Mal. Nur einmal hat er mich verhauen. Dabei kam sogar der rote Teppichklopfer aus Plastik zum Einsatz – mit vorheriger telefonischer Ansage aus dem Büro. Ich hatte eine Armbanduhr, die er mir gerade aus dem Neckermann-Katalog bestellt hatte, gegen seine Anordnung zum Turnen mitgenommen. Natürlich wurde sie mir geklaut, nachdem ich vorher überall damit angegeben hatte. Es blieb die einzige körperliche Züchtigung, zu der sich mein Vater hat hinreißen lassen – was verwunderlich ist, denn ich wurde nicht nur beklaut, ich klaute auch selber; einmal redete mein Vater deswegen drei Tage nicht mit mir. Ich hatte einen leichten Pistolenwahn und kaufte mir eine Plastikknarre nach der anderen. Die Dinger konnten nichts als knallen, aber ich war ja als Geheimagent oder FBI-Beamter ständig im Einsatz. Dass ich den Spielzeugrevolver unter dem Nachttopf meiner kleinen Schwester versteckte, war keine logistische Meisterleistung. Mein Vater fand ihn, und nach meinem Geständnis, das Geld dafür geklaut zu haben, bestrafte er mich mit mehrtägigem Schweigen. Das sitzt mir bis heute in den Knochen.

Ich habe damals mit der illegalen Geldbeschaffung trotzdem nicht gleich aufgehört und legte die Beute jeweils in Kinokarten an. Regelmäßig entwich ich nachts über Balkon und Dachrinne zur Spätvorstellung ins Kino, glotzte dort aber nur Schwarz-Weiß-Streifen aus der Serie *Hammer House of Horror*, italienische Billig-Bond-Imitationen und japanische Monsterfilme. Während ich also in geistige Emigration ging, plante mein Bruder realistischer. Er hatte im Keller eine Schachtel versteckt, mit der man in Dschungel und Wüste eine Woche überleben konnte. Sie enthielt unter anderem einen Angelhaken und ein paar Streichhölzer, deren Köpfe er mit Wachs überzogen hatte, damit sie auch noch brennen würden, falls er damit einmal ins Wasser fallen sollte. Er war fest entschlossen, irgendwann durchzubrennen und Seemann oder Cowboy zu werden, weil die von Conny Francis und Gitte in Schlagern besungen wurden. Nach gutem Zureden ging er dann aber doch in ein Internat der Benediktiner im oberbayerischen Kloster Scheyern. Seinen ersten Verweis erhielt er dort, weil er Maria, die »Schutzfrau Bayerns«, unflätig zur »Putzfrau Scheyerns« gemacht hatte. Und seinen zweiten, weil er einem verstorbenen Mönch, der in der Klosterkirche aufgebahrt war, zum Rosenkranz noch ein Sinalco-Fähnchen in die erkaltete Hand gedrückt hatte.

Als Nachwuchs eines saturierten Kleinstadtanwalts wären wir vielleicht zu verhätschelten Weicheiern geworden. Der raue Wind, der mir nach dem frühen Tod des Vaters ins Gesicht wehte, und die sich daraus ergebende Notwendigkeit, sehr früh auf eigenen Füßen zu stehen, hat wahrscheinlich in mir Kräfte freigesetzt, die ich sonst gar nicht hätte entwickeln müssen. An eine depressive Reaktion kann ich mich jedenfalls nicht erinnern – vielleicht, weil mir mein Vater ein Familienmotto mit auf den Weg gegeben hatte: »Mit Gott fang an, mit Schalk hör auf, das ist der schönste Lebenslauf.« Außerdem hatte ich gar keine Zeit, in Trauerstarre zu verfallen, ich musste die Dinge in die Hand nehmen. Ich war zu jung, um die Dramatik der Situation zu begreifen, und zu sehr Frohnatur, um den Kopf hängen zu lassen. Meine Mutter tat mir leid, und ich versuchte, sie aufzuheitern, statt selbst Trübsal zu blasen. Bis heute lösen traurige Menschen bei mir den Bespaßungsreflex aus.

Außerdem ist mir eines erspart geblieben, was viele junge Männer in einem gewissen Alter als Teil der natürlichen Entwicklung erleben: die Entzauberung des eigenen Vaters, das Downgrading vom Hero der Kindheit zu einem ganz gewöhnlichen Menschen mit Makeln und Mängeln. Söhne bemerken irgendwann, dass die saubere Weste des geliebten Erzeugers so sauber gar nicht ist. Geschäftliche Unredlichkeiten, eheliche Untreue, charakterliche Defizite: Was dem Kind verborgen blieb, sieht der Heranwachsende mit gnadenloser Schärfe. Mein Vaterbild aber musste nie revidiert werden. Erinnerungen an gemeinsame Urlaube, idyllische Momentaufnahmen aus der Kindheit und die schwärmerischen Geschichten meiner Mutter fügten sich zu einem Idealbild, das bei anderen irgendwann von der Realität eingeholt wurde. So erzählte meine Mutter ständig und unwidersprochen die Geschichte, dass »der Vati« in seiner sportlichen Blüte bei einem Wettschwimmen in Breslau den späteren Boxweltmeister Max Schmeling abgehängt hatte. Geboxt hat er aber wohl nicht gegen ihn.

Meine Söhne kann ich zu einem Vergleich nicht bemühen. Sie können nichts dafür, dass ich noch lebe, und ich bin glücklich, dass ich sie habe groß werden sehen. Sie können nichts dafür, dass sie »Doch, genau der« antworten müssen, wenn sie in Deutschland ihren Nachnamen sagen. Sie sind trotzdem keine verkorksten Promi-Kinder geworden, und ich bin stolz auf sie. In den USA, wo sie aufgewachsen sind, müssen sie ihren Namen erstens buchstabieren, und zweitens bringt es nichts. In die Versuchung, ein paar Euro oder Dollar zu klauen, sind sie auch nie gekommen, weil ich sie ihnen freiwillig gegeben habe; ich hielt nichts davon, »arm und unbekannt« zu spielen. Die hätten sich das ja doch alles zusammengegoogelt, und es wäre auch unsinnig gewesen, wenn ich die Rübenpresse aufbewahrt hätte. Jeder ist nicht nur das Kind seiner Eltern, sondern auch das Kind seiner Zeit. Ich bin eins der Sechzigerjahre, und »Vati ist der Beste« war damals ein kitschiger Schlager. Bei vielen hat diese Platte schnell den einen oder anderen Kratzer abbekommen. Bei mir nicht.

Wenn ich heute meine romantische Verhaftung in der Vergangenheit bemerke, muss ich mich natürlich fragen, ob ich es jemals geschafft habe, in der Gegenwart anzukommen – es will ja keiner von gestern sein. Aber ich kehre immer dann dorthin zurück, wenn mir das Heute auf die Nerven geht. Den Schlaf raubt mir meine jeweilige Lage zwar selten, aber auch in Morpheus' Armen bin ich überraschend häufig im Gestern unterwegs. Ich träume von versemmelten Matheaufgaben und nicht bestandenen Abituren. Es gibt immer wieder Morgen, an denen ich mich erst mühsam sortieren muss, um dann erleichtert festzustellen, dass ich nicht nur die Hürde der Reifeprüfung tatsächlich genommen habe, sondern inzwischen auch ein geachtetes Mitglied der Gesellschaft bin. Ein sehr bekanntes noch dazu.

Mein erster dokumentierter öffentlicher Auftrittsort war der Kulmbacher Bahnhof, wo ich als Dreijähriger in einem damals modischen »Russenkittel« und mit einem Blumenstrauß bewaffnet Kriegsheimkehrer aus Russland begrüßte. In wessen Namen und warum, hat mir nie jemand erzählt, und ich selber kann mich nicht daran erinnern. Es gibt aber ein niedliches Foto von diesem Ereignis.

Mein erster Bühnenauftritt im eleganten Kulmbacher »Parkhaus« ist mir allerdings noch sehr gut im Gedächtnis: Bei der alljährlichen Weihnachtsfeier der Schlesier trug ich ein Rilke-Gedicht vor: »Es treibt der Wind im Winterwalde«. Ich muss elf oder zwölf gewesen sein, hatte meinen Kommunionanzug an, ging bereits aufs Gymnasium, und mein Vater lebte noch. Mein Deutschlehrer, der meinen Auftritt live erlebt hatte, war davon »angenehm enttäuscht« – ein Widerspruch in sich, der vielleicht der Grund dafür ist, dass ich mich bis heute nur über eindeutig gute Kritiken freuen kann.

Dieser Premiere im Kulmbacher »Parkhaus« verdanke ich die Erkenntnis, dass Auswendiglernen für mich nicht funktioniert. Die erste Strophe von Rilkes Weihnachtsgedicht kann ich heute noch aufsagen, aber in der zweiten, in der die Tanne der einen Nacht der Herrlichkeit entgegenwächst, holperte es schon damals. Auf einer Bühne fühlte ich mich durchaus wohl, aber als mich später ein Mädchen, das mir gefiel, überredete, beim *Sommernachtstraum* auf der Trebgaster Naturbühne mitzuwirken, ergriff ich noch vor der ersten Probe die Flucht. Ich hätte sie zwar in dem Stück küssen können, aber mir dafür zwei Stunden Text merken zu müssen, war mir die Sache nicht wert. Das war das letzte Mal in meinem Leben, dass ich es überhaupt versucht habe. Das Textlernen, nicht das Küssen. Das hat mir Hanna aus Stadtsteinach auf einer Bank gegenüber dem Kulmbacher Güterbahnhof beigebracht. Eigentlich konnte sie es selber nicht, und ich musste ihr vorher schwören, dass sie davon auf keinen Fall schwanger werden würde.

Erste öffentliche Erfolge feierte ich bei den Auftritten unserer Pfadfindertruppe, die ein lustiger Kerl namens Herbert Feistel inszenierte (er brachte es später tragischerweise nur zu einem Lehrstuhl für Nuklearmedizin). Ich galt als Imitations- und Dialektwunder. Eine »Wetterkarte«, in der ich das gesamtdeutsche Klima in diversen Dialekten vortrug, wurde mein Markenzeichen. Mein Sächseln sorgte für besondere Heiterkeit, und es gab jedes Mal Zwischenapplaus, wenn ich das »beschdändische Arbeidor- und Bauorn-Hoch von einem gabbidalisdischn Ausbeudor-Dief« bedroht sah. Nur Onkel Horst und Tante Mia aus Holzhausen bei Leipzig fanden das nicht lustig.

Ich habe diese Fähigkeiten trainiert und ausgebaut, wann immer ich ein Vorbild für meine Hausgebrauchsimitationen fand. Georg Kreislers »Telefonbuchpolka« mit Dutzenden unaussprechlicher böhmisch-tschechischer Namen kriegte ich genauso perfekt hin wie Jürgen von Mangers Ruhrpottschwank von der zersägten Schwiegermutter. So wurde mir auf Geburtstagsfeiern befreundeter Familien oder auf Klassenfesten immerhin ein erster bescheidener Ruhm zuteil.

Das Unterhaltungsfernsehen spielte in den Sechzigern keine große Rolle, Castingshows und Supertalentwettbewerbe waren noch nicht erfunden. Die Leute guckten die *Tages-* und die *Sportschau*, und gut war's. Wir selbst hatten nicht mal einen Fernseher und klapperten die gesamte Nachbarschaft ab, um dort *Rin Tin Tin*, *Lassie* oder *Fury* glotzen zu können. Meine ersten Fernsehhelden waren also zwei Hunde und ein Pferd. Abendprogramm gab es selten, und wenn, dann bei den Tanten. Tante Minke konnte kein Blut und schon gar keine Toten sehen, deswegen fielen Krimis flach. Meine Mutter fand den Humor im »Ohnsorg Theater« und bei Willy Millowitsch »parterre« und kam nur zu Filmen mit dem Prädikat »Besonders wertvoll« mit.

Zum eigenen TV-Gerät kamen wir erst sehr spät und auf eigenartige Weise, aber dafür war es dann gleich ein Farbfernseher. Um die Haushaltskasse aufzubessern, hatte meine Mutter die Wohnung im Souterrain – also gut, es war eine Kellerwohnung – an einen jugoslawischen Gastarbeiter vermietet, der eines Tages unter Zurücklassung seines Fernsehapparates spurlos verschwand. Bis zu seinem Wiederauftauchen stellten wir das Gerät bei uns auf, aber zu meiner großen Freude blieb der Mann verschollen. Aber auch in Farbe entdeckte ich niemanden wie mich, der Dialekte und Komiker imitierte – also gab es nur ein einziges Forum, in dem ich auf mich aufmerksam machen konnte: die Tageszeitung, die jeder Kulmbacher, der wissen wollte, was in Stadt und Land vor sich ging, beim Frühstück las: die *Bayerische Rundschau*.

Das war auch bei uns zu Hause neben dem Radio die wichtigste Informationsquelle. Zeitungholen war meine Aufgabe. Wir lebten in einem recht schmucken, aber keineswegs mondänen Zweifamilienhaus am Galgenberg 23. Um diese etwas gruselige Adresse zu entschärfen, hatte mein Vater auf recht großzügige Weise die fünfeinhalb Eichen gezählt, die das Haus zur Straße abgrenzten. Zwei davon hatten sich kurz über der Wurzel geteilt, sodass sich Vati – er war immerhin Jurist – das Recht herausnahm, unser Haus »Sieben Eichen« zu nennen und dies auf dem linken Torpfeiler mit kupfernen Buchstaben zu dokumentieren. Es war mir immer etwas peinlich, aus dem Küchenfenster zu beobachten, wie Passanten nachzählten und kopfschüttelnd weitergingen.

In denselben Torpfeiler war auch der Briefkasten eingelassen, in dem jeden Tag die *Bayerische Rundschau* steckte. Darin stand alles, was man wissen musste: von den Weltnachrichten über Jubiläen von Gesangsvereinen bis hin zu einem Comic auf der letzten Seite; der hieß *Pilot Sturm* und handelte von einem Weltraumfahrer, der mit zwei Außerirdischen namens Ath und Sinh befreundet war. Ich las auch gern die Kleinanzeigen wie: »Wer mich noch einmal ›Katzenhans‹ nennt oder mir und meiner Familie ›Miau‹ nachruft, den werde ich gerichtlich belangen.« Am liebsten aber mochte ich die »Plauderecke für junge Leute«, die von einem Redakteur namens Reiner Beck verantwortet wurde und einmal wöchentlich im Blatt war. Darin ging es meistens um Bands aus der Gegend, die Beck persönlich managte, und um ihre Auftritte, die er der Einfachheit halber auch gleich selbst veranstaltete.

Dieser Reiner Beck übte eine große Faszination auf mich aus und weckte gleichzeitig mein Interesse für den Beruf des Journalisten. Seine »Plauderecke« war für mich das, was heute Youtube für Millionen von Jugendlichen darstellt, deren Ego größer ist, als ihre Umwelt es begreift. Ich wollte darin vorkommen, und da es nichts über mich zu berichten gab, musste ich selbst etwas schreiben. Die Gelegenheit kam, als meine Mutter mich mit dem Jugendreisedienst »Fahr Mit« zu einem Englandaufenthalt schickte. Trotz ihrer Ängstlichkeit, ich könnte verschüttgehen, war ihr klar, dass für mich auf Dauer die Fränkische Schweiz nicht das Ende meines Horizonts darstellen konnte. Also war ich mit Zug und Fähre über Ostende und Dover gute drei Tage unterwegs, bis ich in der Londoner Victoria Station endlich das einatmete, was in der Peter-Stuyvesant-Werbung »der Duft der großen weiten Welt« genannt wurde.

Plötzlich stand ich mitten im »Swinging London« der späten Sechziger auf der Carnaby Street und wurde Zeuge, wie Barry Gibb, der Sänger der Bee Gees, und der britische Schauspieler Peter Wyngarde auf dem Balkon der Modeboutique »Lord John« zu den bestangezogenen Männern des Jahres 1967 gekürt wurden. Ich konnte es nicht fassen, dass ich dem australischen Popstar und der Fernsehberühmtheit gegenüberstand – nur ein paar Hundert Meter entfernt. Peter Wyngarde war wegen seiner dandyhaften Art, sich zu kleiden, damals bereits ein modisches Vorbild für mich. Der Rest der Deutschen lernte ihn erst in seiner Rolle als Jason King in der Fernsehserie *Department S* kennen. Mitte der Siebzigerjahre geriet er noch einmal in die Schlagzeilen, weil er beim Sex mit einem Mann im Bushäuschen erwischt worden war, was meiner Begeisterung für ihn aber keinen Abbruch tat.

Ich investierte in diesem »Summer of Love« meine gesamten Ersparnisse in unsinnige Kleidungsstücke und einen Sergeant-Pepper-Bart, für den ich auf der Carnaby Street eine Stunde Schlange gestanden hatte und den ich mir sofort ins Milchgesicht klebte. Milchgesicht übrigens im wahrsten Sinne des Wortes, denn weil ich für Bart und Klamotten mein gesamtes Budget investieren musste, lebte ich in diesen Ferien fast ausschließlich von Milch. Irgendjemand hatte mir erzählt, dass man die Tetraeder-Tüten, die im Automaten für ein Six-Pence-Stück angeboten wurden, auch mit deutschen Zweipfennigstücken aus der Maschine ziehen konnte. Damals war ein englisches Pfund noch elf Deutsche Mark wert, und die Laktoseorgie rechnete sich – ich kam auf jeden Fall als schwerer Milchtrinker nach Hause.

In den Top Ten der englischen Charts stand in jenem August »All you need is love« von den Beatles an der Spitze, gefolgt von Scott McKenzies »San Francisco« und »Death of a clown« von Dave Davies, dem Leadgitarristen der Kinks, auf dem dritten Platz. Auf Platz neun und zehn lagen Pink Floyd mit »See Emily play« und Procol Harum mit »Whiter shade of pale«. Ich war in einem Traum, aus dem ich – Asche auf mein Haupt – nie wieder vollständig erwacht bin. Als ich heimkam, besuchte ich sofort Reiner Beck und bot seiner »Plauderecke« eine Serie meiner Erlebnisse im »Swinging London« an. Da ich aber in der ersten Folge fast alles schon verbraten hatte, musste ich meine mageren Augenzeugenberichte ab der zweiten mächtig pimpen, und dass mir in der dritten Folge Mick Jagger persönlich in einem verräucherten Londoner Club begegnete, nehme ich an dieser Stelle als frei erfunden zurück.

Aber zwei Dinge waren wirklich passiert: Ich hatte in London Radio gehört und war verzaubert davon. Radio 1 der englischen BBC, aber mehr noch der Piratensender Radio Caroline spielten die aktuellen Hits von Cream, den Beatles und den Rolling Stones, während man sich im Bayerischen Rundfunk bis Freitagabend gedulden musste, wo eine spröde Stammlerin am frühen Abend die »Schlager der Woche« präsentierte. Und selbst da kamen einem laufend Leute wie Peggy March mit »Memories of Heidelberg« oder Ronny mit »Kleine Annabell« in die Quere. Mein einziger Trost war das englischsprachige Radioprogramm *208* von Radio Luxemburg. Dort fand ich im Kulmbacher Pop-Exil meine akustische Heimat und lag jeden Abend mit einem winzigen Transistorempfänger unter meiner Bettdecke, den weißen Kopfhörerstöpsel im heißen Ohr.

Ich hatte mir die kleine schwarze Box mit der Hülle aus gelöchertem Lederimitat bei Neckermann für 16 Mark gekauft, eine wichtige Investition in meine berufliche Zukunft. Ich sprach – verdammter Humanismus! – kaum ein Wort Englisch, deshalb waren die Ansagen der DJs für mich Musik. Aus meinem Ehrgeiz, sie auch zu verstehen, wurde ein Englischkurs, den ich jede Nacht freiwillig unter der Bettdecke besuchte. Meine Helden, die dort vor dem Mikrofon saßen, hießen Tony Prince und Paul Burnett, Kid Jensen und Bob

Stewart. Sie begleiteten mich auf quakender und rauschiger Mittelwelle musikalisch durch die Nacht, bis mir die Augen zufielen. Ich wollte *208*-Clubmitglied werden und sehe mich heute noch am Briefkasten stehen und den schmucklosen Ausweis küssen, der einige Wochen später mit der Post kam und mir bestätigte: Ich war die »Radio 208 Person Nr. 7259«. Ich kann mich kaum an die Todestage meiner Eltern erinnern, aber diese blöde Nummer wird mir immer im Kopf hängenbleiben. Schlimm eigentlich. Jedenfalls war mein Radiowahn nicht mehr zu bremsen.

Ich hatte bei Onkel Hans ein graues Grundig-Tonband abgestaubt, auf dem er einige seiner Fastenpredigten archiviert hatte, für die sich keiner mehr interessierte. Stundenlang nahm ich auf den durchsichtigen Plastikspulen mit den braunen Bändern die Musik auf, die mir gefiel, konnte aber zu Hause nur den Bayerischen Rundfunk in einigermaßen guter Qualität empfangen. Dessen Mitarbeiter waren von großem musikpädagogischem Sendungsbewusstsein getrieben, sodass sie statt des letzten Hits von Dave Dee, Dozy, Beaky, Mick & Tich lieber den vierten Titel von der zweiten Seite des aktuellen Amon-Düül-Albums auflegten.

Einer der wenigen Vorteile von Kulmbachs Lage im Zonenrandgebiet war aber die Tatsache, dass man bei uns auch den Radiosender RIAS Berlin empfangen konnte (RIAS stand für: Rundfunk im amerikanischen Sektor), den die US-Besatzungsmacht als »freie Stimme der freien Welt« in die unfreie DDR hineintrompeten ließ. Während meine Mutter dort jeden Sonntag Friedrich Lufts berühmter *Stimme der Kritik* lauschte, hing ich täglich um 17 Uhr vor dem Radio, um den *RIAS Treffpunkt* nicht zu verpassen. Da gab es die *Hits fürs Partyband*, in die keiner reinquatschte, und keine pädagogische Musikauswahl, sondern die Titel, die alle hören wollten.

Die Discjockeys kamen mit ihrer Berliner Schnauze meinen englischen Idolen näher als ihre bayerisch-behäbigen Kollegen. Einen der Berliner hatte ich besonders ins Herz geschlossen, denn uns trennte nur ein Buchstabe: Der Mann hieß Gregor Rottschalk, und als wir bei einem Schulausflug in Berlin zwei Stunden zur freien Verwendung hatten, musste ich meinen Daumen im Ausweis nur richtig platzieren, um vom Pförtner des RIAS-Gebäudes zu »meinem Bruder« vorgelassen zu werden. Der saß gerade bei seinem *Treffpunkt* vor dem Mikro und holte mich auch gleich zu einem kurzen Interview in seine Sendung. Wer sich für Rundfunkgeschichte interessiert: Das war meine Radiotaufe.

Die Spontaneität, einen dreisten Fan auf der Durchreise gleich vor das Mikrofon zu zerren, hätte es beim Bayerischen Rundfunk nicht gegeben. Dazu war der *Club 16* viel zu anspruchsvoll. Man fand zwar auch mal ein Goldstück, aber nur, wenn man lange und kompetente Wortbeiträge über sich ergehen ließ, in denen jeder Titel einer kritischen Bewertung unterzogen wurde. Ich werde nie vergessen, wie sich einer dieser Experten indigniert über den »mulmigen Schwellorgelklang« von Pink Floyd beschwerte. Ich beschloss, diesen Stümpern eines Tages das Handwerk zu legen.

Vorher musste ich aber die Schule zum Abschluss bringen, was sich um ein weiteres Jahr verzögerte. Konnte ich beim ersten Durchfallen in der neunten Klasse noch mit dem Verständnis meiner Mutter mit mir, dem Halbwaisen, rechnen, reichte beim zweiten Mal, in der elften Klasse, nicht einmal mehr der Hinweis, dass die Wiederholung die Mutter aller Wissenschaften sei – auch nicht in seiner lateinischen Version »Repetitio est mater studiorum«. Nach einem Schwall wilder Beschimpfungen (»Du bist stinkfaul!«) und tränenreicher Vorwürfe

(»Der Vati wäre außer sich!«) setzte ich meine Mutter davon in Kenntnis, dass sich meine Lebensplanung geändert hatte und ich fortan nicht mehr das Abitur im Auge haben, sondern Journalist werden würde. »Bist du verrückt? Ich knall dir eine, dass dir die Suppe aus der Nase spritzt!« Einer solchen Ansage war bis zu meiner Pubertät durchaus des Öfteren der Vollzug gefolgt, aber mit siebzehn nahm ich das nicht mehr so ernst.

Im Übrigen war meine Mutter nicht die rabiate Zuchtmeisterin, als die sie Ihnen jetzt erscheinen mag; in der Raffung der Ereignisse entsteht dieser Eindruck ganz zu Unrecht. Sie war streng, aber keineswegs lieblos. Ohrfeigen gehörten damals zum allgemeinen pädagogischen Repertoire, und die Fähigkeit meiner Mutter zur Liebe schloss Hiebe nicht unbedingt aus. Ihr Verständnis von Nächstenliebe ging teilweise sogar weit über das hinaus, was ich für angemessen hielt. So schleifte sie mehrmals Figuren ins Haus und an unseren Esstisch, die mein Bruder und ich nur als »Penner« bezeichnen konnten. Eine Zeit lang wohnte bei uns ein frisch entlassener Strafgefangener, der keine Bleibe gefunden hatte und den wir nur den »Prisoner« nannten. Aber wehe, wir rümpften die Nase oder machten blöde Witze über derart fragwürdige Gäste! Dann gab es einen Vortrag über »tätige Nächstenliebe« und die Pflicht, nicht nur zu reden, sondern auch zu handeln.

Damals waren mir solche Aktionen eher unangenehm, heute nötigen sie mir einen gewissen Respekt ab. Den Hang dazu, den Zukurzgekommenen nicht nur das Herz, sondern auch die Tür zu öffnen, hat noch am ehesten meine Schwester Raphaela geerbt; dafür wurde sie von Mutti einmal zum Spott ihrer Brüder als »Licht von Herrsching« bezeichnet. (Raphaela lebt seit Langem am Ammersee.) Im Allgemeinen war meine Mutter aber keine Süßholzrasplerin und kam zügig auf den

Punkt. Nur einmal sagte sie mir, von ihren eigenen Gefühlen überwältigt, ich sei ihr »das Liebste auf der Welt«. Der Superlativ war mir zwar vor meinen Geschwistern etwas peinlich, aber ich glaubte es ihr sofort. Selbst wenn sie mir am nächsten Tag schon wieder eine klebte – es geschah wie immer im Namen der Liebe.

Ihre größte Sorge war, dass aus mir »was wird«. Pädagogische Diskussionen über dieses Ziel gab es bei uns nicht, Mitbestimmung war erst recht kein Thema. Ihr »Solange du die Füße unter meinen Tisch stellst« entbehrte für mich nicht einer gewissen Logik, der ich äußerlich folgte, aber insgeheim mit Tricksereien zu entgehen suchte. Ich log, was das Zeug hielt, wenn ich der Frau damit das Leben erleichtern konnte, fälschte ihre Unterschrift unter verhauenen Klassenarbeiten und versuchte, ihr nach Kräften das Bild zu präsentieren, das sie von mir zu sehen wünschte.

Dabei fiel ich häufig auf die Fresse und musste mit den Konsequenzen leben. Einmal kam ich nach dem Hochamt nicht schnell genug aus dem Ministrantenrock und konnte nicht mehr verhindern, dass meine Mutter vor der Kirchentür mit meinem Physiklehrer zusammentraf. Der war nämlich auch katholisch und sang sogar in der Schola, aber seine christliche Nächstenliebe ging nicht so weit, mich aus Mitleid durchzuschleifen. Wie alle Naturwissenschaftler glaubte er, dass jeder Mensch »mit ein bisschen Fleiß und gutem Willen« physikalische Zusammenhänge und mathematische Formeln begreifen müsse.

Ich bestreite das bis heute und hatte von der Schule im Allgemeinen, von Mathe, Physik und Chemie aber ganz im Besonderen die Schnauze voll. Stattdessen malte ich mir die Vorzüge des Journalistendaseins in den buntesten Farben aus: Ich würde selbstverständlich sofort die »Plauderecke für junge

Leute« übernehmen und für dieselben im Bereich Kulm-bach/Kasendorf/Kronach zu einer »Lifestyle-Ikone« avancieren, auch wenn dieses Wort natürlich damals noch genauso wenig erfunden war wie beispielsweise der Begriff der »Society-Lady«. Es gab sie natürlich schon, aber eher im einstelligen Bereich. Sie waren die Ehefrauen von Industriegrößen wie den Neckermanns oder Grundigs: eher strenge Damen mit sozialem Blick für die Belegschaft, aber modisch und optisch ohne Führungsanspruch. Wo heute dicke Lippen ein Statussymbol sind, waren das damals bestenfalls dicke Backen.

Ich allerdings war meiner Zeit weit voraus und sah meine journalistischen Ziele klar vor Augen: 1. freier Eintritt bei allen Auftritten regionaler oder durchreisender Popgruppen im Verbreitungsraum der *Bayerischen Rundschau*. 2. der Hammer der Kritik baumelt fortan an meinem Gürtel. Es würde zwar nicht zu vermeiden sein, dass ich auch zu Veranstaltungen der Brieftaubenzüchter oder Kleingärtner antreten müsste, dafür hätte ich aber im politischen Bereich eine ganz wichtige Position: Kreistagsabgeordnete, Stadträte, ja selbst der Landrat wären von meiner Wortgewalt abhängig und würden mir zu Füßen liegen. Das gesamte politische System in Nordoberfranken befand sich quasi bereits in meiner Hand. Durch Abmahnung der Idioten und Ermunterung der Klugen würde es mir gelingen, in diesem Teil der Welt die Herrschaft der Weisen zu etablieren, die platonische Idee der Sophistokratie würde durch mein Wirken zwischen Ochsenkopf und Walberla endlich von der Utopie zur Wirklichkeit werden. Ich würde diesen Siegeszug journalistisch einleiten, ihn berichtend begleiten und obendrein jede Menge Frauen dabei kennenlernen.

Hätte ich diesen Weg damals eingeschlagen, wäre ich heute zwar ein frühverrenteter Provinzjournalist, aber als Vorsitzender oder Kassenwart diverser Vereine und als Mitglied der Rotarier im Kulmbacher Gesellschaftsleben noch fest verankert. Die *Bayerische Rundschau* wurde jedoch 2003 an den *Fränkischen Tag* in Bamberg verkauft und ging irgendwann in der »Mediengruppe Oberfranken« unter. Optimistischen, aber durchaus berechtigten Prognosen zufolge wäre ich bereits in jungen Jahren Chefredakteur geworden, mehrere Versuche, zur *Süddeutschen Zeitung* zu wechseln, wären gescheitert, und ich hätte in den späten Achtzigerjahren mit dem Trinken begonnen. Man hätte mich trotzdem in den Kulmbacher Stadtrat gewählt, mich als Chefredakteur bis zum Verkauf der Zeitung zähneknirschend durchgeschleift und dann sofort mit knapp über fünfzig nach einer »Umstrukturierung« mit dem Ausdruck des Bedauerns entlassen. Danach hätten sich meine Spuren zwischen Fichtelgebirge und Frankenwald im Nichts verloren.

Es kam anders. Meine Mutter war über meine Karriereabsichten als Provinzjournalist so entsetzt, dass sie umgehend ihr Gejammer über eine weitere Ehrenrunde einstellte und die Schmach, einen zweimaligen Sitzenbleiber geboren zu haben, mit Fassung trug. Ich kann mich allerdings an das gebetsmühlenartig wiederholte »Gut, dass der Vati das nicht mehr erleben muss« noch lebhaft erinnern. Andere hätten darunter vermutlich mehr gelitten als ich. Lustlos dilettierte ich bis zum Abitur weiter. Heute tue ich immer so, als hätte der Stern meiner sprachlichen Begabung schon damals hell gestrahlt, aber dem war leider nicht so. In Deutsch mäanderte ich zwischen »Noch gut« und »Voll befriedigend«. Ich erinnere mich an eine literarische Hausaufgabe. Während sich meine Klassenkollegen an Thomas Mann oder James Joyce verhoben, analysierte ich messerscharf den christlichen Existentialismus in Stefan Andres' *Wir sind Utopia*, ein Werk, das ich zwischen

Da lacht der Asket und *Die Letzte am Schafott* von Gertrud von le Fort im katholisch geprägten Bücherschrank meiner Mutter gefunden hatte. Mein Deutschlehrer ließ sich bei der Bewertung allerdings nicht von christlicher Nächstenliebe leiten, sondern schrieb: »Sie verstehen es meisterhaft, eine weitgehende gedankliche Leere durch sprachlich hohes Niveau zu überdecken.« Dieser Satz brachte mich auf die Idee für mein späteres Berufsmodell.

In allen anderen Fächern war ich schlecht bis unfähig – selbst in denen, die ich durchaus mochte, brachte ich nichts Vernünftiges zustande. Ich schätzte Latein und Griechisch vor allem wegen der geschichtlichen und philosophischen Unterfütterung – auf Grammatik und Vokabeln hätte ich verzichten können. In der Überschrift der Abhandlung, die ich in meinem Griechisch-Abitur übersetzen sollte, hieß es, dass die Biographie eines Menschen wichtiger sei als dessen gemeißeltes Standbild – bei mir allerdings lag am Ende die Arbeit des Steinmetzes weit vorne, ich musste also irgendwas falsch verstanden haben. Mit meinem »Ungenügend« in Mathematik aus dem Vorabitur stand ich am Abgrund und war der Einzige in der Klasse, der das Abiturfoto zierte, ohne zu wissen, ob er überhaupt bestanden hatte.

Ich musste in Griechisch ins Mündliche und entschied mich spontan für eine dramatische Aufladung des Prozesses. Im Brustbereich konnte ich nämlich seit Längerem einen Knoten ertasten. Für eine Mammographie war er zu klein, und mir war das Thema unangenehm, also hatte ich ihn still in meinem Busen bewahrt. Nun schien mir der Zeitpunkt gekommen, ihn sinnvoll einzusetzen. Mit gepeinigten Zügen und der Hand auf der Brust erschien ich bei unserem Hausarzt, faselte etwas von stechendem Schmerz und schob mein Knötchen unter der Haut hin und her. Am nächsten Tag lag ich bereits auf einer Trage im Kulmbacher Albert-Schweitzer-Krankenhaus. Im Foyer hing ein handschriftlicher Brief des Urwalddoktors, in dem er sich für die Namensgebung bedankte. Ich weiß nicht, was aus dem Dokument geworden ist, aber das Krankenhaus heißt inzwischen »Glinigum Gulmbach«, zumindest werden Sie diese Auskunft bekommen, wenn Sie dort anrufen. Die Schmerzen hatten sich erwartungsgemäß verstärkt, die Geschwulst wuchs praktisch sekündlich, und meine Mutter richtete mir die besten Genesungswünsche des Schuldirektors aus: Das mündliche Griechisch-Abitur müsse unter diesen Umständen eben warten.

Der Knubbel wurde ruckzuck, aber kunstlos entfernt – ich habe bis heute eine unschöne Delle an der Stelle. Schwer gezeichnet erschien ich zwei Tage später zum mündlichen Teil der Reifeprüfung im Altgriechischen. Unter dem Hemd drückte sich der frische Brustverband ab, es blutete leicht durch (nein, das ist jetzt übertrieben), und die Tatsache, dass der histologische Befund erst ein paar Tage später kommen würde, lastete sichtlich auf mir. Meine Überlebenschancen bis dahin waren natürlich eher minimal, und das bestandene Abitur würde sowieso nur noch als Randnotiz im Nachruf taugen. So trat ich mit dem Fatalismus eines vom Tode Gezeichneten zur Prüfung an und erhoffte als altgriechischen Übersetzungstext die Erkenntnis, dass die Götter Genies, die sie lieben, früh zu sich holen. Es ging aber um einen Schmied.

Ich bin meinem altphilologischen Ziehvater Dr. Alfred Biedermann auf ewig dankbar, dass er mir noch auf dem Gang vor dem Klassenzimmer entweder aus Mitleid mit meinem Schicksal oder aus Verzweiflung über sein pädagogisches Versagen leise zuraunte, dass »der Schmied« im Griechischen *hiketeus* heißt. Ich habe diese Vokabel nur einmal in meinem Leben gebraucht, dafür aber dringend. Dr. Biedermann hat mit seiner Hilfestellung wahrscheinlich gegen diverse Beamtengesetze verstoßen, sich aber als wahrer Humanist erwiesen. Ohne die Hochschulreife hätte ich den Absprung aus Kulmbach nie geschafft, und statt dieses Buches in Ihrer Hand gäbe es nur ein von Tauben beschissenes Standbild auf dem Kulmbacher Marktplatz von mir. Ich bestand das Abitur mit Hängen und Würgen.

Die Oberfrankenmetropole hätte ab diesem Moment für mich Geschichte sein können, allerdings musste ich dort noch rasch meine Unschuld loswerden. Meine Friseusen und Wurstverkäuferinnen waren keine Kinder von Traurigkeit, aber ich war alles andere als ein Draufgänger. Das lag auch an einer folgenschweren Zurückweisung im Kulmbacher Burgtheater, einem eleganten Kino, in das ich eine Umworbene eingeladen hatte. Kurz nach Beginn des Hauptfilms wagte ich es, ihr die Hand auf den Oberschenkel zu legen, doch ein Kran aus zwei kühlen Mädchenfingern beförderte sie postwendend zurück in meinen Schoß. Wann immer ich danach den Drang empfand, ein Damenbein zu berühren, spürte ich diese zwei kalten Krallen, und der Impuls erstickte im Keim. »Dienstlich« ist das allerdings überhaupt kein Problem, im Gegenteil: Nahezu zwanghaft und ohne die geringste erotische Absicht berühre ich jedes Knie, das ich in meinen Sendungen zu fassen kriege. Jetzt wissen Sie, warum. Ich räche mich für die grausame Zurückweisung im Kulmbacher Burgtheater.

Ich war also in der Theorie weiter, als die Praxis in der oberfränkischen Provinz zuließ. Womit ich allerdings den meisten meiner Klassenkameraden hinterherhinkte. Vor allem mein Banknachbar Pit, der in Wirklichkeit Manfred hieß, nervte mich in den Unterrichtsstunden mit Details aus seinem Liebes-

leben. Um endlich mitreden zu können, erfand ich eine liebestolle Hausfrau, die mich in der Dämmerung überraschend
in ihre Wohnung gelockt und verführt hatte. Ich bastelte mir
die fiktive Dame aus den Müttern zweier Freunde zusammen, bei denen ich mich an dieser Stelle dafür entschuldige.
Die Story kam sehr gut an und wurde immer länger und de-
tailreicher. Am Ende hielt ich sie fast selbst für wahr, was aber
nichts daran änderte, dass ich mit fast zwanzig immer noch
Jungfrau war.

Die Realität holte mich im letzten Schuljahr in Gestalt
einer nicht mehr ganz jungen Frau ein. Sie hieß Vera und
hatte, ich war schon immer meiner Zeit voraus, einen Mi-
grationshintergrund, für den es damals diesen Namen noch
nicht gab. Dafür kam sie aus einem Land, das es heute nicht
mehr gibt: Jugoslawien. Vera arbeitete in einem Kulmbacher
Kosmetiksalon, und ich folgte irgendwann mit klopfendem
Herzen ihrer Einladung zu sich nach Hause. Wäre es ein Film
gewesen, hätte die Inszenierung nicht stimmungsvoller sein
können: Sommerabend, ein romantisches, einsames Häuschen
unterhalb der Plassenburg, Efeu, Flieder, und Vera hatte nur das
Radio an.

Die Regie stimmte, aber der männliche Hauptdarsteller war
seiner Rolle nicht ganz gewachsen. Vera hatte, wie damals
üblich, ihre Wohnungseinrichtung von Flohmärkten und Tröd-
lern zusammengetragen. Auf dem Tisch tropfte die Tropf-
kerze auf den Strohmantel einer Chiantiflasche, und an der
Wand hing der Setzkasten mit Minikram. Das antike Bett hatte
eine hölzerne Rückwand, und genau die war das Problem.
Ich war zu lang oder hatte mir den Platz falsch eingeteilt, auf
jeden Fall schepperte ich mit meinem Kopf bei jeder ruck-
artigen Bewegung gegen die Holzplatte. Viele ruckartige Bewegungen werden es nicht gewesen sein, aber sie reichten,

um mir – gemeinsam mit einer leichten Gehirnerschütterung – das Triumphgefühl des Vollzuges zu bescheren.

Damit hatte Kulmbach alles getan, was es für mich tun konnte. Ich war ein erfahrener Liebhaber, besaß die Hochschulreife und ging davon aus, dass die Welt auf mich wartete. Meine Heimatstadt verließ ich mit dem Gefühl, mit dem der Oberfranke auf jede geglückte Veranstaltung zurückblickt: »Des hot gebasst!«

SCHOOL'S OUT

Alice Cooper

Am 25. Juni 1967 saß ich im grünen Fernsehsessel meiner Mutter und beschloss, diesen Moment bis ans Ende meiner Tage nicht mehr zu vergessen. In der ersten großen Live-Eurovisionsshow hatten alle beteiligten Länder eine gemeinsame TV-Sendung auf die Beine gestellt. Dass ich mich an den deutschen Beitrag nicht mehr erinnern kann, wird seine Gründe haben; die Engländer jedenfalls lieferten das Beste, was sie damals hatten, und das waren die Beatles: In einer bunten, partyähnlichen Runde performten sie erstmals ihre Liebeshymne »All you need is love«. Die Vorstellung, dass ich auf einem Lehnstuhl in Kulmbach klebte, während der Mittelpunkt meiner Welt in exakt diesem Moment in einem Londoner Fernsehstudio lag, bedrückte mich.

Ich wollte Teil dieser Szene sein. Als Musiker war ich chancenlos, aber als Verkäufer dieser heißen Ware sah ich mich durchaus. Ich träumte vom Ruhm als Radio-Discjockey; Fernsehen interessierte mich allenfalls am Rande. Dort waren freundliche Herren mit Fliege und dunkler Samtjacke unterwegs und begrüßten als Zuschauer gern irgendwelche »sehr verehrten Damen und Herren«, zu denen ich mich nicht zählte. Populär waren Rainer Holbe und Ilja Richter, beide Teil einer spießigen Polonaise, in der das Fernsehballett die Beine schwang. Ilja baute, wann immer es ging, unsägliche Sketche in seine *Disco* ein, in denen er als Peter-Alexander-Imitator im Husarenkostüm auftrat oder im Duett mit »reizenden Kolleginnen« sang. Nein, das war nichts für mich, ich setzte mich überhaupt nicht in Beziehung zu dem, was da passierte. Ich wollte Fernsehen gucken, nicht machen. Bis 17 Uhr starrte man ohnehin aufs Testbild, auf dem bei uns in Kulmbach »Sender Ochsenkopf« stand. Dass wir dorthin jedes Jahr einen Skiausflug mit der Schule machten, war meine einzige Verbindung zum Fernsehen.

Was man anschauen konnte, ohne sich zu ärgern, war Mike Leckebuschs *Beat-Club*, den Radio Bremen ab 1965 ausstrahlte und den Uschi Nerke moderierte. Sie war das, was man heute ein It-Girl nennen würde, zog die Moderationen zügig durch und nervte nicht. Irgendwann kam dann Dave Lee Travis mit seinem eigenartigen Kinnbart dazu und später sogar für kurze Zeit Dave Dee von der Poptruppe Dave Dee, Dozy, Beaky, Mick & Tich. Ihre großartige Hymne auf die englischen Toiletten – »Loos of England« – kann man in der *Beat-Club*-Version immer noch auf Youtube abrufen, was ich ab und zu tue.

Mir gefiel diese schlichte, aber fröhliche Popmusik der frühen Jahre, vor allem in ihrer englischen Ausprägung. In den späten Sechzigern bestimmten nicht nur die Beatles und Stones den Musikgeschmack; selbst in den USA mussten die amerikanischen Fans der Beach Boys, Mamas & Papas und Monkees das abwehren, was heute als *British invasion* Teil der Musikgeschichte ist. Da gab es die Hollies, die Kinks und The Who und Dutzende One-Hit-Wonders wie Leapy Lee mit »Little arrows« oder Keith West mit seinem Nummer-eins-Hit »Excerpt from a teenage opera«.

All diese Interpreten und Musiker waren damals auch modische Ikonen: Peter Frampton war der hübsche Sänger von The Herd, einer Band mit Hits wie »From the Underworld« oder »Paradise Lost«, Peter Noone war der Posterboy und Sänger der Herman's Hermits. In einer populären Band mitzuspielen bedeutete gleichzeitig auch die Verpflichtung zu coolem Aussehen, gepflegten Langhaarfrisuren und modisch »korrekter« Kleidung. Das galt zwar nicht für Kultgruppen wie The Yardbirds, Cream oder Vanilla Fudge, wohl aber für das schnell wechselnde Hitparadenpersonal, mit dem uns die Musikzeitschrift *Bravo* die Wände tapezieren half. Allein das Konzept des Starschnitts wäre heute keinem Siebzehnjährigen mehr vermittelbar. Jeweils am Donnerstag erschien in der *Bravo* eine Seite mit einem Teil irgendeines Starfotos, das man samt Klebekante fein säuberlich auszuschneiden hatte. Am besten bewahrte man diesen Ausschnitt im Atlas auf, damit er nicht schon zerknittert war, bevor das nächste Heft herauskam. Irgendwann ergaben die gesammelten und korrekt zusammengepuzzelten Teile dann einen lebensgroßen Lex Barker im Old-Shatterhand-Kostüm, den man an die Wand kleistern konnte, während man bereits an Pierre Brice herumschnippelte, weil der als sein »roter Freund« Winnetou natürlich neben den weißen Blutsbruder gehörte. Das waren Unternehmungen, die mehrere Wochen dauerten. Wenn man in den Osterferien mit den Eltern nach Bozen fuhr, fehlte einem der Hintern von Barry Ryan, aber den konnte man mit etwas Glück später gegen den Unterarm von Sandie Shaw eintauschen. Meine Mutter erlaubte allerdings kein direktes Kleben auf die Raufasertapete, weshalb sich unschöne Tesafilmgirlanden durch mein Zimmer zogen.

Ich war also musikalischer Mainstream und wollte die Masse unterhalten; an Klasse war ich weniger interessiert. Das beschreibt bereits die Schwierigkeiten, die bei dem einzigen Radiosender, der für mich infrage kam, auf mich warteten. Der Bayerische Rundfunk hatte die Hoheit über Pop und Rock dem Jugendfunk zugeschlagen, einer Abteilung, die von seichter Unterhaltung nichts wissen wollte. Diesem Jugendfunk stand zu jener Zeit ein älterer und gebildeter Herr namens Dr. Walter Schricker vor, aber den Hammer schwang sein Redakteur Rüdiger Stolze, der selbst ab und zu die einzig erträgliche Musiksendung im BR moderierte: den *Club 16*, der so hieß, weil er werktags um 16 Uhr ausgestrahlt wurde. Ich erinnere mich noch gut daran, wie ich im Kulmbacher Postamt Stolzes Nummer aus dem Münchner Telefonbuch heraussuchte. Da baumelten diese gelben Schwarten mit den Einträgen für ganz Deutschland in einer Art Hängeregister, und was man sich heute in ein paar Sekunden aus dem Netz holt, suchte man dort nach langem Fußmarsch oft vergeblich. Ich wurde fündig, rief ihn an, erkannte den richtigen Rüdiger Stolze an seiner Radiostimme, war aber dann doch zu feige, mich zu melden, und legte auf. Immerhin hatte ich jetzt schon mal die Nummer des Chefs.

Der Rest der Moderatoren bestand aus freien Mitarbeitern, die sich um das bisschen Air Time kloppen mussten, das damals für Popmusik zur Verfügung stand. Keiner von ihnen beeindruckte mich besonders oder war mir gar ein Vorbild – so wie sie wollte ich es ganz bestimmt nicht machen. Trotzdem bewarb ich mich bei einem Nachwuchswettbewerb des Jugendfunks und schaffte es tatsächlich, zu einem Vorsprechtermin ins Studio Nürnberg eingeladen zu werden. Dort erwarteten mich Rüdiger Stolze, ein missgelaunter Redakteur namens Ado Schlier und ein reizender Mensch im Rollstuhl, der sich als Georg Kostya vorstellte.

Er war einer der wenigen, die ich als Musik-Presenter mochte und akzeptierte. Kein begnadeter Plauderer, keine ausgesprochene Mikrofonstimme, aber ein uneitler Musikliebhaber. Er war der Einzige, der mir bei diesem Casting das Gefühl gab, dass sie überhaupt jemanden suchten. Ich hatte zu Hause eine Filmkritik zu dem Streifen *Der Mann, den sie Pferd nann-*

ten verfasst, einem damals gerade aktuellen, ziemlich brutalen Western mit Richard Harris in der Hauptrolle. Diese Kritik las ich mit fester Stimme vor, ohne mich zu verhaspeln, und spielte dann den Titelsong zu dem Film *Soldier Blue (Das Wiegenlied vom Totschlag)* von Buffy Sainte-Marie. Was ich sonst noch trieb, weiß ich nicht mehr, aber ich bekam kurz darauf einen Brief vom BR, der einen Fragebogen enthielt. Mit einer Überheblichkeit, die mir heute nicht mehr nachvollziehbar ist, strich ich die meisten Fragen durch und schrieb als Antwort zurück: »Man hört es eurem Programm an, dass ihr die, die es machen, per Fragebogen gefunden habt.« Wenig später bekam ich Post von Rüdiger Stolze. Anstatt mir zu schreiben, ich solle bleiben, wo ich war, bat er mich, im Funkhaus vorbeizukommen, wenn ich in München sei. Ich war überrascht, erfreut und geschmeichelt. Ich wollte nicht nur vorbeikommen, ich wollte auch bleiben.

Allein schon deswegen kam als Alma Mater für mein Germanistikstudium nur die Münchner Ludwig-Maximilians-Universität infrage. Nachdem mein Radiotraum damals allenfalls eine Etappe auf dem Weg zu einem anständigen Beruf sein konnte, hatte ich mich parallel beim Institut zur Förderung publizistischen Nachwuchses der Deutschen Bischofskonferenz um ein Stipendium beworben. Das Institut wurde vom Chefredakteur des Magazins *Stimmen der Zeit* geleitet, dem großen Jesuiten und Gründer des Instituts, Dr. Wolfgang Seibel. In seinem Büro in der Königinstraße sollte ich aus dem Stand einen Aufsatz über Empfängnisverhütung verfassen.

Ich schrieb, was die Bischöfe lesen wollten. Sie waren's zufrieden, und ich hatte mein Stipendium. Gleichzeitig konnte ich ein Bett in einem Doppelzimmer des Pater-Rupert-Mayer-Heims am Schwabinger Kaiserplatz ergattern, und die konfessionelle Dreieinigkeit vollendete ich durch meinen Beitritt zur Tuiskonia im Cartellverband der katholischen deutschen Studentenverbindungen. Letzteres lag meiner Mutter besonders am Herzen, denn schon »der Vati war bei der Salia Breslau« – ihrer Überzeugung nach würde die Fürsorge der Alten Herren es zu verhindern wissen, dass ich im Sündenbabel München den moralischen Halt verlor. Einer meiner Cartellbrüder bei der Münchner Tuiskonia war übrigens kein Geringerer als der leibhaftige Franz Josef Strauß. So viel zum moralischen Halt.

Meine Ablieferung in München gestaltete sich etwas holprig. Onkel Hans kutschierte mich in seinem Peugeot 504 dorthin, und meine Mutter kaufte mir beim Hertie an der Münchner Freiheit zum Abschied noch ein Essbrettchen aus Plastik und ein kleines Schneidemesser. Ich hatte jahrelang auf den Moment gewartet, in dem ich endlich die Fesseln übertriebener mütterlicher Fürsorge abstreifen konnte, dieses »Komm nicht zu spät« und »Wo warst du so lange?«, das »Mach kurz, das ist ein Ferngespräch« und »Du siehst aus wie ein Pfingstochse!«. Das alles war Geschichte, ich endlich frei. Und was tat ich? Ich lag im Bett und heulte. Vor meinen Augen verschwammen die kalkweißen Wände, und ich kroch unter die Decke, um den Kommilitonen nicht zu wecken, mit dem ich das winzige Zimmer teilte (er hieß übrigens Saud ul Hassan, kam von wesentlich weiter her als ich und jammerte nicht).

Vom Innenleben einer Universität hatte ich damals überhaupt keine Ahnung. Jedes Proseminar, in das ich mich einschreiben wollte, war schon besetzt, jeder Professor hatte seine Sprechstunde zu einer anderen Zeit, als es mir in den Kram passte, und ich kannte keine Sau. Auf den Sesseln im Flur des Studentenwohnheims saßen Menschen mit Stundenplänen, in die sie genau die Seminare und Vorlesungen eintrugen, in die ich es nicht geschafft hatte. Einer von den Erstsemestern war ein netter Kerl aus dem Allgäu, der allerdings Medizin studieren wollte. In einem flammenden Appell überzeugte ich ihn innerhalb einer Stunde davon, dass er in Wirklichkeit ein geborener Germanist sei. Das mochte eine grobe Fehleinschätzung sein – heute ist er ein erfolgreicher Mediziner –, aber am nächsten Tag schrieb er sich und mich in diverse Kurse und Proseminare am Germanistischen Institut ein und fand auch das Nebenfach Neuere Geschichte, das ich ihm empfohlen hatte, durchaus attraktiv. Rein zufällig war es auch mein Nebenfach.

In der Uni brauchte ich Hilfe, auf dem Weg durch die Instanzen des Bayerischen Rundfunks kam ich allein voran. Die heiligen Hallen des Senders in der Münchner Arnulfstraße strahlten Größe und Bedeutung aus. Es gab damals eine Pförtnerloge, in der die attraktive Mutter des Sängers und Entertainers Michael Schanze als Empfangsdame saß. Vor dem Funkhaus stand ihr VW-Käfer-Cabriolet mit dem Kennzeichen STA-MS 1. Mehr konnte man im Leben nicht erreichen, als im Kreis Starnberg zu leben, seiner Mutter einen offenen VW zu spendieren und noch dazu die Power zu besitzen, seine Initialen und die Nummer 1 aufs Nummernschild zu bekommen. Und das war, wie gesagt, erst die Empfangsdame.

In der Redaktion des Jugendfunks ging ich dann vollends in die Knie. Die Sekretärin hieß Eli mit einem »l« und musste schon deswegen wichtig sein, weil sie meine Einladung zum Nürnberger Vorsprechtermin unterschrieben hatte. Der weißhaarige Dr. Schricker schaute immer etwas verschreckt aus seinem Büro; wahrscheinlich hatte er über Hölderlin promoviert, aber noch nie was von Black Sabbath gehört. Rüdiger Stolze, der eigentliche Macher im Laden, war ein gut aussehender Typ, gehörte aber meiner Meinung nach nicht vors

Mikrofon. Nicht, dass meine Meinung irgendjemanden interessiert hätte, es wimmelte im Haus von Typen wie mir, die das Radio neu erfinden wollten. In erster Linie aber wollten sie mit ihren journalistischen Beiträgen die Welt verändern, während ich schon froh gewesen wäre, der Welt das vorspielen zu dürfen, was ich für gute Musik hielt.

Und genügend Auswahl gab es. In den Räumen des Jugendfunks stapelten sich Langspielplatten und Singles. Der Plattenindustrie ging es damals noch gut, und wer wichtig genug war, wurde »bemustert«. Der höchste zu erreichende Status war die »Vollbemusterung«, den der Jugendfunk natürlich erreichte. Ich stand sprachlos vor dieser musikalischen Schatzkammer mit den ewig langen Plattenregalen. Ein Album kostete damals 19 Mark – mein erstes war *Rubber Soul* von den Beatles gewesen, und mittlerweile besaß ich ungefähr ein Dutzend LPs. Hier aber standen Tausende davon, und eine Handvoll Auserwählter durfte entscheiden, welche Titel beim täglichen *Club 16* aufgelegt wurden.

Ich gehörte nicht dazu. Meine einzige Chance war es, Beiträge anzubieten, die dann vielleicht in den Magazinen des Jugendfunks zum Einsatz kommen würden. Die entsprechenden Freie-Mitarbeiter-Sitzungen waren für mich eine Qual: Da saßen Zwanzigjährige und waren tief besorgt über steigende Selbstmordraten bei der Bundeswehr und die Lehrlingsausbeutung bei Siemens. Als ich einen Besuch auf der Münchner Modemesse anbot, erntete ich das milde Lächeln aller Anwesenden. Solchen Firlefanz überließ man den Teenagerpostillen *Bravo* und *Twen*, denn am öffentlich-rechtlichen Wesen musste schließlich die Welt genesen.

Ich lernte schnell, dass man mit seinen Angeboten weiterkam, wenn in den Themenvorschlägen die Worte »Problem« oder »Schwierigkeit« vorkamen. Also bot ich einen Beitrag an, in dem es sowohl um die Probleme als auch um die Schwierigkeiten eines jungen Menschen ging, der sich von zu Hause abnabelt. Bingo! Meine Radiogeschichte begann Anfang 1972 mit dem dreiminütigen Erfahrungsbericht »Von der Provinz in die Großstadt«. Ich sprach ihn selbst ins Mikrofon und erhielt eine Hörerzuschrift. Ein älterer Herr teilte mir mit, dass es ihm vor einem halben Jahrhundert genauso ergangen sei. Na bitte, mitten ins Herz des Hörers, und da wollte ich auch nicht mehr raus.

Allerdings merkte ich schnell, dass ich beim Jugendfunk nicht sehr weit kommen würde. Dort gab es neben dem *Club 16*, der personell bereits übersetzt war, die Sonntagnachtsendung *Pop Sunday* mit Undergroundmusik und anspruchsvoller Lyrik, beides weit jenseits meines Horizonts. Am Sonntagnachmittag haspelte sich Ado Schlier durch ein beliebtes Wunschkonzert. Er hatte immer ein Gummitier namens Winkie dabei, mit dem er ins Mikrofon quietschte, und spielte Musik, die man gern hörte, weshalb diese Sendung ausgesprochen populär war. Ado verlas dabei auch die Botschaften verliebter Hörer. Allerdings kam er aus Unterfranken und sprach statt von »Grüßen« immer von »Krüsn«, was mich wahnsinnig machte. Möglicherweise war ich aber auch nur auf seinen Erfolg neidisch.

Die Pfründe im Jugendfunk waren jedenfalls verteilt, und bis auf ein paar vereinzelte Beiträge, für die ich mit einem ziegelsteinschweren Uher-Gerät über der Schulter unterwegs war, brachte ich dort nichts von meinem Genie unter. Morgenluft witterte ich, als der BR neue Stationssprecher suchte. Ich hielt mich vor allem für die relativ junge »Servicewelle Bayern 3« für geeignet. Die war zwar im Wesentlichen als Verkehrsfunk gedacht, aber man spielte dort auch Musik. Allerdings ganz vorsichtig. Die Verantwortlichen waren davon überzeugt, dass rhythmische und noch dazu englischsprachige Popmusik zu einer zwangsläufigen Häufung von Verkehrsunfällen führt. Ein hämmernder Song von Led Zeppelin wäre praktisch ein Todesurteil für alle Fahrzeuglenker zwischen Hof und Garmisch. Trotzdem gab es bei Bayern 3 einen Bedarf, den es beim Jugendfunk nicht gab.

Ich ließ mich casten und rutschte wieder mit durch. Man steckte mich gemeinsam mit einem halben Dutzend Kollegen in ein Sprecherseminar, das der Chefsprecher des Bayerischen Rundfunks, Dieter Traupe, leitete. Wir wurden für alle Programme ausgebildet, die der BR anzubieten hatte, also auch für die Ansagen von Klassik und Volksmusik. Ich weiß deshalb noch heute, dass Johann Sebastian Bach beim »Johann« auf dem »a« und nicht auf dem »o« betont wird und dass die rote runde Halle in London die Royal »Elbert« und nicht die Royal »Olbert« Hall ist. Für immerhin 130 Mark pro Schicht saß ich dann nachts ermattet im Sendekomplex 2 und verkündete nach dem späten Klassikkonzert den Sendeschluss mit Bayern- und Deutschlandhymne; oder ich musste in Bayern 1 um 5.30 Uhr früh schlaftrunken meinen Dienst mit dem Verlesen des Impressums beginnen, dessen stolze Präambel lautet: »Hier ist der Bayerische Rundfunk, eine Anstalt des öffentlichen Rechts!«

Es sprach sich rasch herum, dass ich fürs Schwere ungeeignet war, zumal ich vom festangestellten »Sprachpfleger« der Anstalt, einem gewissen Dr. Schmidt, mehrfach zur Ordnung gerufen werden musste. Einmal hatte ich »Impromptu« in humanistisch bester Absicht lateinisch ausgesprochen statt französisch, ein andermal sprach ich den Namen des rumänischen Dirigenten Sergiu Celibidache dreimal unterschiedlich und keinmal richtig aus. Auch beim Einsatz im folkloristischen Bereich gewann ich keine Fans, meine Begeisterung bei der Ansage des beliebten Volksmusikformats *Am Abend in der Stub'n* hielt sich erkennbar in Grenzen.

Ich landete also bald da, wo ich hinwollte: bei Bayern 3. Was heute ein reiner Popmusiksender ist, war damals noch ein Gemischtwarenladen. Jeder Musikredakteur tobte sich dort nach eigenem Belieben aus. Wolfgang Felsing, ein Freund lateinamerikanischer Rhythmen, traktierte ganz Bayern nachmittags eine halbe Stunde mit Kastagnetten und Gitarren unter dem Titel *Saludos Amigos*. Der mit seinem »Nachtexpress nach St. Tropez« einschlägig vorbelastete Schlagersänger Teddy Parker drehte täglich das *Schlagerkarussell* – aber am ruchlosesten waren ehemalige Orchestermusiker, die ihre Instrumente in die Ecke gestellt hatten und nun als Musikredakteure dafür sorgten, dass bei ihren ehemaligen Kollegen die Tantiemen plätscherten. Es war mir nie begreiflich, warum Paul McCartneys wunderbares »Yesterday« in der Fassung von Kurt Edelhagen gespielt werden musste oder »Delilah« nicht von Tom Jones, sondern vom Tanzorchester des Südwestfunks unter Leitung von Karel Krautgartner. Weil Gema-Gebühren in die richtigen Töpfe fließen sollten, litten ich und der Rest der Hörer unter Entzug. Trotzdem suchte ich meine Chance und fand sie beim Frühdienst. Da erschien ein Musikredakteur mit aktuellen Platten unterm Arm, und manchmal war sogar ein Treffer dabei.

Ich war nie ein Morgenmuffel und nutzte die wenigen Chancen für das, was man damals »flotte Sprüche« nannte. So flott, um sich hier mit ihnen brüsten zu können, waren sie nicht, aber flott genug, dass die Münchner Boulevardzeitung *tz* irgendwann ihren Lesern das Gesicht dahinter präsentieren wollte. Ich hielt es bereitwillig hin und moderierte für dieses Blatt kurz darauf die alljährliche Wahl zur »Münchner Badenixe«: Im Ungerer-Bad stand ich, umringt von zwanzig sonnengeölten Damen, von denen manche als Nixe sofort ertrunken wäre, erstmals vor den Tücken meines neuen Berufs. Das Publikum bestand aus halbwüchsigen Kerlen, die sich eine kernige Fleischbeschau versprachen und jede der knackigen Kandidatinnen mit Pfiffen und Gejohle begrüßten.

Das war keine Kammermusikmatinee. Ich war versucht, der Meute zu geben, was sie wollte. Mir entging aber weder die Kurzatmigkeit der jungen Frauen, die ängstlich auf mein Mikrofon starrten, noch die nervöse Gänsehaut auf ihren Schenkeln. Sie befürchteten, vorgeführt zu werden, und in mir kämpften blöde Sprüche gegen das, was mir Anstand und Takt als Kompass vorgaben. Wenn Mädchen im Bikini eine gute Figur machen, bedeutet das nicht automatisch, dass sie auch sinnvolle Sätze bilden können – schon gar nicht, wenn ihnen dabei ein paar Hundert Jungs auf den Hintern starren und ein unsensibler Moderator sich über sie lustig macht. Also musste ich einen Mittelweg finden. Ich würde beim Publikum alle Punkte machen, die möglich waren, ohne einem der Mädchen einen Schaden zuzufügen, für den sie nicht selbst verantwortlich war. Diese Haltung habe ich mir damals zur Maxime für mein weiteres öffentliches Wirken gemacht, auch wenn es nicht immer alle gemerkt haben.

Ich war jedenfalls nie der »säftelnde Tatscher«, zu dem mich eine Kritikerin irgendwann mal gemacht hat. Den Schutz der Menschen vor meinem Mikrofon habe ich immer sehr ernst genommen, auch wenn manchmal die Pferde mit mir durchgegangen sind. Ich habe aber schnell gemerkt, dass ein Publikum, das vor Vergnügen johlt, nicht immer ein Gewinn ist. Auftritte in der Öffentlichkeit haben ihre eigenen Gesetze. Die Sympathie liegt immer ganz klar beim Schwächeren, und das ist nie der Kerl mit dem Mikro in der Hand. Der hat im Gegenteil die Aufgabe, sein Gegenüber vor sich selbst zu schützen. Ich habe mich immer gewundert, wie schnell sich Leute um Kopf und Kragen reden, nur weil sie glauben, sie seien zur Auskunft verpflichtet, weil ihnen jemand eine unverschämte Frage stellt und dann drohend das Mikro auf sie richtet. Das ist ein Reflex wie beim Anblick der roten Polizeikelle – in diesem Fall aber eine Verneigung vor einer Autorität, die keine ist. Ich habe es seitdem immer vermieden, Punkte zu machen, wenn es meinem jeweiligen Partner gegenüber unfair gewesen wäre. Das hat man mir nie ganz abgenommen, und ich befürchte, ich habe zwischendurch auch Beweise für das Gegenteil geliefert. Der frommen Absicht sind nicht immer entsprechende Taten gefolgt, und für all diese Ausrutscher bitte ich um Entschuldigung.

Eine Erkenntnis dieser frühen Liveauftritte war aber auch, welch großen Spaß mir das machte und wie schnell es mir gelang, mein Publikum um den Finger zu wickeln. Ich stürzte mich furchtlos in jede Unternehmung dieser Art, ob im Bierzelt oder auf der Freilichtbühne; was Lampenfieber bedeutete, wusste ich nicht. Die Schattenseite dieses schnellen Erfolgs war, dass ich den Eindruck bekam, meine Spontaneität würde eine vernünftige Vorbereitung überflüssig machen. Ich schluderte mich einfach durch, und wenn man mir heute Altersvergesslichkeit unterstellt, weil mir die Namen meiner Gäste nicht geläufig sind, möchte ich darauf hinweisen, dass mir das mit Bürgermeistern, Landräten und Weinköniginnen schon zu Beginn meiner Karriere so ging.

Meine Fähigkeit, mich beruflich aus pikanten Situationen herauszumoderieren, wollte ich natürlich auch privat nutzen – nur in umgekehrter Richtung. In der Mensa und in der U-Bahn, auf der Leopoldstraße und am Marienplatz standen und liefen jede Menge hübscher Mädchen herum. Aber wenn sie standen, warteten sie auf jemand anderen, und wenn sie liefen, gingen sie an mir vorbei. In der Uni war die Kontaktaufnahme am einfachsten, aber die Mädchen am schwierigsten. Die einen nahmen im Gegensatz zu mir ihr Studium ernst und hatten keine Zeit zum Flirten. Eine andere, überraschend große Gruppe junger Frauen studierte wohl nur zum Zwecke der körperlichen Ertüchtigung in München und stellte mir nach spätestens fünf Minuten Anbaggerei die gleiche Frage: »Fohrst du Schi?« Sobald ich verneinte, war das Interesse an mir erledigt.

Ein Selbstläufer war ich also nicht. Deshalb war ich froh, als mir ein Kommilitone anbot, ihn auf den Medizinerball im Regina Palast Hotel zu begleiten. Der Fasching wurde von den Münchner Studenten ausgesprochen ernst genommen. Es gab die berühmten Weißen Feste in Schwabing und eine Menge ähnlicher Kultveranstaltungen, aber nirgendwo war die Krankenschwesterndichte so hoch wie auf dem Faschingsball der Medizinstudenten. Wie man weiß, ist die Fantasie weder bei Ärzten noch bei denen, die es werden wollen, besonders entwickelt. Die Mehrzahl der angehenden Mediziner war deshalb auf dem Ball im weißen Kittel unterwegs, die höheren Semester führten ein Stethoskop mit sich.

Ich hatte es allerdings in die andere Richtung übertrieben. Mein Nachbar im Studentenheim spielte auf irgendeiner Münchner Kleinbühne die Rolle eines Ritters, Landsknechts oder eines anderen mittelalterlichen Spießgesellen, der dienstlich mit einer Hellebarde unterwegs war. Warum er das Kostüm zu Hause hatte, weiß ich nicht mehr, und warum ich es mir lieh, muss ich heute auch nicht mehr wissen. Auf jeden Fall war es eine blöde Idee. Jedes Mal, wenn ich ein Mädchen zum Tanzen aufforderte, stellte ich die Hellebarde ab; nach dem Tanz war erst die Lanze weg und dann, sobald ich sie einem betrunkenen Jungmediziner entwunden hatte, das Mädchen.

Ich war ziemlich entnervt, weil ich anstatt hinter Frauen dauernd hinter dem Theaterspieß her war. Bis gegen Ende der Party plötzlich eine junge Frau im rosa Seidenkimono mit einem Blütenkranz im Haar meine am Kostüm sofort erkennbare Ritterlichkeit in Anspruch nahm. Sie wollte sich hinter meinem Rücken vor einem aufdringlichen Verehrer verstecken. Der Typ kapitulierte, und ich übernahm. Die Blütenträgerin hieß Thea, und ich begann eine Moderation, die heute, gut vierzig Jahre später, noch nicht abgeschlossen ist.

Wir gefielen uns gut genug, um wissen zu wollen, wie wir ohne Blütenkranz und Helm aussahen, und verabredeten uns zu einem Rockkonzert. Deep Purple spielte in der Münchner Olympiahalle, und meine Beziehungen beim BR waren schon so weit gediehen, dass ich es mir zutraute, zwei Karten dafür aufzutreiben. Ich schaffte es sogar zu Einladungen für die Aftershowparty und stand damit pünktlich und helmlos vor Theas Schwabinger Wohnung, die sie sich mit einer Freundin teilte. Sie sah auch ohne Blüten auf dem Kopf gut aus. Meine Haare waren damals golden und einem Helm nicht unähnlich, auf jeden Fall erkannte sie mich wieder.

Das Konzert war ein Treffer, sie stand auf Rockmusik und tanzte bei »Smoke on the water« etwas wilder, als mir lieb war. In Kulmbach hätte man es sittenwidrig gefunden, für Münchner Verhältnisse war es wohl in Ordnung. Ich habe in diesem Punkt nie richtig aufgeholt. Wenn es ums Tanzen geht, bin ich ein Bewegungsverweigerer geblieben, und wenn Frauen dabei auch noch mit ausgestreckten Armen gen Himmel greifen, distanziere ich mich innerlich sofort, egal für welchen Bewegungsablauf sich die Tänzerin entscheidet. Es gibt da die synchronisierte Scheibenwischer-Bewegung mit den Armen vor der Brust und das beidhändige Glühbirnen-Eindrehen. Äußerlich gebe ich ein verlogenes »Hey« von mir, und wenn sie dabei die Augen schließt, ein noch verlogeneres »Yeah, Baby«. Ich muss mir dann zwar jedes Mal eingestehen, dass ich ein Spießer bin, aber gegen diese voodooartigen Ritualtänze bin ich einfach allergisch. Ganz so schlimm war's bei Thea aber nicht, und ich fand sie immer noch klasse, als ich sie mit in die Aftershowparty schleuste.

Jeder will da hin, aber selbst damals, als im Musikgeschäft noch richtig Geld verdient wurde, war es eine eher armselige Veranstaltung: In irgendeinem Konferenzraum im Bauch der Olympiahalle, mit Neonbeleuchtung und Filzteppichboden, wurde zum Büfett geladen. Da standen schon ein paar langhaarige Zausel herum und warteten darauf, dass das Putenfrikassee hereingetragen wurde. Auf einem Biergartentisch hingen bei solchen Veranstaltungen immer ein paar von diesen Kupferwannen über Spiritusflämmchen, und in einer davon war garantiert Putenfrikassee. Getränke waren sowieso wichtiger. Rock 'n' Roller tranken Bier – und zwar ausschließlich; der Red-Bull-Wodka-Wahn kam erst viel später. Damals sahen wir alle gleich aus; Steven Tyler von Aerosmith ist heute modisch der letzte Überlebende dieses Siebzigerjahre-Modells: enge Jeans, taillierte Lederjacke und Haare, so lang es geht. Von diesen Kerlen standen Dutzende herum, und alle waren cooler als ich. Roadies, Konzertveranstalter, DJs, und dann kam auch noch die Band!

Jon Lord, der Keyboarder von Deep Purple, war mit seinen langen dunklen Locken und dem wilden Schnauzer das Urbild des Rock-'n'-Roll-Stars. Er hatte sich während des Konzerts schon seiner Orgel mehrfach unzüchtig genähert, und das war nur das Vorspiel. Aftershowpartys waren für diese unersättlichen Frauenjäger immer wie Brautschau ohne Heiratsabsichten.

Ich neige grundsätzlich zur Eifersucht, und das war mein erstes Date mit Thea. Also versuchte ich den ganzen Abend, meine neue Flamme aus dem Kreuzfeuer der Begehrlichkeiten herauszuhalten, indem ich sie einerseits fortwährend zuschwallte und andererseits darauf achtete, ihr zeitgleich die Sicht auf jeden Mann zu verstellen, der mir gefährlich werden konnte – und das war praktisch jeder. Die Methode habe ich bis heute beibehalten.

In diesem speziellen Fall hat sich der Kreis inzwischen geschlossen. Jon Lord hatte auf seinem nächtlichen Raubzug auch Thea kurz umkreist, war aber nicht gelandet. Trotzdem ging mein Pulsschlag danach bei jedem Deep-Purple-Song, den wir gemeinsam hörten, kurz nach oben. Dreißig Jahre später trafen wir die Band am Flughafen in L.A. am Gepäckband wieder. Ich kannte die Hardrocker inzwischen von mehreren Fernsehauftritten und stellte Thea, die damals schon ein Vierteljahrhundert meine Frau war, sehr entspannt dem greisen Jon Lord vor. Seine Haare waren zwar immer noch zahlreicher als meine, aber zum Pferdeschwanz gebunden und schlohweiß, und der Bauch des Rockstars war inzwischen beachtlich. Ich sah keinen Grund mehr zur Eifersucht. Trotzdem gratulierte ich meiner Frau zu der weisen Entscheidung, damals nicht gewackelt zu haben, und habe auch nicht versäumt, ihr beim traurigen Tod von Jon Lord 2012 noch mal in Erinnerung zu rufen, dass sie nun Witwe wäre. Das fand sie nicht lustig, ich inzwischen auch nicht mehr.

Meine neue Freundin, die bald meine »feste« Freundin war, schätzte es, mit mir regelmäßig auf Rockkonzerte zu gehen, und empfand unsere persönlichen Begegnungen mit den Stars der Popszene als eine nette Zugabe zu meinem ohnehin schon umwerfenden Liebreiz. Neben der Tätigkeit als Stationssprecher hatte ich nämlich angefangen, für den sonntäglichen *Musik Report* Interviews mit Musikern zu machen, die gerade in der Stadt waren. Der Lohn für meine Interviews war jeweils ein Hunderter und die immer gleiche Erwähnung am Ende der Sendung: »Das Interview mit XY war ein Beitrag von Thomas Gottschalk.«

Eigentlich waren Interviews die Domäne von Ado Schlier – das war der mit dem Quietschtier. Aber der konnte noch weniger Englisch als ich und musste solche Jobs zähneknirschend weiterreichen. »Rufen Sie mich morgen um 7.30 Uhr an«, war die typische Ansage, und ich stand bereits zehn Minuten vor der Zeit an der einzigen Telefonzelle im Keller des Studentenheims.

Was nicht immer früh genug war, denn die internationale Besetzung der Unterkunft hatte zur Folge, dass zu jeder Tages- und Nachtzeit Kommilitonen in allen möglichen Hautfarben ihren jeweiligen Müttern in fernen Ländern weismachen wollten, sie müssten sich keine Sorgen machen. Wenn ich schon die silbernen Säulen aus Markstücken sah, wusste ich: Oh Mann, das kann dauern. Ein paarmal passierte es mir tatsächlich, dass ein mürrischer Ado (ich befürchte heute noch, er hieß in Wirklichkeit Adolf) den Hörer mit den Worten wieder aufknallte: »Ich habe 7.30 Uhr gesagt, jetzt ist es 7.35 Uhr.«

Oft genug kam ich aber auch zum Zug und lungerte dann mit dem tonnenschweren Uher und einem Reporterausweis des BR vor den Künstlergarderoben des Deutschen Museums oder im Circus Krone herum. In München trat alles auf, was Rang und Namen hatte. Damals machten selbst weltbekannte Musiker nicht auf Superstar und hatten keine Bodyguards vor der Garderobe. Johnny Cash packte erst seine Gitarre ein, nannte mich »son« und beantwortete geduldig meine schlichten Fragen. Ich war kein engagierter Musikjournalist, sondern DJ, und brauchte auch nur fünf Minuten O-Ton. Deshalb fragte ich immer nach dem, was mir mein Gegenüber vermutlich am liebsten erzählen wollte.

Leute wie Elton John, Rod Stewart oder Carlos Santana waren sich damals nicht zu fein, einem jugendlichen Radioreporter etwas zu ihrem neuen Album oder zur aktuellen Tour zu erzählen. Radio war ein mächtiges Medium und zu dieser Zeit die einzige Verbreitungsplattform für populäre Musik. Es gab kaum Popstars oder Gruppen, die sich dem entziehen wollten. Dabei kam es durchaus auch zu menschlichen Begegnungen. Irgendwann in den Anfangstagen von Abba interviewte ich die vier Schweden nach ihrem ersten Deutschlandkonzert in der eher kleinen Konzerthalle des Deutschen Museums. Danach wollten sie noch in München ausgehen, hatten aber keine Ahnung, wohin. Ich übernahm die Reiseleitung und schleppte Thea auch gleich mit.

Es folgte ein eher lahmer Abend, an dessen Ende wir im »Sugar Shack« in der Herzogspitalstraße landeten, wo aber auch nicht viel los war. Kein Mensch interessierte sich damals für Abba, keine Paparazzi, keine johlenden Fans, keine Autogrammjäger. Die Gruppe war nicht etwa mit einer Limousine unterwegs, wir zuckelten mit dem Taxi von Club zu Club. Das einzig Aufregende an dem Abend war die Tatsache, dass Agnetha sich in die Jacke meiner Frau verliebte, die Thea aber partout nicht hergeben wollte. Am Ende brachten wir die Schweden zurück ins Hotel, Thea behielt ihre Jacke, und ich hatte mein Interview.

Meine englische Stammelei bei der Fragestellung musste natürlich für die deutschen Zuhörer weggeschnitten werden. Nachdem ich in den seltensten Fällen die Antwort verstanden hatte, fiel auch das logische Nachfragen aus. Ich machte es mir also zur Gewohnheit, die deutsche Frage im Studio so umzuformulieren, dass die Antwort irgendwie darauf passte, was selten etwas mit dem zu tun hatte, was ich eigentlich hatte wissen wollen. Weil aber der akustische Hintergrund in einer Künstlergarderobe ein völlig anderer war als bei der Nachbearbeitung im Studio, holte ich mir vorher aus dem Schallarchiv ein Geräuschband, von dem es Dutzende für Hörspielproduktionen gab. »Schwach besetzte Kantine« war ebenso beliebt wie »Wiener Kaffeehaus«. Das heimelige Tellergeklapper oder das Gemurmel kaffeetrinkender Statisten im Hintergrund erweckte den Eindruck, ich hätte Tina Turner im Bistro oder Neil Diamond im Biergarten getroffen.

Für Gedankentiefe waren diese Interviews sowieso zu kurz, denn länger als dreieinhalb Minuten durften sie nicht sein. Das hätte nicht ins Konzept des *Musik Reports* gepasst, der jeden Sonntagvormittag vom »Plattenkramer« des Senders, Werner Götze, präsentiert wurde. Ich habe diesem Mann viel zu verdanken. Obwohl er ein ostpreußischer Pedant war, fand er mich unterhaltsam, schätzte meine Zuverlässigkeit und gab mir das Gefühl, dass er mich mochte. Er war ein eleganter Mann, immer tadellos gekleidet, begrüßte mich auf dem Gang mit »Thommy, grüße Sie!«, und wenn er etwas wissen wollte, fragte er: »Thommy, saget Sie …« Eigentlich war er Jazzfan, spielte, wenn ich mich recht entsinne, sogar selbst Saxofon und präsentierte über Jahrzehnte die erfolgreiche Serie *Jazz auf Reisen*. Als Leiter der Abteilung Leichte Musik wurde Götze später mein Chef. Er liebte eine gewisse Formelhaftigkeit und verabschiedete sich von seinen Hörern über Jahre verbindlich mit dem Satz: »Machen Sie's gut oder besser: besser! Und damit bin ich Ihr Plattenkramer Werner Götze.«

Eine solche Pedanterie zog sich damals durchs ganze Haus. Alles war geregelt, musste genehmigt und abgeheftet werden.

Für meinen Job als Stationssprecher von B3 galt die Anweisung des Abteilungsleiters Josef Othmar Zöller: »Moderieren, aber nicht plaudern!« Das war ein schmaler Grat, von dem ich immer wieder freiwillig abrutschte. Viele Möglichkeiten gab es nicht. Die Wasserstandsmeldungen von Main und Donau mussten ebenso staatstragend vorgetragen werden wie der tägliche Segelflugwetterbericht. Es gab in Bayern damals sicher mehr Popfans als Segelflieger, aber um die kümmerte sich niemand. Das seichte Schlagergedudel nervte mich manchmal so, dass eine gewisse Bitternis in meiner Moderation nicht zu überhören war. Einmal wurde ich einbestellt, weil ich mir nach dem Julio-Iglesias-Song »Wenn ein Schiff vorüberfährt« Gedanken darüber gemacht hatte, was alles passieren kann, »wenn ein Pferd vorüberschifft«. Eigenwilligkeiten dieser Art brachten mich nicht weiter, aber ich konnte mein Maul nicht halten.

Ich wollte auch nicht, denn ich wusste, dass ich dabei war, zu einer lokalen Größe zu erblühen. Ich bekam Autogrammwünsche, unter anderem von einer schönen Griechin namens Elena Pakalidou, an deren Namen ich mich deshalb erinnere, weil sie sich als Fotografin vorgestellt hatte und ich sie fragte, ob sie die Autogrammfotos nicht gleich selbst im Englischen Garten machen könnte. Heute haben alle Radiomoderatoren Autogrammkarten. Damals war ich der Einzige.

RADIO GAGA

Queen

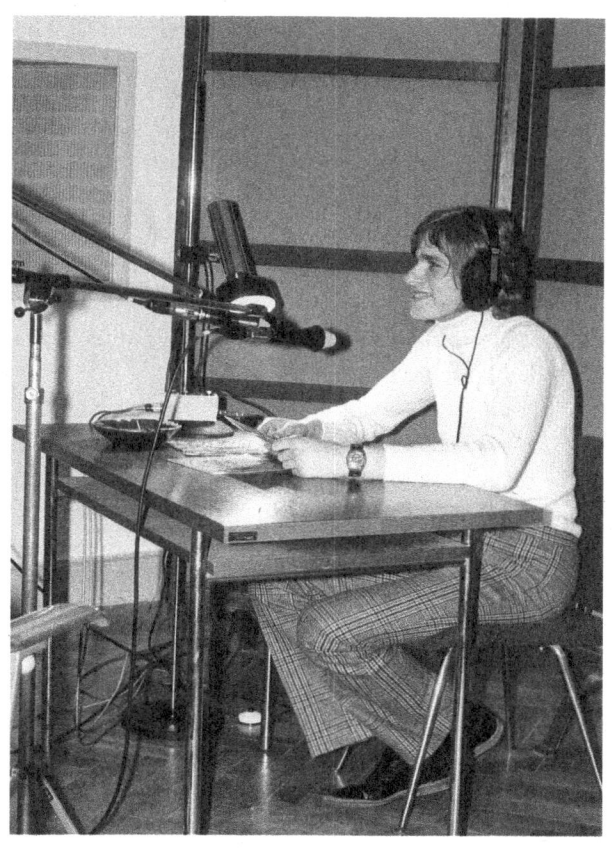

Aus dem grauen Sprecheralltag wurde ich erlöst, als mir der bereits erwähnte Plattenkramer Götze die Übernahme einer eigenen Sendung am Sonntagabend auf Bayern 3 anbot. Es gab sie bereits, sie hieß *Frisch aus der Presse*, und darin wurden neue Platten vorgestellt. Der Moderator war Peter Kreglinger und machte das eigentlich ganz gut, hatte sich aber bereits mehrfach den Mund verbrannt und am Ende freiwillig das Handtuch geworfen. Er beging seine letzte Heldentat, indem er mich wie folgt ankündigte: »Mein Nachfolger heißt Thomas Gottschalk, ist jünger als ich und hat deshalb hoffentlich die besseren Nerven, sich mit den Bürokraten in diesem Hause auseinanderzusetzen!« Für derart mutige Worte hat er noch heute meine Hochachtung.

Ich war nun einen entscheidenden, wenn auch kleinen Schritt weiter. Die von meinem Vorgänger gegeißelte Bürokratie galt auch für mich, denn ich musste vor jeder Sendung ein Manuskript abgeben, an das ich mich Wort für Wort zu halten hatte. Ich dichtete also am Dienstag zu jeder neuen Scheibe etwas Nettes, lieferte die Zettel am Mittwoch im Büro von Werner Götze ab und musste ihn am Donnerstagabend zu Hause anrufen, um seine Korrekturen mitzuschreiben; die Telefonnummer weiß ich heute noch auswendig. Seine Ermahnungen waren meist grundsätzlicher Art. Er legte Wert darauf, dass der Anteil der deutschen Neuerscheinungen stimmte und dass mein Humor nicht überbordete. Auch die Regeln des Anstands waren ihm wichtiger als mir. Als ich bei der neuen Single einer zu Recht vergessenen Künstlerin namens Heidi Stroh eine Karrierelänge von der Dauer eines Strohfeuers vermuten wollte, pfiff er mich zurück: »Thommy, no jokes with names!« Das habe ich mir bis heute gemerkt. Leider hatte mein Kollege Stefan Raab nicht so einen Mentor; das hätte ihm und einem gewissen Fräulein Loch viel Ärger erspart.

Der Vorteil der eigenen Radiosendung war, dass ich in die Singlebemusterung kam und fortan zumindest die kleinen Scheiben gratis ins Haus kriegte. Die Beute nutzte ich, um mir mit einem Stapel von Ausschussexemplaren immer wieder mal einen Stellplatz in der Tiefgarage des BR zu ergaunern. Der Garagenwart hatte aber seine eigenen Sorgen: »Griaß di, Thommy! I sog dir's, i werd wahnsinnig: I hob heit zwoa Ausschüss und an Rundfunkrat. Ober stöll di zu di Behinderten.« Heute dürfte der Mann weder die Singles annehmen noch ich den Behindertenparkplatz.

Der Nachteil meines neuen Sendeplatzes war die Ausstrahlung am Sonntagabend. Ich war damals schon aus dem Studentenheim in eines der Apartmenthochhäuser gezogen, die für die Olympiade 1972 in München gebaut worden waren. Um meiner heimischen Betonwüste zu entgehen, verbrachte ich die Sonntage an einem Münchner Badesee. Nachdem Thea es aber selten vor dem Mittagessen aus dem Haus schaffte, pumpten wir unsere Luftmatratze regelmäßig erst gegen 15 Uhr auf. Kaum hatte Thea sich das Sonnenöl aufgetragen, begann ich unruhig zu werden und etwas von Rückreiseverkehr zu murmeln. Gegen 16.30 Uhr wurde das Gemurmel zum Gequengel und um 17 Uhr die Luftmatratze wieder eingerollt. Nur einmal geriet ich in Panik: Um sicherzustellen, dass ich den Plattenkoffer nicht vergaß, packte ich ihn immer schon vor der Abfahrt zum Badesee in meinen VW Käfer. An einem Sommertag wurde es im Auto aber so heiß, dass sich ein Dutzend

Singles wellte wie Plisseekrägen auf einem Rembrandtgemälde. Keine war mehr spielbar. Unter Schock suchte ich mir im Sender ein paar Platten zusammen und fabrizierte aus dem Hut einen völlig neuen Ablauf. Spätestens nach der dritten Scheibe war klar, dass der Plattenkramer offenbar etwas Besseres zu tun hatte, als zu Hause das Manuskript mitzulesen, sonst hätte in der Technik längst das Telefon geklingelt. Ich wurde von Minute zu Minute beschwingter und erkannte, dass ich keine Fakten brauchte, um darüber reden zu können. Ich war ein Dampfplauderer und auch noch stolz darauf.

Im BR gab es zu jener Zeit nur wenige davon. Zwei Wiener Kollegen, die sich den Schmäh ja schon morgens aufs Brot schmieren, waren ebenfalls im seichteren musikalischen Bereich unterwegs: Der gemütliche Wiener Schnauzbart Fred Rauch spielte mittwochs in seinem sehr populären *Wunschkonzert* Platten, die sich die Hörer schriftlich aussuchen durften, und sein Landsmann, der jüngere Peter Machac, raunte am späten Abend mit verhangener Stimme und österreichischem Akzent in *Gute Nacht, Freunde* ältere Damen in den Schlaf. Die beiden waren charmante Plauderer. Das war nicht selbstverständlich, denn im öffentlichen Rundfunk dieser Zeit ging es um die Botschaft und nicht darum, wie sie vorgetragen wurde. Also stammelten sich da engagierte Journalisten durch ihre Sendungen.

Auf Bayern 3 ritt jeder Redakteur sein Steckenpferd: Fritz Buschmann war Hobbyastronom, Wolf Mittler Freizeitpilot; beide behandelten Themen, die sich über den Wolken abspielten. Hauptabteilungsleiter Josef Othmar Zöller erschien gern in Knielederhosen zum Dienst und moserte ständig an meinen »unseriösen« Ansagen herum. Er war Schwabe und verhunzte die Senderkennung »Hier ist Bayern 3, die Servicewelle von Radio München« jedes Mal zu einem genuschelten »Hirrsch Bayrrn Drrei«, was mich wahnsinnig machte. Aber er war der Chef, und ich froh, dass er mich am Leben ließ. Das »Radio München« war übrigens der Befürchtung geschuldet, es könnte irgendwann mal eine private Konkurrenz auf den Plan treten. Die kam dann sehr viel später, und selbst das Copyright für »Radio München« konnte den Erfolg von Antenne Bayern, Radio Gong und wie sie alle heißen nicht verhindern.

Ich hatte das Glück, die neuen Platten, die ich am Sonntagabend vorstellte, selbst aussuchen zu dürfen, und konnte mich in dem bescheidenen Ruhm sonnen, laut einer Umfrage der Münchner *Abendzeitung* der beliebteste BR-Sprecher zu sein. Ich war damit zufrieden, Thea nicht. Sie stellte irgendwann fest, ich sei hübscher als Rudi Carrell und mindestens genauso lustig. Erstmals tauchte das Wort »Fernsehen« in meiner Umgebung auf. Durch geduldige Vorarbeit meiner Mutter war ich es gewohnt, auf Anregungen von weiblicher Seite unverzüglich zu reagieren, und stellte mich beim Bayerischen Fernsehen vor. Dort suchte man etwas, wofür ich mich nicht hielt: einen Nachrichtensprecher. Aber ich konnte gerade sitzen und wusste, wie man »Ruhpolding« und »Schewardnadse« aussprach.

Ich kaufte ein paar Krawatten, in diesem Fall ohne jedes modische Interesse, und bald saß ich zweimal die Woche im Fernsehstudio Freimann in der Maske zwischen hohen Frauen wie Annette von Aretin und Ruth Kappelsberger. Die einzigen Fernsehgrößen, zu denen ich dort aufschaute, waren die Sportreporter Sammy Drechsel und Werner Schneyder, beide auch als Kabarettisten bei der Münchner Lach- und Schießgesellschaft tätig. Meinen Dienst versah ich, indem ich einen Nachrichtensprecher imitierte: Ich blickte jeweils kurz und ernst in die Kamera, bevor ich zu Beginn der Meldung ein knappes und entschlossenes »Bonn« hervorstieß. Das klappte ganz gut, und mit einer anderen Frisur hätte ich es wahrscheinlich bis in die *Tagesschau* gebracht. Es kam aber anders.

Ab 1976 leistete sich der Bayerische Rundfunk eine Jugendsendung im Nachmittagsprogramm der ARD, die *Szene* hieß. Man hatte mir darin den musikalischen Teil zugedacht, der knappe zehn Minuten lang war. Bei der ersten Aufzeichnung war mein Gesicht durch eine Nasennebenhöhlenoperation dermaßen angeschwollen, dass ich aussah wie ein Backenhörnchen. Meine Kollegin Julia Edenhofer, die den Rest der Sendung moderierte, wäre gern eingesprungen, aber ich hielt die weniger ramponierte Gesichtshälfte in die Kamera und ließ mir die Butter nicht vom Brot nehmen. Im Gegenteil. Nach ein paar Folgen moderierte ich das ganze Ding, was mir etwas unangenehm war, denn Julias Mutter war Vorsitzende des Personalrats im Radiobereich – und da wollte ich ja schließlich auch noch was werden.

Teilen konnte ich aber durchaus, denn es war total in meinem Sinne, als jemand – ich glaube sogar, dass ich das war – vorschlug, den skurrilen englischen Bühnenbildner der Show, Anthony Powell, mit vor die Kamera zu stellen. Anthony konnte kaum Deutsch, wusste nie, worum es ging, und stand nie da, wo er stehen sollte. Das gab mir die Gelegenheit zu spontanen Aktionen und erzeugte eine Situationskomik, die neu war und gut ankam.

Bei der Musikindustrie war die Sendung auch deshalb beliebt, weil wir nicht nur im Mainstream schwammen, sondern uns auch für Gruppen interessierten, die bei Ilja Richters *Disco* oder in Rainer Holbes *Starparade* nicht zum Zug kamen. Bei uns turnte auch mal Iggy Pop über die Bühne, und Jackson Browne sang sein »Running on empty« in *Szene 77*, weil sich sonst niemand für amerikanische Liedermacher interessierte.

Dieses besondere Interesse verdankte die Sendung der freien Redakteurin Steffi Schoener, die mit dem Avantgardekomponisten Eberhard Schoener verheiratet war und die mit ihrem ausgefallenen Musikgeschmack dafür sorgte, dass ich nicht völlig verspießerte. Manche Komplimente, die ich für meine subtile Musikauswahl bekam, hatte in Wirklichkeit sie verdient.

Aus einem ganz anderen Fachbereich kam die Partnerin, mit der ich meinen ersten großen Fernsehauftritt im Abendprogramm der ARD absolvierte: Carolin Reiber. Der Bayerische Rundfunk war Ausrichter des Vorentscheids zum Grand Prix de la Chanson, wie der Eurovision Song Contest damals noch hieß, und man hatte uns als Traumpaar zusammengespannt.

Ich weiß nicht, wer von uns beiden mehr Haarspray in der Frisur hatte, aber ich setzte nicht nur durch, dass mein dunkler Anzug durch eine weiße Paspelierung etwas schräger aussah, sondern damit auch ein Zeichen für meine modische Zukunft. Was die Moderation betraf, war ich chancenlos. Carolin nannte mich in der Sendung zwar keck »Dommy«, hing ansonsten aber doch sehr am abgesprochenen Text – jede Abweichung hätte ins Ungewisse geführt. Die Popgeschichte weiß, dass die Hopsgruppe Dschingis Khan damals den Vorentscheid mit dem gleichnamigen Hopstitel gewann und Ralph Siegel weinend im Schlussbild stand. Das Moderationsduo Reiber/Gottschalk hatte sich nicht für weitere gemeinsame Aufgaben empfohlen, und ich fand am Fernsehen nichts, was mir im Radio nicht besser gefallen hätte.

Dort hatte sich einiges getan. Bayern 3 hatte in öffentlich-rechtlichem Integrationsinteresse ab 20 Uhr jeweils »Nachrichten für ausländische Arbeitnehmer« gesendet, sich aber von dieser Programmplanung verabschiedet. Als ich davon hörte, diente ich Werner Götze eine von mir moderierte tägliche Schiene für junge Hörer an. Ich bettelte geradezu darum. Mein Vorschlag fiel auf fruchtbaren Boden, denn nach dem Beginn der *Tagesschau* schwenkten die Radiosender der ARD die weiße Fahne zugunsten ihres hauseigenen Fernsehprogramms. Kein Mensch hörte mehr Radio, wenn Robert Lembke seine Schweinderl mit Fünfmarkstücken füllte oder Eduard XY Zimmermann im ZDF mit Grabesstimme sagte: »Spaziergänger machten einen grausigen Fund!« Ich hingegen war mir sicher, dass junge Leute lieber in ihrem Zimmer Musik hörten, anstatt sich mit ihren Eltern Erdnussflips einzuwerfen und ihrem Opa zuzujubeln, wenn er bei Ernst Stankovskis *Erkennen Sie die Melodie?* die richtige Antwort wusste.

Es gab eine Hürde für mich: Als freier Mitarbeiter durfte man schon ab und zu mal moderieren, aber eine tägliche Sendung war ausgeschlossen. Ich wusste seit den Tagen von RTL *208* und inzwischen auch von AFN: Radiostars entstehen nur dadurch, dass sie verbindlich jeden Tag zur selben Zeit ihre Hörer abholen. Die einzige Lösung des Problems war eine Festanstellung. Mein Studium der Germanistik und Neueren Geschichte hatte ich inzwischen der Ausbildung zum Lehrer an bayerischen Grund- und Hauptschulen geopfert, und auch die machte ich nur, um meiner Mutter die Schmach zu ersparen, als Beruf ihres Sohnes »Discjockey« angeben zu müssen. Am Bischöflichen Institut genoss ich weiter die Ehre, von hervorragenden katholischen Referenten in die Grundzüge des ethischen Journalismus eingeführt zu werden. Weil ich aber fürs Plaudern und nicht für die Recherche geboren war, bewarb ich mich als Redakteur in der Abteilung Leichte Musik.

Werner Götze hatte als Abteilungsleiter gerade den Schöngeist Carl Michalski abgelöst, der gern Fliege trug und beiläufig erwähnte, mehrfach das Kurorchester in Bad Reichenhall dirigiert zu haben. Ich hatte ihn während der »Affäre Kloplumpse« kennengelernt: Bei *Frisch aus der Presse* hatte ich damit angefangen, nach Neuerscheinungen, die mir nicht gefielen, als Jingle das Geräusch einer Toilettenspülung einzusetzen. Michalski zitierte mich in sein Büro, bezeichnete den Einsatz der Kloplumpse als »Fäkalienradio« und verbot mir weitere Spülungen.

Sein Nachfolger Werner Götze rauchte Pfeife und war schon allein deswegen etwas entspannter. Er unterstützte meine Bewerbung. Kurze Zeit später war ich fest angestellt und bekam nicht nur Essensgutscheine für die Kantine, sondern auch einen Platz in der Tiefgarage.

Als ich mein Büro im vierten Stock des BR-Gebäudes bezog, sah ich mich auf dem Gipfel meiner Karriere: eigener Garagenplatz, Vollbemusterung mit LPs und ein Gehalt dafür, den ganzen Tag Musik zu hören – kann das Leben schöner sein? Ich teilte mein Büro mit dem Schlagersachverständigen Teddy Parker, einer der wenigen vergnügten Figuren in der Unterhaltung des BR, was vielleicht daran lag, dass er fast jedes Wochenende in Bierzelten lustige Lieder sang wie »Meine Ski, meine Ski, ja die woll'n net so wie i«.

Keiner meiner Kollegen konnte verstehen, dass ich einer täglichen 20-Uhr-Sendung entgegenfieberte, wo es doch die Gnade der Festanstellung mit sich brachte, dass man um 17 Uhr nach Hause gehen konnte. Erst mal machte ich mit Thea Urlaub auf Gran Canaria. Am letzten Abend fragte sie mich, was ich denn da künftig im Radio eigentlich treiben würde. In dem Moment wurde mir klar: Ich hatte mir darüber noch keinerlei Gedanken gemacht. Hauptsache, das Kind hatte einen

Namen – und der war weder der Gipfel an progressiver Qualität noch das Ergebnis besonderer Kreativität.

Pop nach 8 sollte mich die nächsten Jahre begleiten. Noch heute sprechen mich ältere Menschen an, die hartnäckig behaupten, damals jung gewesen zu sein. Zu ihnen gehört auch Edmund Stoiber, der ehemalige bayerische Ministerpräsident. Er hat mir mal erzählt, wie er sich bei meiner Musik aufs juristische Staatsexamen vorbereitet hat. Dass manche, denen man es nicht ansieht, tief im Herzen Rock'n'Roller sind, hat mich jedes Mal beruhigt. Aber dass diese Gefolgsleute von damals inzwischen grauhaarige Rentner sind, erschreckt mich. *Pop nach 8* – nicht alle waren von dieser neuen Musikschiene begeistert – war bald so bekannt, dass sich eine Münchner Rockband »Schrott nach 8« nannte.

Ich wollte, wie so oft in meinem Leben, nicht gleich alles richtig, aber zumindest erst mal nichts falsch machen. Die erste Platte – eine von vielen Tausenden, die ich in den folgenden Jahren auflegen würde – war »Sunflower« von Glen Campbell. Ein harmloses Country-Liedchen, mit dem ich meine Bosse beruhigen wollte – meine Hörer würde ich mir schon heranziehen. Ich tat das mit einer Vielzahl von Höreraktionen, die ich gnadenlos bei anderen abkupferte. So klaute ich aus dem *RIAS Treffpunkt* die »Hits fürs Partyband«: zwei Songs am Stück, in die man zur Begeisterung der Tonbandfans verbindlich nicht reinquatschte (ansonsten gehörten die Ansagen über den Songbeginn – der Fachmann spricht von *ramp* – zu den größten Freuden eines DJs). Von Gregor Rottschalk, meinem »Bruder« beim RIAS Berlin, klaute ich mir eine leicht veränderte Version seines »Poptestivals«, bei dem man eine LP gewinnen konnte, wenn man eine Anzahl von Fragen zu Musik und Bands richtig beantworten konnte. Ich forderte Schulklassen auf, mir ihre spezielle Klassenhitparade zusammenzustellen, und hatte den Klassensprecher am Telefon, wenn ich sie spielte. Ich sagte Schul- und Vereinsveranstaltungen durch und trat mit meinem damals profunden Wissen zur aktuellen Popszene gegen Hörer an, die Schallplatten gewinnen konnten, wenn sie mehr wussten als ich; damit schlug ich Stefan Raab um ein knappes Vierteljahrhundert.

Pop nach 8 gehörte, wie ich vorausgesagt hatte, innerhalb von ein paar Monaten zur festen Tagesplanung der Teenager zwischen Hof und Rosenheim – und zwar nicht, weil die Sendung besonders gut gewesen wäre, sondern weil ich der Einzige war, der so was machte. Der Erfolg erzeugte, wie das ungerechterweise üblich ist, weiteren Erfolg. Die Plattenindustrie merkte schnell, dass ich in der Lage war, einen Song zum Hit zu pushen. Ich übernahm, ohne mir irgendetwas dabei zu denken, vom englischen RTL-Programm etwas, das dort wohl eine bezahlte Werbemaßnahme war: das »Radio Luxembourg Powerplay«. Das heißt, ich spielte eine Platte, nur weil sie mir gefiel, jeden Tag zur selben Zeit, die ganze Woche lang. Die Vertreter der Plattenfirmen umgarnten mich, ich aß mit großem Appetit die Pizzas, zu denen sie mich einluden, dachte aber nicht im Traum daran, deswegen etwas anderes aufzulegen als das, was ich ohnehin aufgelegt hätte. Ich generierte dauernd neue Gewinnspiele und rannte mit Kisten voller Postkarten durch den Sender, damit auch der Letzte mitkriegte, wie populär meine Schiene war.

Wie sehr ich damit ins Bewusstsein der Öffentlichkeit vorgedrungen war, merkte ich, als ein Senf- und Mayonnaisehersteller ein Preisausschreiben veranstaltete und großkotzig »Thomy's München« als Einsendeadresse angab. Die Antwortkarten landeten weitgehend in meinem Büro. So viel Zuspruch blieb den Verantwortlichen nicht verborgen, und ich trug meinen Teil dazu bei, dass es auch jeder mitbekam. Eines

Tages wurde ich – zum ersten Mal in meiner Karriere – ins Büro des Programmdirektors bestellt. Der Mann hieß Gunthar Lehner und saß hinter einem Schreibtisch, der wie ein Baumstamm aussah, den man der Länge nach durchgesägt hatte. Wie alle wichtigen Menschen residierte er allein in einem Großraumbüro. Im Vorzimmer saßen zwei Damen in zwei weißen Blusen mit zwei Umhängebrillen vor der Brust. Nach Art von Synchronschwimmerinnen setzten sie diese Brillen gleichzeitig auf, sobald jemand das Büro betrat. Ich wurde über ihre Brillenränder hinweg immer betrachtet wie ein interessantes Insekt. Nicht etwa unfreundlich, sondern eher leicht indigniert darüber, wie sich so ein Spinner in diese Anstalt verirren und sich dort offenbar auch noch wohlfühlen konnte. Ich trug rote Cowboystiefel mit Stahlspitzen und T-Shirts mit eigenartigen Aufschriften und hatte weder einen Scheitel noch überhaupt eine Frisur. Ich glaube, eine der Damen hieß Schalk, aber ihr im Nacken saß der Hausherr – so viel zu »No jokes with names« –, und der trug mir, selbst leicht verwundert, vor, dass ich für *Pop nach 8* einen ARD-Preis gewonnen hatte, der noch dazu mit unglaublichen 3500 D-Mark dotiert war. Ich würde ihn mir auf Kosten des BR in Frankfurt abholen dürfen – denn Kurt Magnus, zu dessen Andenken der Preis vergeben wurde, war ein Radiopionier im Hessischen Rundfunk gewesen.

Die Auszeichnung wurde für »überdurchschnittliche Leistungen im deutschen Hörfunkjournalismus« verliehen, was ich vergessen und deshalb gerade noch mal bei Wikipedia nachgeschaut habe. Tatsächlich bin ich dort als einziger Empfänger im tausendneunhundertachtundsiebzigsten Jahre des Herrn aufgeführt. Maximal gibt es jährlich fünf Gewinner, und keiner darf über fünfunddreißig sein. Ich war gerade mal achtundzwanzig und damit etwas, das ich vorher nie geschafft hatte: für mein Alter sehr weit. Jeden Abend erzählte ich im Radio, was ich wollte, spielte dazu die Platten, die ich wollte, und niemand redete mir rein. Rockbands, die in München Konzerte gaben, schauten live ins Studio – da saßen Jeff Lynne und Bev Bevan vom Electric Light Orchestra bei mir und stellten ihr neues Album *Discovery* vor, oder Freddie Mercury und Brian May von Queen kamen aus den Musicland Studios am Münchner Arabellaplatz schnell auf einen Plausch vorbei. Als Tommy Shaw und James Young von Styx bei mir ihren Hit »Babe« mit Gitarrenbegleitung in ein Sprechermikrofon sangen, war das vielleicht der erste Unplugged-Auftritt der Musikgeschichte. Aber meine Tontechnikerin hinter der Scheibe schlug entsetzt die Hände über dem Kopf zusammen.

Wir machten großes Radio mit kleinem Aufwand. Es gab keinen Redakteur, keinen Producer, keinen Autor. Das war alles ich. Meine Sekretärin Elke Zöller war dazu da, das Chaos in meinem Büro erträglich zu halten, und sorgte dafür, dass die Laufpläne ordnungsgemäß ausgefüllt waren. Im Rückblick war dies die unbeschwerteste und beruflich die glücklichste Zeit meines Lebens. Ich hatte Erfolg ohne Erfolgsdruck und – ich muss das leider hinzufügen – ohne jede Konkurrenz. Ich war, auch dieses Wort war noch nicht erfunden, »alternativlos«. Angela Merkel hörte wahrscheinlich damals im DDR-Radio das *Jugendstudio DT64*, während Helmut Schmidt die Bundesrepublik regierte. Ich hatte aber auch jenseits des Eisernen Vorhangs eine Menge Fans und bekam deren Post meist über Cousins und Cousinen im Westen.

Als Arbeit empfand ich das alles nicht und okkupierte, weil's so schön war, irgendwann auch noch das Wochenende. An Feiertagen gab es des Reims wegen *Pop nach 8 bis Mitternacht*, und irgendwann ging ich mit der Sendung auf Tour. In

Mühldorf am Inn spielte sogar mal die Hardrockband Rainbow mit Ritchie Blackmore live in der Show. Das brachte die Techniker des Hauses, die sonst höchstens live von der Handwerksmesse in Nürnberg sendeten, an die Grenzen ihrer Möglichkeiten. Angesichts riesiger Schlagzeuge und wummernder Bassgitarren, die die popeligen Übertragungswagen mit dem blauen BR-Logo weit überforderten, fragten sie mehr als einmal: »Thommy, host ezt du an Vogl?« Aber gesendet haben wir immer was, und es hat gerumpelt und gescheppert, und tausend schwitzende Jugendliche haben getanzt und geklatscht. Ein völlig neues Gefühl: Radio war plötzlich Kult. Und mancher Techniker, der mich beim Einrollen der Kabel anflehte: »Aber des mochst mer nimmer!«, konnte es insgeheim gar nicht abwarten, bis es wieder losging.

Ich habe diese Jahre wie einen Traum erlebt und kann nicht fassen, wie schnell sie vorbeigeflogen sind. Von allen, die mich heute ansprechen, sind mir die Fans am liebsten, die sich und mich an diese Phase meiner Karriere erinnern. In der Oberpfalz traf ich vor Jahren einen Mann, der vor mir seine stramme Tochter mit den Worten in Verlegenheit brachte, ich sei bei ihrer Zeugung zugegen gewesen. Ich weiß nicht, ob es der über Dreißigjährigen recht war, dass ihr Vater sich händeringend zu erinnern versuchte, welchen Song ich gerade gespielt hatte, als er seiner Freundin auf einem dunklen Feldweg bei Weiden an die Wäsche ging.

Begegnungen dieser Art berühren mich. Ich spüre eine tiefe Verbundenheit zu der Generation, die statt mit Laptops und Handys mit mir groß geworden ist. Sie hatten nichts anderes und vermissten auch nichts. Ich bin für sie der Mann, der den Soundtrack ihres Lebens geliefert hat. Mein Anblick erinnert sie an die Zeit, als sie jung waren und verliebt, an eine musikalische Ära, zu der ich die verbindenden Worte fand. Ich war in meiner Musikauswahl niemals missionarisch, wollte meine Hörer nie von meinem eigenen Musikgeschmack überzeugen, sondern habe immer versucht, zu erspüren, wonach sie sich sehnten. Im Gegensatz zu mir gab es im Bayerischen Rundfunk inzwischen auch ein paar echte Musikfachleute; einige davon brachte ich mit meinem gewachsenen Einfluss dort an den Start. Meinem Freund Fritz Egner ebnete ich den Weg in eine beachtliche Radiokarriere. Er hatte und hat ein unglaubliches Musikwissen, führte fachlich fundierte Interviews und war ein glühender Botschafter der schwarzen Musik.

Ich bediente mich überall, wo es was zu holen gab, verstand mich als Dienstleister und wollte nicht dafür geliebt werden, dass ich irgendwas wusste, sondern dass ich mein Publikum glücklich machte. Das war und ist noch heute mein Verständnis von Unterhaltung, und als Unterhalter habe ich mich immer gesehen. Natürlich habe ich mich gern in meinem Ruhm gesonnt, natürlich hielt sich meine Bescheidenheit in Grenzen, aber eine gesunde Portion Eitelkeit gehört zur Grundausrüstung aller, die in der Öffentlichkeit unterwegs sind – auch wenn sie das mitunter noch so energisch bestreiten.

Ich hatte dem Regionalfernsehen des BR eine kleine Show aufgeschwatzt, in der ich die Musikszene bayerischer Städte präsentierte und gleichzeitig einen Star mitbrachte. Wer auf die dämliche Idee kam, der Sendung den Titel *18-19-Musik* zu verpassen, weiß ich nicht mehr, aber ich moderierte sie mit großer Begeisterung. Da sangen die Bellamy Brothers in Passau ihren Welthit »Let your love flow«, ich schleifte Peter Maffay in meine fränkische Heimat, und die androgyne Amanda Lear trat zum Entsetzen der Lindauer auf einem Bodenseedampfer auf.

Wie immer verband ich das Unsinnige mit dem Sinnlosen und suchte in jeder Stadt eine Co-Moderatorin, die mir die lokale Szene erklärte. Beim Casting nahm ich einfach immer die Hübscheste. Für *politically correct* gab es damals noch keine Übersetzung ins Bayerische.

Franz Josef Strauß war zu dieser Zeit der Häuptling jenes Stammes und dachte nicht im Traum daran, etwas für sein Zimmer zu bezahlen, wenn er mit Johannes von Thurn und Taxis auf dessen Schloss Emmeram zum Jagen ging. Die Zeiten haben sich geändert.

Apropos Thurn und Taxis: Zu Glorias Hochzeit im Mai 1980 engagierte man mich als Discjockey, und ich donnerte nach meiner Radiosendung direkt nach Regensburg aufs Schloss. Nur um dort beleidigt festzustellen, dass man mich mit meiner Anlage in ein kleines Turmzimmer verbannt hatte – man wollte also meine Musik hören, aber meine Fresse nicht sehen. So viel zum Thema Eitelkeit.

Die mag wohl auch schuld daran gewesen sein, dass ich zustimmte, als eine andere TV-Show mit mir aus dem Schatten des dritten Programms ins Abendprogramm der ARD rutschen sollte. Pioniere der Computertechnik werden sich an die *Telespiele* erinnern. Erhard Möller, ein Techniker des Südwestfunks, hatte ausgetüftelt, dass man die zwei Schläger, mit denen ein Ball über den Computerscreen gespielt wurde, auch mittels akustischer Signale bewegen konnte, und übertrug diesen Vorgang aufs Fernsehbild.

Der Legende zufolge war Wolfgang Penk, Unterhaltungschef des Südwestfunks, gerade gemeinsam mit dem zukünftigen Regisseur der *Telespiele*, dem Fernseh-Urgestein Sascha Arnz, im Auto unterwegs, als sie mich bei *Pop nach 8* hörten, woraufhin sie mich zu einem Casting nach Baden-Baden einluden. Ich weiß noch, wie ich in der Kantine des SWF bei einer hervorragenden Gulaschsuppe saß und mich über die Lautsprecherdurchsage lustig machte, in der die »Mitarbeiter der Produktion *Woran Christen glauben*« ins Studio gebeten wurden. Für mich war das alles ein großer Zirkus, und ich war innerlich davon überzeugt, dass ich die Auswahl gewinnen würde. Was auch geschah.

Ich bin übrigens froh, dass ich meine Anfängerfehler als Fernsehmoderator in Regional- oder dritten Programmen, also sozusagen unter Ausschluss der Öffentlichkeit machen durfte und die schlimmsten Peinlichkeiten schon hinter mir hatte, als ich mich einem größeren Publikum vorstellen konnte: Ich hatte mit den *Telespielen* mein Debüt im Abendprogramm des Ersten Deutschen Fernsehens. Es gibt Momente, die sind auf der Festplatte meines Lebens gespeichert, und dieser gehört dazu, denn mir war durchaus bewusst, dass sich nun alles ändern würde. Wer um 20.15 Uhr im Fernsehen vor die Nation trat – und wer damals um diese Zeit im Fernsehen war, trat vor die Nation –, der konnte sich in Zukunft vor ihr nicht mehr verstecken. Es gab zwei Hauptprogramme, längst nicht jeder hatte eine Fernbedienung, und wer umschalten wollte, musste den Hintern heben und zur Fernsehtruhe schreiten. Dort hatte er exakt eine Alternative – und die Öffentlich-Rechtlichen, deren bildungsbürgerliches Weltbild noch nicht von Quotenangst getrübt war, stellten in ihren Programmierungen sicher, dass dem Spaß immer der gebührende Ernst gegenüberstand. Also blieb man sitzen und sah Wim Thoelke beim Addieren von Punkten zu oder freute sich darüber, dass Hans Rosenthal es »spitze« fand, wenn ein prominenter Mensch bei einer Schubkarrenfahrt über holprige Bretter möglichst wenig Luftballons verlor. Ich war schlagartig einer dieser Fernsehonkels und war dazu gekommen wie die Jungfrau zum Kind.

An einem Donnerstagabend im Jahr 1981 stand ich um zehn nach acht in einem Studio des SWF hinter einem Rollo, das ein Bühnenarbeiter pünktlich um 20.15 Uhr nach oben ziehen würde. Der Wetterbericht der *Tagesschau* lief – das Ganze war natürlich live, und nichts anderes hätte ich mir vorstellen können. Außerdem funktionierte die Sendung ja nur, wenn die Leute, die zu Hause am Telefon mitspielten, auf dem Fernsehschirm sehen konnten, was ihr Gegenkandidat da gerade trieb. Der Teleprompter, der unterhalb der Kamera angebracht ist und von dem die Moderatoren heute üblicherweise ablesen, war noch nicht erfunden. Und wenn, dann hatte im Südwestfunk noch niemand davon gehört. Ich war also auf Gedeih und Verderb auf das angewiesen, was mir hoffentlich gleich einfallen würde. Als die zu dieser Zeit noch unverzichtbare Fernsehansagerin mit gütigem Lächeln die »sehr verehrten Damen und Herren« begrüßte und der Rollobeauftragte bereits anfing zu pumpen, war ich völlig mit mir im Reinen. Die Herzfrequenz war leicht erhöht, der Mund etwas trocken, aber ich wusste, ich gehörte zu diesem Zeitpunkt meines Lebens genau dorthin, wo ich gerade stand.

Die folgenden dreißig Sekunden hat man mir in diversen Lebensrückblicken vorgespielt. Schlimm! Da erscheint ein schlaksiger Spargel mit piepsiger Stimme, der sich artig und mit einer leichten Verbeugung vor seinem Publikum als Thomas Gottschalk vorstellt. Als die Leute daraufhin klatschen, würge ich den Beifall mit der Bemerkung ab, dass ich für diesen Namen nichts kann. Das war alles händeringend bemüht, und von der Lockerheit, die ich mir eingebildet hatte, ist nichts zu bemerken. Man wird mich mit diesem Ausschnitt noch in meinem Nachruf quälen, aber seit ich ihn kenne, habe ich es aufgegeben, mir meine Fernsehauftritte hinterher noch einmal anzuschauen. Sosehr dies auch einer gewissen Optimierung dienlich gewesen wäre, ich konnte es immer nur ein paar Minuten aushalten und war jedes Mal bestürzt, wie sehr ich hinter meinen eigenen Ansprüchen zurückgeblieben war. Als mir meine Lektorin während der Vorbereitung dieses Buches einige meiner TV-Auftritte bei Youtube vorspielen wollte, unternahm ich mehrere Fluchtversuche.

Dennoch. Mein Weg war weder dornig noch von Selbstzweifeln gesäumt. Die *Telespiele* wurden ein Erfolg, weil sie neu waren, und im Paket mit dem jungen Moderator empfand sie das Fernsehpublikum als frischen Wind. Die Tatsache, dass die aufkommende Begeisterung für Computerspiele einen Weg ins Fernsehen gefunden hatte, brachte uns die jungen Zuschauer – auch wenn sie damals im Gegensatz zu heute noch keine heiß umworbene Zielgruppe waren. Und so sah das dann aus: Ich ließ meine *Radioshow* ab und zu vom Band laufen und fuhr mit dem Zug nach Baden-Baden, um dort zwei Telefonkandidaten mit affenartigem Grölen, Grunzen und Brüllen gegeneinander antreten zu lassen. Wer gewann, durfte sich aus einer Liste Loriot-Sketche oder Musiktitel aussuchen, die dann sofort eingespielt wurden. Unsichtbare Menschen am Telefon und ein Ball, der über den Bildschirm geschoben wird – das würde heute niemanden mehr hinterm Ofen hervorlocken. Damals war es ein Knaller und immerhin gut genug, Frank Elstners erfolgreiche *Montagsmaler* im Abendprogramm der ARD zur Hauptsendezeit zu ersetzen.

Der Erfolg warf ein Problem auf: Ich hatte bisher keinen Stress gehabt, mir meine Tätigkeiten fürs Fernsehen als Nebenerwerb vom Bayerischen Rundfunk genehmigen zu lassen. Im Wesentlichen war ich ja im großen Haus der ARD unterwegs, und in den dritten Programmen hatte man mich bisher nur begrenzt wahrgenommen. Aber als angehender »Showmaster« konnte ich kaum im Hauptberuf Musikredakteur des Bayerischen Rundfunks bleiben. Ich verzichtete auf Rente und Garagenplatz, um mich ganz dem Risiko freiberuflicher »Gesichtsvermietung« auszuliefern.

Dieses war vergleichsweise überschaubar. Wolfgang Penk, der mich zum SWF geholt hatte, war ein entspannter und cooler Typ und bei Weitem nicht so verbeamtet wie die meisten Fernsehnasen im BR. Ich mochte ihn sehr, aber er schien mit dem Kopf bereits woanders zu sein. In einem Gartenrestaurant mit Blick auf die badischen Weinberge erzählte er mir von einem Angebot, das das ZDF ihm gemacht hatte: Er sollte Unterhaltungschef in Mainz werden. Ich riet ihm zu. Sein Angebot, mich irgendwann nachzuholen, fand ich gut. Das Zweite Deutsche Fernsehen umwehte in dieser Zeit – man kann sich das heute gar nicht mehr vorstellen – noch der Hauch des Progressiven, außerdem hatte ich schon den einen oder anderen Grabenkampf innerhalb der ARD-Anstalten miterlebt. In einer konspirativen Aktion unterschrieb ich einen vordatierten Vertrag fürs ZDF, ließ aber in den *Telespielen* fröhlich weiter den elektronischen Puck von der einen Seite des Bildschirms zur anderen kicken.

Irgendwann wurde der Verrat ruchbar, und der Unterhaltungschef des Badener Senders reiste zu einem Umstimmungsversuch bei mir zu Hause an. Thea und ich waren noch nicht lange verheiratet, und sie war es nicht gewohnt, Amts- und Respektspersonen bei uns zu Hause zu empfangen. Sie hat sich übrigens nie als meine »Agentin« betätigt oder sich als »Schnurrdiburr«, wie Peter Alexander seine ausgesprochen geschäftstüchtige Frau Hilde nannte, in meinen Job eingemischt. Ich habe sie zwar das eine oder andere Mal um Rat gefragt, aber sie sagte dann nur: »Du musst wissen, was für dich richtig ist.« Ich brauchte also berufliche Entscheidungen nie von meiner privaten Situation abhängig zu machen, und dafür bin ich ihr dankbar.

Meine Frau meisterte die ungewohnte Herausforderung eines Hausbesuchs, den ich nicht verhindern konnte, weil man Fernsehgewaltigen, von denen die eigene Karriere abhängt, keine Vorschriften macht. Das waren damals auch keine alerten Jungmanager, die sich cool fanden, sondern »Respektspersonen«, würdige ältere Herren in grauen Anzügen. Hans Hirschmann hatte mich nachhaltig damit beeindruckt, dass er bei einem Restaurantbesuch in Baden-Baden die Schauspiellegende Gustav Knuth mit einem lässigen Wink an unseren Tisch beordert hatte. Zudem erinnerte er mich an meinen Vater, weil er die gleiche schwarze Hornbrille trug.

Wir hatten als Esstisch damals eine alte Singer-Nähmaschine mit einem Brett obendrauf, das immer verrutschte, und bezweifelten stark, dass ein hochrangiger Fernsehbeamter schon einmal an einem Tisch gespeist hatte, an dem man mit einer Hand die Platte festhalten musste. Das Mittagessen kriegten wir irgendwie rum, aber dann musste ich zum Waldspaziergang antreten und mir einen Vortrag über Loyalität, Geldgier und »anständige Unterhaltung« anhören, die im verrohten ZDF schlicht nicht möglich sei. Ich konnte ja schlecht zugeben, dass da in einem Tresor auf dem Lerchenberg ein längst unterschriebener Vertrag lag, von dem es für mich kein Zurück mehr gab. Die Tatsache, diesen netten und wohlmeinenden Mann, der zu mir sprach wie ein Vater und auch noch so aussah, enttäuschen zu müssen, ja, viel schlimmer noch, bereits enttäuscht zu haben, hat mir zugesetzt. Und eine so hervorragende Gulaschsuppe wie in der Kantine des Südwestfunks habe ich seitdem nie wieder gegessen.

Diese immer etwas schmerzreichen Senderwechsel absolvierte ich in meinem Leben oft, und zwar in erster Linie deswegen, weil ein Erfolg bei einer Anstalt die andere dazu brachte, mich genau wegen dieser Tatsache abzuwerben. Das brachte natürlich alle, die sich für den Erfolg mitverantwortlich fühlten, zur Weißglut, und ich musste jedes Mal Gespräche mit enttäuschten Kollegen und Chefs führen, in denen es um Undankbarkeit und mögliche Fehlentscheidungen ging. Trotzdem kamen meine Wechsel meist zum richtigen Zeitpunkt und brachten meine Karriere zügig voran.

Vom Programmdirektor des Zweiten Deutschen Fernsehens wurde ich offiziell in seinem Büro am Lerchenberg begrüßt. Dieses Gelände muss man mal durchwandert haben, um das ZDF zu begreifen. In den Weinbergen um Mainz erhebt sich auf einem lieblichen Hügel ein länglicher Kasten, in dem auch der Geheimdienst oder die oberste Steuerbehörde untergebracht sein könnte. Das Pförtnerhaus mit Schranke könnte an jedem beliebigen europäischen Grenzübergang stehen, und der Weg von dort zum Eingang zieht sich. Die marmorne Eingangshalle glich zu dieser Zeit noch einer Gedenkstätte; inzwischen ist sie renoviert und fast so schick wie das Programm.

Das wurde damals von Alois Schardt verantwortet, einem freundlichen älteren Typen, der auch nach Alois aussah. Als wichtige Männer begegneten mir damals immer nur reifere Herren, und ich bin sehr erschrocken, als das zum ersten Mal kippte und meine Chefs plötzlich jünger waren als ich. Spätestens, wenn einer zum Papst gewählt wird, der später geboren ist als ich, gehe ich verbindlich in Rente. So viel steht fest.

Aber zurück zu meiner Ankunft beim ZDF. Wolfgang Penk hatte sich eine Sendung einfallen lassen, deren Titel nichts und alles versprach: *Na so was!* – eine Mischung aus Show und Talk, berühmten Menschen, die jeder kannte, und verrückten Menschen, die keiner kannte, die aber etwas konnten. Angeblich. Manche behaupteten es auch nur. Das waren die Momente, in denen ich zu Höchstform auflief, weil ich das machen konnte, was ich am besten kann: auf einer Glatze Locken drehen. Einmal war Annemarie aus Holzen da, die behauptete, ihr Hund Adi könne »Mama« sagen. Der Boxer sagte aber gar nichts, sondern schlabberte ein Leberwurstbrötchen vom Studioboden. Das war sehr lustig. Ich konnte betteln und lästern, laut über gestörte Mutterverhältnisse nachdenken, das Vieh verweigerte sich, und alle – außer der Hundebesitzerin – hatten ihren Spaß. Irgendwann saß in meiner Show ein missmutiger Klaus Kinski. Er plusterte sich während des Interviews in seiner roten Ballonjacke auf wie ein Frosch, zerrte das Funkmikro aus seinem Hosenbund und verstand meine Fragen nicht. Dazu beschwerte er sich fortwährend über die trockene Studioluft und wollte lieber ins Hotel, um dort ein kühles Bier zu trinken.

Ein Skandälchen löste ich aus, als ein Artistenpaar bei mir Varieté-Kunststücke vorführte und ich mich im Ton vergriff – natürlich wie immer in bester Absicht. Der alte Herr war weit über achtzig, seine Partnerin hatte die sechzig locker hinter sich. Sie sah noch recht knackig aus, hatte sich aber in ein Kostüm gezwängt, das sie mit dreißig schon hätte entsorgen sollen. Als sie sich auf Kommando ihres greisen Dompteurs durch einen Reifen zwängte, rutschte ihr Hinterteil aus dem knappen Höschen. Ich warnte sie pflichtgemäß, dass man sich in ihrem Alter leicht die Eierstöcke verkühlen könne. Sie verstand das, aber die *Bild*-Zeitung konnte es nicht fassen. Wozu war das Fernsehen verkommen! Die deutsche Kultur, wenn nicht die des gesamten christlichen Abendlandes stand kurzfristig auf dem Spiel. Ich entschuldigte mich öffentlich bei dem alten Herrn, der nicht ganz begriff, wofür, die Turnoma zwängte sich für die *Bild*-Zeitung noch mal ins Kostüm – und meine Quote stieg. Na so was!

Nach einer Ausgabe der Show fragte ich meinen Boss, ob man denn eigentlich wisse, wie viele Menschen da zuschauten. Zu diesem Zeitpunkt lief die Sendung an einem Mittwochabend um 19.30 Uhr. Das könne man schon rauskriegen, hieß es, aber das würde etwas Zeit beanspruchen. Heute traut sich kein Redakteur mehr zu sagen, ob eine Sendung gut war oder nicht, bevor nicht am nächsten Morgen die Quote da ist; damals dauerte die Quotenmessung eine ganze Woche. Vom Einspielergebnis war ich niedergeschmettert: Mickrige 12,5 Millionen Zuschauer! Ich war davon ausgegangen, dass von den 60 Millionen Westdeutschen mindestens die Hälfte vor der Glotze saß. Das Gegenprogramm war in meinen Augen weit weniger attraktiv als meine turnenden Senioren; mit 20 Millionen hatte ich mindestens gerechnet. Frank Elstner hatte schließlich am Samstagabend über 30! Das war natürlich Hybris pur, und heute liegen sich die Verantwortlichen schon bei 5 Millionen Zuschauern selig in den Armen. Ob die Zuschauer damals katholische Greise, alleinerziehende Mütter im Saarland oder heterosexuelle Akademiker Mitte dreißig waren, interessierte niemanden. Die Zielgruppe als solche war noch nicht entdeckt, ARD und ZDF teilten sich neben den üppigen Gebühren auch noch den gigantischen Werbekuchen, und man hätte dort eigentlich nur zufriedene Menschen treffen dürfen. Stattdessen stolperten griesgrämige Bedenkenträger durch die öffentlich-rechtlichen Anstalten.

Im Radio wurde die Luft für mich dünner. Ich hatte *Pop nach 8* inzwischen an den Nachwuchs weitergereicht und war dem

Ruf Frank Elstners zum Radioprogramm von RTL gefolgt, das mit großem Erfolg aus dem Großherzogtum Luxemburg sendete, allerdings weitgehend auf der tontechnisch unbefriedigenden Mittelwelle. Für einen deutschen Radiofan war RTL Kult, obwohl die Europawelle Saar des öffentlich-rechtlichen Saarländischen Rundfunks etwas an diesem Ruhm kratzte. Ich hatte Elstners Angebot allein schon aus nostalgischen Gründen angenommen: wegen der *RTL-Hitparade* am Sonntagnachmittag. Die hatte ich früher über die RTL-Fixtaste in unserem weißen Grundig-Empfänger jeden Sonntagnachmittag mit religiösem Eifer gehört.

Moderiert wurde sie zu Beginn von Camillo Felgen und später von Jochen Pützenbacher. Ich kannte ihre Stimmen und verband sie mit der Freiheit, die ich damals in Kulmbach nur in der Musik finden konnte. Für mich ist Elstner, der damals bereits Programmchef war, bis heute der »Frank von Radio Luxemburg«. Eigentlich heißt er Tim, aber als er zu RTL kam, gab's da schon einen Tim, also wurde er Frank. Ich blieb Thommy, und mir zitterte die Hand und wahrscheinlich auch die Stimme, als ich im Studio das Radio-Urgestein Camillo Felgen begrüßte, der mich bei meiner Hitparadenpremiere den RTL-Hörern vorstellte.

Das Auffälligste an Felgen waren seine Koteletten. Er sah aus wie Stewart Granger, der als Old Surehand in den Karl-May-Verfilmungen eine Fehlbesetzung war, aber als RTL-Discjockey eine gute Figur gemacht hätte. Felgen war auf irrsinnige Art und Weise zu Geld gekommen: Er hatte zu den wenigen Songs, die die Beatles auf Deutsch gesungen hatten, unter dem Pseudonym Jean Nicolas die Texte zusammengeschustert. Es war zwar keine überragende Geistesleistung, aus »I want to hold your hand« das deutsche »Komm, gib mir deine Hand« zu machen, und über das »Sie liebt dich, und da solltest du dich freu'n« in »She loves you« kann man auch streiten, aber immerhin hat er aus dem »Yeah, yeah, yeah« kein »Jaa, Jaa, Jaa« gemacht. Dafür hat er an jeder dieser Singles mitverdient – ein Lotteriegewinn, den ich ihm von Herzen gönnte.

Mein Einsatz bei RTL brachte mir erstmals im Leben einen auch finanziell attraktiven Vertrag, aber er war mit Stress verbunden. Ich stand jeden Sonntagmorgen um vier Uhr auf, was den Samstagabend nicht unbedingt attraktiver machte, und fuhr von unserem Häuschen in Weßling am Ammersee, das wir zwischenzeitlich bezogen hatten, zum Münchner Flughafen. Über Frankfurt ging es mit einer Propellermaschine der Luxair (die Aufforderung, im Flieger nicht zu rauchen, hörte sich in etwa so an: »Mer mächten se betten net ze fümmen«) nach Luxemburg. Damit sich der Aufwand für beide Seiten lohnte, hatte ich am Montag noch eine Sendung abzuliefern, bevor ich am Dienstagnachmittag ziemlich erledigt wieder zu Hause eintraf. Das Sheraton Hotel am Luxemburger Flughafen kann ich für Urlaubsaufenthalte nur bedingt empfehlen.

Mein erster Flirt mit RTL war ein Quickie, vor allem deshalb, weil ich beim Bayerischen Rundfunk doch wieder eine neue Chance für mich sah. Der Einfluss derer, die in Bayern 3 eine reine Servicewelle sahen, wurde schwächer. Die Befürchtung, dass sich eine private Rundfunkkonkurrenz breitmachen würde, war gewachsen, nachdem Radio Südtirol mit erstaunlichem Erfolg angefangen hatte, im bayerischen Hörgebiet zu wildern. Ich fand mich wieder vor diesem baumstammartigen Schreibtisch im Büro des BR Hörfunkdirektors Gunthar Lehner und versuchte erfolglos, ihm vor dieser Gefahr Angst zu machen. Er glaubte genauso unerschütterlich an die Dauerhaftigkeit des öffentlich-rechtlichen Systems wie der Papst an die Ewigkeit seiner Kirche.

Mein ehemaliger Sendeplatz am Abend war nicht mehr ganz so attraktiv, und ich war nicht mehr der kultige Teenieschwarm, sondern mit über dreißig mitten im Kommerz angekommen. Ich spielte Abba-Platten, wo sie ins Programm passten, ohne mich dafür bei den Led-Zeppelin-Fans zu entschuldigen, ich war selbstbewusster, meine Stimme weniger piepsig und mein Autogrammfoto inzwischen vierfarbig. Mein neuer Verbündeter wurde der Chef des Bayerischen Werbefunks. In seinem Bestreben, die Werbezeiten des BR erfolgreich zu verkaufen, suchte er einen »Radiostar« und glaubte, ihn in mir gefunden zu haben. In der mir eigenen Bescheidenheit widersprach ich nicht, und er bot mir einen Deal an: Der Werbefunk würde mich bezahlen, die Abteilung »Leichte Unterhaltung«, die auch für »Leichte Musik« und deren leichtgewichtige Präsentatoren zuständig ist, bekam mich also gratis, und ich eröffnete 1983 meine tägliche Quatschbude auf Bayern 3, die ich *Thommys Radioshow* nannte.

Nicht alle im BR waren begeistert, dass sich da plötzlich einer eine Insel im Programm geschnappt hatte und die auch noch nach sich benannte. Die Musik war nicht mehr das Entscheidende, ich widmete mich jetzt den Dingen des Lebens und redete über das, was alle beschäftigte. Gesendet wurde werktags von 14 bis 16 Uhr, und ich begleitete Hausfrauen durch den Abwasch, Männer über die Autobahn und Kinder bei den Hausaufgaben. Wieder gab es weder Redakteur noch Producer. Niemand spuckte mir in die Suppe.

In einer Münchner Boulevardzeitung gab es die Rubrik »Willkommen in München«. Geschwätzige Hoteliers verkündeten dort, welcher Promi gerade in welcher Nobelabsteige ein Zimmer genommen hatte. Heute wäre das völlig undenkbar.

Damals rief ich an der Rezeption an, belaberte den Concierge und wurde fast immer verbunden. Es sprach sich langsam herum, dass ich ein freundliches Kerlchen war, ich nervte nicht mit Fragen nach Steuerschulden oder verhängnisvollen Affären, darum holte ich mir selten Abfuhren. Radio war nach wie vor eine wichtige Promotionmaschine für Filme, Tourneen, Bücher und was es sonst noch zu vermarkten gab, also saß fast jeden Tag ein Livegast bei mir im Studio.

Alles andere regelte ich mit Kreativität und nutzte die Chance des Radios zur Flunkerei. Damals war die Seifenoper *Dallas* ein großes Thema. Sie lief jeden Dienstagabend, und mittwochs war ich dran. Ich hatte die Synchronsprecher der Hauptdarsteller für eine Nummer engagiert, an der wir alle Spaß hatten. Wolfgang Pampel war die deutsche Stimme des Fieslings J. R. Ewing, und Joachim Cadenbach sprach seinen alten Vater Jock. Wenn sie die Stimmen hörten, sahen die Serienfans im Geiste natürlich die Originalfiguren aus dem Fernsehen und bezogen den Unfug, den wir da verzapften, auf den Inhalt der Serie. So petzte ich Pamela Ewing, dass Bobby sie am Tag zuvor betrogen habe (was man in der Serie vor ihr verheimlicht hatte), und Beate Menner, ihre deutsche Stimme, reagierte mit einem großartigen Weinkrampf. An anderer Stelle beschwerte sich Jock bei mir über die Kochkünste von Miss Ellie.

Mein Hausfrauenservice war beispielhaft, ich spielte täglich zum Abwasch die »Müttergenesungsplatte« und half bei den Unwägbarkeiten des täglichen Lebens. Einmal schaltete ich eine gärtnernde Bayerin mit einem Reptilienexperten des Tropeninstituts zusammen. Sie hatte geglaubt, in ihrem Erdbeerbeet eine Giftschlange entdeckt zu haben. Während die beiden über die Farbe der Schuppen diskutierten, beharrte ich darauf, dass es sich um den Gartenschlauch handeln müsse.

Journalistische Präzision oder das Aufbereiten von Fakten gehörten nach wie vor nicht zu meinem Repertoire.

Dem Erfolg der Unternehmung tat das keinen Abbruch; ich begann, mit dem Größenwahn eines König Ludwig im Sendebereich des Bayerischen Rundfunks so etwas wie mein Hoheitsgebiet zu sehen. Wenn ich nach der Sendung zum Flughafen fuhr, der damals noch in Riem lag, erbat ich mir eine Jubelkulisse an der Prinzregentenstraße und pflaumte die Taxifahrer an, mir den Weg freizuhalten. Ein paar Leute haben immer gewinkt, ein paar Taxler immer gehupt.

Das lag auch an meinem völlig abstrusen Autogeschmack. Ich hatte angefangen, mich für alte Bentleys zu interessieren, und meine erste Rostlaube dieser Marke von London aus, wo ich sie bei einem betrügerischen Händler am Straßenrand gekauft hatte, selber nach München kutschiert. Mit dem Steuer auf der falschen Seite konnte man Briefe einwerfen, ohne das Fahrzeug zu verlassen, aber das war auch der einzige Vorteil. In Flughafennähe gab es in München den »Auto-König«, und ich trieb mich oft in dessen Hallen herum, um den einen Exoten gegen den nächsten zu tauschen, wobei ich mich wie Hans im Glück stets verschlechterte. Ich hatte zwar meinen Tiefgaragenplatz im BR zusammen mit der Festanstellung verloren, konnte aber seit meiner Vollbemusterung den Garagenwart mittlerweile mit LPs bestechen und parkte meine antiken Nobelschlitten abwechselnd beim Personalrat oder auf dem Behindertenparkplatz. Heute kommt man für so was ins Gefängnis, damals hinkte ich halt etwas auf dem Weg zum Auto.

Mit einer erfolgreichen Show im Fernsehen und einer täglichen Radiopräsenz von zwei Stunden war ich weiter als jemals erträumt. Ich hatte mein Studium der Erziehungswissenschaften mit dem Bestehen der Ersten Lehramtsprüfung abgeschlossen und hätte nun an irgendeiner Schule in Bayern antreten müssen, um mir die Praxis zu erwerben, die ich für die Zweite vorweisen musste. Davon konnte natürlich keine Rede mehr sein. Mir war klar, dass ich vor Mikrofonen und Kameras besser platziert war als vor einer Schulklasse. Der Lehrplan wäre mir in kürzester Zeit um die Ohren geflogen, in meiner Klasse wäre viel gelacht, aber wenig gelernt worden. Der bayerischen Pädagogik bin ich erspart geblieben, aber im Bayerischen Rundfunk gab es noch einiges zu erobern.

Meine Chance kam 1985 mit einem faszinierenden Mann, der die freundliche, aber an mir wenig interessierte Hörfunkdirektorin Gustava Mösler ablöste. Udo Reiter saß seit einem Autounfall in frühen Jahren im Rollstuhl; er parkte ihn hinter jenem Baumstammschreibtisch, der offensichtlich zum Erbe eines jeden Programmdirektors gehörte. Der Mann war nicht mal zehn Jahre älter als ich und hatte ein Funkeln in den Augen, das ich von meinen Vorgesetzten bisher nicht kannte. Reiter wollte etwas, das ich im öffentlich-rechtlichen Bereich vorher nie so erlebt hatte: Er wollte keine Streicheleinheiten von der Politik, er wollte den Erfolg beim Hörer. Damit waren wir Verbündete, und zum ersten Mal hatte ich das Gefühl, dass da auf der anderen Seite des Baumstamms einer saß, der mich verstand.

Dass dieser Mann noch dazu einen konstruktiven Optimismus ausstrahlte und nicht nur lachen konnte, sondern selbst witzig war, begeisterte mich geradezu für ihn. Seine Behinderung und diese Lebensfreude brachte ich nur schwer auf einen Nenner. Seine Vorgänger waren alle in der Lage gewesen, ihre Gliedmaßen zu gebrauchen, hockten aber trotzdem wie betrübte Rollstuhlfahrer in ihrer Machtposition. Reiter hatte Spaß. Er ging mit einem Elan ans Werk, den ich bisher so nicht gekannt hatte. Er hörte sich meine Ideen an und unterstützte mich bei meinen Bemühungen, Bayern 3 von einer Autofahrerwelle in Richtung Unterhaltungssender umzubauen. Ich bekam den neu erfundenen Titel »Bayern-3-Koordinator« und tausend Visitenkarten aus der Hausdruckerei, von denen ich ungefähr drei in Umlauf brachte.

Niemand nahm mich wirklich ernst, da halfen auch keine Visitenkarten. Ich war ein Spinner, in dessen Büro ein lila Sofa und ein aufgespannter Coca-Cola-Sonnenschirm standen. Das violette Sitzmöbel war beim Umräumen zu Hause obsolet geworden, und ich erinnere mich gut an die Kommentare der Hausarbeiter, die das Teil durch das denkmalgeschützte Treppenhaus des Senders schleppen mussten, weil es nicht in den Aufzug passte. Die Frage, ob die Sperrmüllabfuhr mich vergessen hatte, gehörte noch zu den freundlicheren Bemerkungen. Nachdem meine »Weisungsbefugnis« und entsprechende Anordnungen in den meisten Fällen eher Heiterkeit auslösten, hätte ich eigentlich schon damals merken müssen, dass ich zum Vorgesetzten nicht taugte. Autorität ist nicht meine hervorstechendste Eigenschaft, und Blut sehen kann ich auch nicht.

Eine der erfolgreichsten Sendungen im Programm von Bayern 3 war *Die Schlager der Woche.* Ich weiß nicht mehr, ob die Hitparade damals noch so hieß, aber ich höre immer noch die Blechfanfare vor der Nummer eins und den bemerkenswerten Satz: »Und das ist der Schlager der Schlager. Das ist der Schlager der Woche!« Charts laufen immer, der Moderator kann da wenig falsch machen. Die Sendung wurde betreut von einem festangestellten Musikredakteur und reizenden Menschen, der Thomas Brennicke hieß und vieles konnte, nur nicht moderieren. Er stolperte jeden Freitag wie ein Buchhalter durch die Sendung und reportierte, welches Lied leider seit letzter Woche drei Plätze nach unten gerutscht sei und welcher Song nun diese Position ergattert habe. Diese Arithmetik ist zwar Teil des Charmes einer Hitparade, und Casey Kasem bewies mit seinen *American Top 40* jede Woche, wie geschmeidig man so was erledigen kann, aber bei unserem Mann kam es immer wie eine mühsame Kettenrechnung daher. Ich war kurz davor, ihn und die Hörer von dieser Qual zu erlösen. Er aber verteidigte seinen Job mit Zähnen und Klauen, und im nachhinein bin ich froh, ihm diese Freude gelassen zu haben. Er ist nicht alt geworden.

Es gab auch Wichtigeres zu tun. Meine beiden Stunden am Nachmittag liefen weiter wie geschmiert, waren aber reine Unterhaltungsplauderei fernab jeder Erheblichkeit. Das Wort Infotainment hatte noch niemand zusammengeschraubt, aber eine unterhaltende Form der Information erschien mir für den späteren Nachmittag als die geeignete Sendeform. Die journalistischen Kräfte des BR waren alle nicht wegen Eloquenz, Stimme oder Charmefaktor in ihre Positionen gekommen, sondern wegen ihrer fachlichen Kompetenz – wogegen nichts zu sagen ist, aber so hörten sie sich auch an. Manche Mitarbeiter waren nicht einmal fachlich kompetent, sondern einfach nur Mitglieder der CSU.

Einen gab es, der Letzteres sicher nicht war und auch sonst ganz anders. Er hatte gerade seine Berufung nach Bonn bekommen und war damit seinem Lebensziel, ein zweiter Hanns Joachim Friedrichs zu werden, einen entscheidenden Schritt näher gekommen. Sein Name: Günther Jauch. Ich kannte ihn schon als freien Mitarbeiter der politischen Redaktionen, er hatte sich als Fan von mir geoutet, und es gab mir einiges, dass so ein cleverer Typ sich für meinen Quatsch begeistern konnte. Wir mochten uns, und ich verfolgte seinen Aufstieg zum Bonn-Korrespondenten mit großer Sympathie. Seine Berichte waren kompetent und auf den Punkt, und er verstand es, dem Ganzen immer noch einen Twist zu geben: ein abschließendes Bonmot, einen satirischen Halbsatz oder nur das Anheben seiner Stimme an bestimmter Stelle – der Mann machte alles richtig. Er machte es nur am falschen Platz.

Ich schlug Udo Reiter vor, *Thommys Radioshow* um zwei Stunden zu verlängern und in einer vierstündigen *B3-Radioshow* auf den unterhaltenden Teil einen informativen folgen zu lassen: Nachdem meine Seifenblasen am weiß-blauen Himmel geplatzt waren, sollte der Hörer erfahren, was am Tag so los gewesen war. Reiter fand die Idee gut und ließ mich weiter planen. Vielleicht hatte er auch ein schlechtes Gewissen mir gegenüber – ihm war wohl etwas mulmig geworden wegen der Machtfülle, mit der er mich ausgestattet hatte. Ich war zwar mittlerweile Programmchef von B3, stand aber bei weiten Teilen der Verantwortlichen unter Terrorismusverdacht. Optisch machte ich nicht den Eindruck eines öffentlich-rechtlichen Würdenträgers und ließ am Mikrofon die Sau raus, wo eigentlich der Geist hätte wehen sollen.

Es gab allerdings einen Gegenentwurf zu mir, den ich übersehen hatte, Udo Reiter jedoch nicht. Der Kerl war noch einen halben Kopf größer als ich, weswegen seine Diener tiefer wirkten, er hatte eine anständige Frisur, trug Anzug und hieß Claus-Erich Boetzkes. Irgendwie hatte er es in der Leichten Unterhaltung schnell nach oben geschafft und war konservatives Labsal für die von mir gequälten Kollegen. Udo Reiter ließ auch ihm einen Stapel Visitenkarten zukommen; ich weiß nicht, welchen Titel er ihm verlieh, aber er machte ihn damit zu dem, was man in Machtkämpfen »Gegenspieler«

nennt. Wenn ich mit Deep Purple ankam, parierte Boetzkes mit Karel Gott. Ich kickte ihn mit Cowboystiefeln, er trat mit Lackschuhen zurück. Im Nachhinein waren diese Hahnenkämpfe eher überflüssig und haben dem Bayerischen Rundfunk weder genutzt noch geschadet. Claus-Erich spricht heute die *Tagesschau*-Nachrichten zwischen *Rote Rosen* und *Sturm der Liebe* und hilft dem älteren Publikum sensibel mit erklärender Gestik durch die schwierigen Texte.

Ich war nie ein großer Kämpfer und reduzierte meine Feindseligkeiten gegen den konservativen Konkurrenten auf halbherzige Verbalattacken bei meinen Verbündeten. Zu einer direkten Konfrontation ist es nie gekommen, wir haben uns auf dem Flur immer artig gegrüßt, und ich hätte meiner Mutter einen Sohn wie ihn gewünscht.

Ich war mit anderen Dingen beschäftigt, zum Beispiel damit, Günther Jauch die tägliche Nachmittagsschiene schönzureden. Damit verfolgte ich ihn bis ins Treppenhaus des BR. Günther hatte damals eine Bürstenfrisur und war nur im Radio als politischer Korrespondent vorstellbar; im Fernsehen hätte man ihn kaum ernst genommen. Heute sieht er aus, als wäre er in seinem Verlobungsanzug unterwegs, mit Anfang dreißig war es noch der Kommunionanzug. Einem solchen Jüngelchen hätte man kaum zugetraut, Schwergewichten wie Franz Josef Strauß und Helmut Kohl die Stirn zu bieten. Da hatte man sich in Jauch allerdings schwer getäuscht.

In einer gemeinsamen Fernsehshow erklärte sich Bundeskanzler Kohl bereit, uns beiden ein Interview zu geben, aber erst sollten wir zum Vorgespräch in Bonn antanzen. Auf dem Wartebänkchen im Kanzleramt lästerten wir pflichtgemäß über Kohl, dessen Büroleiterin Juliane Weber uns – das gehörte zur Standardführung – seine Elefantensammlung gezeigt hatte. Als der Bundeskanzler schließlich in Strickjacke erschien, nahm er sich für uns alle Zeit der Welt oder erweckte zumindest bei mir erfolgreich diesen Eindruck. Ich übergoss ihn mit der gleichen Freundlichkeit, die ich auch Howard Carpendale und Roberto Blanco gegenüber an den Tag legte; Günther blieb auf Distanz. Kohl erzählte uns Schnurren aus seinem Politikerleben: Bei einem Gefängnisbesuch war er überzeugt, einen Unschuldigen hinter Gittern entdeckt zu haben. Er reagierte sofort: »Da hapschn begnadischt.« Natürlich ging ich dem Alten auf den Leim, während Günther kritisch den Kopf wiegte und analysierte, mit welchen Tricks er uns um den Finger gewickelt hatte.

Ich habe schon damals Jauchs Fähigkeit geschätzt, Distanz zu halten. Er mochte sich mit niemandem gemeinmachen, egal, welche Vorteile sich daraus für ihn ergeben hätten. Ich wusste nie genau, ob seine emotionale und materielle Bedürfnislosigkeit echt oder nur gespielt war; auf jeden Fall machte sie ihn unabhängiger, als ich es war. Vor seiner Entscheidung, als mein Partner in den Nachmittag einzusteigen, druckste er lange herum, legte mehrfach seine gespreizten Finger in Für-und-Wider-Diskussionen zusammen, rang sich aber letztendlich dazu durch, mir in die Niederungen der Unterhaltung zu folgen. Anders als ich baute er sich eine Redaktion aus jungen Journalisten zusammen und lieferte tatsächlich jeden Tag eine Zwei-Stunden-Sendung ab, in der er alles beleuchtete, was an diesem Tag wichtig war, also *Tagesthemen* light mit Interviews, Schaltungen und seinen schlauen Kommentaren.

Wenn er mich um 16 Uhr ablöste, pflaumten wir uns vor offenem Mikro gegenseitig wegen unserer unterschiedlichen Weltsicht an. Da traf Miss Ellie auf Mutter Teresa und Westernhagen auf Westerwelle. Wir beide waren, verglichen mit den sonstigen Schlafmützen im Bayerischen Rundfunk, die jungen Wilden und wurden von vielen Kollegen im Haus um die Freiheit beneidet, die wir genossen, weil Udo Reiter als Programmdirektor die Hand über uns hielt.

Er war zwar konservativ, aber hatte Spaß an meiner Aufmüpfigkeit und schnell begriffen, dass etwas frischer Wind dem muffigen Haus in der öffentlichen Wahrnehmung durchaus gut zu Gesichte stand. Er war sehr früh von meinen Qualitäten überzeugt, und erst heute ist mir klar, wie wichtig so ein Mentor mit der nötigen Autorität für jedes nachwachsende Talent ist.

In dieser frühen Phase des Erfolgs neigt man zur Selbstüberschätzung, ist vom Beifall berauscht und macht die Fehler aller Größenwahnsinnigen: Man ist undankbar. Gedankt habe ich Dr. Reiter jedenfalls erst sehr viel später und stattdessen seine Gunst immer wieder neu auf die Probe gestellt. Ich pöbelte in meiner Sendung den Rundfunkrat an, den ich als »Mischung aus kommunistischem Zentralkomitee und karnevalistischem Elferrat« veralberte, ich legte mich mit dem Vertreter der katholischen Kirche im selben Gremium an und vergaloppierte mich mehrfach in Gedanken, Worten und Werken. Dass mich das nicht den Kopf gekostet hat, verdanke ich Udo Reiter und seinen milden Urteilen. Hinrichtungsbefehle von anderer Seite gab es mehrfach.

Eine weitere Gunstbezeigung des Programmdirektors an mich war in der sensiblen Hierarchie des Hauses ebenfalls nur als Affront gegen andere zu verstehen. Dem Hörfunkchef stand ein Garagenplatz in einer strategisch besonders günstigen Ecke der Tiefgarage zu. Wegen seines Rollstuhls kam Reiter aber nicht mit dem eigenen Wagen, sondern wurde chauffiert, weshalb er mir seinen Stellplatz abtrat. Ich hatte mich inzwischen von den alten Silverclouds zu den neueren Modellen verbessert und fuhr ein Bentley-Cabriolet, das etwas länger war als der geschnorrte Parkplatz. Dutzende von Hauptabteilungsleitern, Hausjuristen und Verwaltungsbeamten mussten meinetwegen immer eine kleine Kurve um das Hinterteil meines Protzautos machen. Aber währenddessen konnten sie wenigstens oben im Haus kein Unheil anrichten.

VIDEO KILLED THE RADIO STAR

The Buggles

An einem Montagabend im Sommer 1983 klingelte bei mir das Telefon. »Hier ist Gert Fröbe. Junger Mann, Sie sind großartig. Sie werden Karriere machen!« Mr. Goldfinger war nicht der einzige begeisterte Zuschauer eines TV-Auftritts, den ich als Nebenjob angenommen hatte. Frank Elstner hatte mich als Außenreporter für *Wetten, dass..?* im Berliner Olympiastadion engagiert, und ich hatte wieder einmal unglaubliches Glück. Zwei Brüder warfen sich Weintrauben zu, die mit dem offenen Mund aufgefangen werden mussten. Ich stand allein mit den beiden Kandidaten und drei Technikern in dieser riesigen, dunklen Anlage und haute ein paar lustige Sprüche in die Nacht.

Im Studio hatte sich die Schauspielerin Maria Schell an Placido Domingo rangewanzt und ihm als Wettangebot in Aussicht gestellt, mit ihm im Duett zu singen. Der Maestro war nur mäßig begeistert, machte aber gute Miene zum bösen Spiel. Während ich mich durch die Wette kalauerte, brummte ein Flieger über das Stadion und störte den Ton. Ich blickte zum Himmel und erlaubte mir die Bemerkung: »Das ist wahrscheinlich Placido Domingo auf der Flucht vor Maria Schell.« Als hätte ich in meiner ganzen Karriere keinen besseren Scherz gemacht, verfolgt mich das bis heute. Immer wieder winken mich ältere Menschen freundlich heran und raunen mir mit Verschwörermiene zu: »Domingo auf der Flucht ... Haha!«

Bei meiner Landung in Riem standen am Ende der langen Rolltreppe mehrere Fotografen und ein Redakteur der

TV-Zeitung *Gong*. Er überreichte mir einen »Goldenen Gong« und stellte fest: »Das war dein Durchbruch.« Er und Gert Fröbe sollten recht behalten. Es kann überhaupt keinen Zweifel geben: Ohne *Wetten, dass..?* wäre ich heute nicht, was ich bin.

Als Karl-Theodor von und zu Guttenberg sich als »Zoon politikon« outete und damit sagen wollte, er sei ein politisches Wesen, wurde er von altphilologischen Besserwissern zu Recht korrigiert. Das Zoon politikon beschreibt nicht den politischen Menschen, sondern ein »Gemeinschaftswesen«, also jemanden, der nur in der Gesellschaft anderer seine Bestimmung findet. An diesem Syndrom leide ich in der Tat. Obwohl ich gut alleine sein kann, brauche ich ein Gegenüber, um zu funktionieren. Ich habe mich nie als einsamen Künstler gesehen. Mein Selbstverständnis ist nicht das eines zwanghaften Performers, dessen Lebenselixier der Applaus ist, und ich brauche auch kein Scheinwerferlicht, um zur Hochform auflaufen zu können. Das geht im kleinen Kreis wie im großen, im Hinterzimmer wie vor der Fernsehkamera. Ich bin eben ein Zoon politikon, ein Wesen, das in der Gemeinschaft nicht nur funktioniert, sondern das die Gemeinschaft braucht, um funktionieren zu können.

Ich bin manisch darauf aus, mein Gegenüber nicht nur von mir, sondern auch von sich selbst zu überzeugen. Von seinem Wert, von seiner Berechtigung zur Lebensfreude, von seinem Glück. Ich kann, wenn Sie so wollen, kein Elend sehen, ohne nicht alles zu versuchen, es sofort und persönlich aus der Welt zu schaffen. Ob ich nun zwanghaft deswegen um mich Freude verbreite, weil ich mich in fröhlicher Umgebung wohler fühle, oder ob ich einfach ständig missionarisch als Verkünder einer säkularen Frohen Botschaft unterwegs bin – ich weiß es nicht. Ich würde auch bestreiten, dass ich eine Botschaft habe. Ich sehe mich nicht als christlichen

Apostel der Nächstenliebe, ich bin in niemandes Auftrag unterwegs.

Ich mag mein Publikum. Die Menschen, die mir begegnen, die mich ansprechen und mich in ihr Smartphone grinsen lassen, sind mir nie lästig. Sie kommen meistens nicht besonders gelegen, und manchmal habe ich gerade etwas anderes vor, als mir von fremden Leuten das anzuhören, was sie mir immer schon mal sagen wollten. Aber ich werde nie ungehalten, sondern sehe es als meine Pflicht an, ihnen als der Mensch zu begegnen, den sie aus dem Fernsehen kennen. Das ist der Lackmustest für die vielbeschworene Authentizität – ich verstecke mich nicht hinter Bodyguards, wenn ich unterwegs bin, ich schleiche mich nicht durch die Hintertür ins Separee. Auch wenn meine Familie da anderer Meinung ist: Ich gehöre jedem ein bisschen, denn ich bin, was ich bin, weil mir jeder ein kleines Stück dabei geholfen hat, es zu werden.

Für meinen Erfolg bedurfte es der »acclamatio populi«, der Zustimmung des Volkes. Ich wurde mit der Fernbedienung zu dem gewählt, was die *Bild*-Zeitung als »TV-Titan« bezeichnet. Ob mir die Gesellschaft gefällt, in der ich mich dabei befinde, ist eine ganz andere Frage. Exklusiv wäre sicher das falsche Wort, aber klein ist diese Gruppe in jedem Fall – soweit ich weiß, hat das Boulevardblatt nur drei Zeitgenossen in den Titanenstatus erhoben: Oliver Kahn, der Ex-Nationaltorhüter, war einer, Dieter Bohlen ist der »Pop-Titan«, und ich bin es im Showbereich. Günter Grass ist keiner, Helmut Schmidt auch nicht. Mit Geistesgröße hat das also nichts zu tun, denn Intellekt verkauft keine Zeitungen, jedenfalls definitiv keine *Bild*. Auch wenn dieser Titel kein Zeichen von Klasse ist, signalisiert er immerhin den Zuspruch der Masse.

Nun werden Sie fragen: Aber muss es denn gleich die ganze Nation sein? Warum denn nicht?, frage ich zurück. Wer einen für sich gewinnen will, der will viele, und wer viele will, will alle. In meiner beruflichen Existenz ging es mir immer darum, Menschen für mich und das zu gewinnen, was ich gerade getrieben habe. Dasselbe versuchen sicher auch Politiker. Aber meine Ansichten anderen Menschen aufzudrücken, meine Vision einer besseren Welt als politische Agenda auf meine Stirn zu tackern, das wäre mir nie in den Sinn gekommen. Mit einer politischen Meinung bist du Teil einer Fraktion, ich wollte aber immer die Nation. Ein Politiker muss in gewissen Zeitabständen Menschen dazu bringen, ihn für das, was er geleistet hat, wiederzuwählen. Im Fall des TV-Unterhalters findet dieser demokratische Vorgang der Zustimmung oder Ablehnung eben mit der Fernbedienung statt. Das heißt, mein Marktwert steigt und sinkt mit der Einschaltquote.

Ich weiß nicht, ob Sie sich erinnern, aber es gab ein Leben davor. Bis in die Mitte der Neunzigerjahre war das Fernsehen noch ein Paradies für alle, die dort arbeiteten, und in diesem Meer der Glückseligkeit gab es ein Eiland, wo die Sonne noch heller schien und das Wasser noch blauer war. Frank Elstner war der Inselkönig und herrschte über *Wetten, dass..?* Ich kann mich an die erste Ausgabe erinnern. Die habe ich mir damals angeschaut, so weit ging mein Interesse schon.

Da saßen Promis auf Stühlen, die sich aus unerklärlichen Gründen hoben und senkten wie beim Friseur. Rudi Carrell war Gast und hatte seine Kandidatin dabei – eine Hausfrau, deren Haupthaar bis ans Knie reichte. Carrell an die Runde: »Wetten, dass sie sich ihre Haare heute Abend abschneiden lässt?« Die Gute dachte aber nicht daran, und Carrell hatte seine Wette verloren. Ob er deswegen mit seinem Stuhl höher geschraubt wurde oder abgesenkt, weiß ich nicht mehr, auf jeden Fall ist es ein Fakt der Fernsehgeschichte, dass Elstner über eine Stunde brauchte, bis er zur ersten Wette kam. Die TV-Analysten sind sich einig, dass nach heutigen Maßstäben *Wetten, dass..?* nach kurzer Zeit eingestellt worden wäre. Nicht wegen der Quote − die war, wie gesagt, damals überhaupt kein Kriterium. Die Leute guckten, was gesendet wurde, aber keiner wusste so recht, was dieser Ideenverhau eigentlich sollte.

Mal wurde ein Lastwagen auf vier Gläser gestellt, wovon danach ganz Deutschland sprach, dann funktionierte Karlheinz Böhm eine ganze Sendung zum Spendenmarathon um, indem er seine Wette mit dem Aufruf verband, jeder Zuschauer müsse eine Mark für Äthiopien spenden, wenn er sie verlieren (oder gewinnen) würde, ich weiß das nicht mehr genau. Aber Böhm habe ich von Frank Elstner genauso geerbt wie seine Sendung.

Ich habe nichts dazu getan. Und ich kann mich nicht an den Wunsch erinnern, da gerne der Herr im Ring zu sein.

Elstner machte das souverän mit der ihm eigenen Freundlichkeit und einer gewissen Pedanterie, die zu dem komplizierten Regelwerk passte. Stuhl rauf, Stuhl runter, wie auch immer − ich sah ihm gern dabei zu. Neidlos.

Überhaupt habe ich in meiner ganzen Karriere nie vor dem Fernseher gesessen und jemandem, der dort gerade unterwegs war, irgendetwas geneidet. Ich war zwar oft genug verwundert, wie viele Dilettanten sich auf der Mattscheibe herumtrieben, habe es aber immer genossen, wenn da jemand war, der es konnte. Frank Elstner war einer davon. Neben dem Moderieren hatte er großen Spaß daran, neue Fernsehideen zu entwickeln − ein Ehrgeiz, der mir völlig fehlt. Frank hat mir mal gesagt, dass er viel lieber eine Show entwickelt als moderiert. *Wetten, dass..?* war sein Baby, er hatte es mit Wolfgang Penk zur erfolgreichsten deutschen Fernsehshow gemacht. Die Eurovisionsfanfare zu Beginn adelte das Produkt, denn die Österreicher und die Schweizer sendeten und wetteten mit.

Der Dritte im Bunde dieser gelungenen Konstellation war Sascha Arnz als Regisseur. Ein Mann mit langen, oft leicht fettigen Haaren, grauem Bart und vielen Lederjacken. Man sah ihm den Beruf an. Solche Figuren gibt es auf allen Bühnen; Oper, Theater und Fernsehen gehörten damals noch in eine ähnliche Welt. Er war immer voller Energie, sprühte vor Ideen und wusste alles. Nicht mehr, nicht weniger. Er konnte die Flugbahn eines abgeschossenen Pfeils berechnen, er konnte ein Auto mit der Kurbel anwerfen, und er hatte die Telefonnummer von Greta Garbo. Günther Jauch arbeitete später ebenfalls mit Arnz, und wir sind uns einig: Einen Menschen, der mehr erlebt, gewusst oder zumindest behauptet hat zu wissen, haben wir nie getroffen. Wir ertappten ihn nur selten dabei, falschzuliegen. Einmal hetzten Sascha und ich während der Berliner Funkausstellung Günther für eine tägliche Show rund um die Welt; er meldete sich jeden Tag von einem anderen Kontinent. In einer abgelegenen Location jenseits von Afrika stand er bei der Schaltprobe vor einem etwas unattraktiven Hintergrund. Sascha schickte ihn ein paar Hundert Meter weiter, dort müsse sich eine romantische Mauerruine befinden. Die Ruine war da und Sascha offensichtlich auch schon mal.

Die Arbeit eines Regisseurs ist nicht jedem klar: Er gibt der Show nicht nur das Gesicht, sondern dem Moderator auch das Gefühl der Sicherheit, in jeder Sekunde spontan das tun zu können, was er gerade für richtig hält. Bei Sascha Arnz wusste man, dass er mit jeder Situation fertigwerden würde, und das entspannte gewaltig. Elstner war immer etwas nervös und sein Hemd unter den Armen stets etwas feucht, weil ihm das alles nicht so egal war wie mir. Er wollte perfekt sein und ich nur lustig. Außerdem interessierte er sich als Erfinder der Show für Details, die mir schnurz waren.

Eines Tages, den er wahrscheinlich noch oft verflucht hat, war Elstner offensichtlich der Meinung, ihm sei ein noch besseres Showkonzept eingefallen als *Wetten, dass..?* Sein neues Baby sollte *Nase vorn* heißen und war eine Spielshow, in der am Ende der Sieger – man ahnt es schon – als Erster durchs Ziel gehen würde. Gut, dass mir das keiner angeboten hat. Elstner war Feuer und Flamme, Sascha bastelte am Konzept, und Penk hatte als Unterhaltungschef bereits grünes Licht gegeben. Nur einen Nachfolger für die *Wetten, dass..?*-Moderation gab es noch nicht. Mit Arnz und Penk hatte ich bei den *Telespielen* zusammengearbeitet, Penk hatte mich ja von dort zum ZDF gelotst, und Elstner kannte ich von RTL. Die drei waren sich einig.

An den wichtigsten Moment meiner Karriere erinnere ich mich noch genau. Penk hatte mich nach meiner *Radioshow* ins Münchner Hotel Vier Jahreszeiten bestellt, wo Frank in seiner Suite auf mich wartete: »Kannst du dir vorstellen, *Wetten, dass..?* zu übernehmen?«, fragte er ohne Umschweife. »Klar«, antwortete ich ebenso schnörkellos, konnte es aber gleichzeitig nicht fassen. Ich war mit *Na so was!* inzwischen im Vorprogramm des Samstagabends gelandet, als früher Vorläufer von Affe Charly sozusagen, und hatte an dieser Stelle immer für *Wetten, dass..?* den roten Teppich ausgerollt. Jetzt sollte ich selbst am Hochaltar der deutschen Fernsehunterhaltung den Festgottesdienst abhalten …

Über Geld wurde nicht gesprochen. Ich wusste die ersten paar Jahre überhaupt nicht, was ich pro Sendung bekam. Mein

Anwalt hatte mir einen Vertrag hingelegt, den ich blind unterschrieb. Es hat mich nicht interessiert; ich wollte die Sendung machen und hätte sogar noch Geld mitgebracht, um es zu dürfen. So war das früher in meiner Radiozeit schon gewesen. Einen Manager habe ich nie gehabt und hätte auch nicht gewusst, wozu. Ich fällte also die Entscheidung, *Wetten, dass..?* zu übernehmen, innerhalb von zwei Sekunden, ohne mich mit irgendjemandem zu beraten. Wenn Frank die Geschichte erzählt, dann habe ich in diesem Moment aus seiner Suite meine Frau angerufen. Ich bestreite das. Warum auch, ich wusste, dass es nur einen Entschluss geben konnte. Und dass der richtig war, hat sich dann ja auch bestätigt.

Wie in solchen Situationen üblich, wurde strenges Stillschweigen vereinbart. Es ist für mich nie einfach, die Klappe zu halten, aber in diesem Fall hing doch zu viel davon ab. Es wurde dann auch wirklich eine Überraschung, als Frank Elstner mich bei seiner nächsten Show in Augsburg im Frühjahr 1987 aus der Kiste zog. Das ist durchaus wörtlich gemeint, denn ich hüpfte aus einer Art Schrank oder Holzverschlag. Obwohl das Thema viele Leute interessierte, war die Aufregung in den Medien nicht mit dem zu vergleichen, was da heutzutage bei Moderatorenwechseln abgeliefert wird. Auf Twitter passierte gar nichts, denn Twitter gab es noch nicht. Auch im gesamten Internet blieb es ruhig, denn das Internet gab es ebenfalls noch nicht. Es gab auch keine »Breaking News« oder aufgeregte Promi-Experten, die das Thema bei *Brisant* oder *Explosiv* diskutierten. Fernsehmagazine hießen damals *Report* oder *Monitor*, und auf dem Lerchenberg nannte man das Kind gleich beim Namen: *ZDF-Magazin.* Da saßen keine Frauke Ludowigs am Mikrofon, deren Frisur und Beine sich immer in einem bestimmten Winkel zueinander verhalten müssen, sondern barsche Kerle wie Franz Alt oder Gerhard Löwenthal, und die hatten andere Sorgen als den neuen Moderator einer Samstagabendshow. Vor allem Gerhard Löwenthal war ständig auf der Flucht vor »linken Elementen«.

Fernsehen war in erster Linie Informationsmedium. Unterhaltungsserien wie *Die Schwarzwaldklinik* oder *Das Traumschiff* wurden vom Feuilleton in Grund und Boden geschrieben, Familienshows wie *Dalli Dalli* oder auch *Wetten, dass..?* wurden entweder durch den Kakao gezogen oder mit Missachtung gestraft. Die Boulevardmedien hatten mich aber natürlich auf dem Radar, und ich maulte nicht, ich spielte mit. Ich nannte meine Lieblingsfarbe (Gold) und mein Lieblingstier (Pferd), fuhr für die Fotografen auf Rollschuhen durch die Gegend und fand, dass das alles dazugehörte.

Meine erste *Wetten, dass..?*-Sendung kam im Herbst 1987 aus der Freiheitshalle in Hof und damit aus meiner oberfränkischen Heimat. Der Hausmeister klopfte mir vorher auf die Schulter und sagte: »Doi, doi, doi, Dommy.« Ich bin einer der wenigen Überlebenden dieser ersten Ausgabe. Robert Lembke war dabei und Gunter Sachs, der später zu einem guten Freund wurde. Es gibt mehrere Bücher zu *Wetten, dass..?*, in denen bis zur Anzahl der Garderobenhaken alles aufgelistet ist, was es im Umfeld dieser Veranstaltung aufzulisten gibt. Ich habe viele dieser Bücher signiert, aber keines davon je in meinen Bücherschrank gestellt, weshalb ich jetzt auch nicht in der Lage bin, irgendwelche Fakten daraus abzuschreiben. Der interessierte Leser kann sich selbst in die Sekundärliteratur einlesen – ich wusste nie, wozu sie gut war. Quizkandidaten mögen sich fragen, wie viele Meter Kabel pro Show ausgerollt wurden, mich hat es nie interessiert. Manche »Sternstunde« habe ich glatt vergessen, manches verdränge ich, wie die Wetteinlösung in Nürnberg, bei der ich in einen Riesenbottich mit

Senf springen musste. Und manches ist zweifelsohne Fernseh-geschichte.

Ich weiß nicht, wie oft man mir den Moment vorgespielt hat, in dem ein schnurrbärtiger Mann mitten in der Livesendung gestand, dass er uns mit seiner Buntstiftwette hinters Licht geführt hatte. Ich habe den Ausschnitt so oft gesehen, dass ich mich kaum noch ans Original erinnern kann. Dass der falsche Fuffziger Farbstifte am Geschmack erkennen konnte, hatte sich so gut angehört, dass die gesamte Redaktion auf ihn hereingefallen war. Bei den Proben hatte er mit einem geheuchelten Schnupfen auf Mitleid gemacht und schniefend an der abgeklebten Skibrille manipuliert, die wir ihm als Sichtblende aufgesetzt hatten. In meinem Bestreben, der Anwalt meiner Kandidaten zu sein, bemitleidete ich den Kerl noch und nahm ihn vor der Redaktion in Schutz. Dass uns da ein Redakteur des Satiremagazins *Titanic* hereinlegen wollte, wäre mir nie in den Sinn gekommen.

Ich empfand auch den Aufschrei, der damals durch die Nation ging, als völlig übertrieben. Mein Motto war immer: Hauptsache lustig! Und ich fand den Betrug zwar gemein, aber die Idee extrem komisch. Zu fragen, warum kein Mensch in der Redaktion darauf gekommen war, selber mal an den Stiften zu lutschen, kam mir nicht in den Sinn. Irgendjemand hätte ja merken können, dass die alle gleich schmeckten. Auf jeden Fall ließ das ZDF daraufhin betrugssichere Wettbrillen herstellen, die auch bei Schnupfen, Husten und Heiserkeit »funktionieren«. Die Täterbrille hat mir die Redaktion übrigens zum Abschied als Andenken geschenkt, und der Stiftlecker arbeitet inzwischen als Bierkolumnist für eine Weinzeitung. Das ist Strafe genug.

Das Faszinierende an *Wetten, dass..?* war für mich nie die Statistik des Gebotenen, sondern die Psychologie der Show, die zu Recht als das »letzte Lagerfeuer« bezeichnet wurde, um das sich die Nation versammelte. Warum es am Schluss nur noch glimmte, interessiert mich mehr. Als ich 1987 einstieg, brannte das Lagerfeuer noch, aber man kann nicht behaupten, dass die Nation scharf darauf gewesen wäre, den Herbergsvater auszuwechseln, der es entzündet hatte. Das Gegenteil war der Fall. Ich lebte damals in München, und die *Abendzeitung* war mein Lieblingsblatt – ich hatte dort sogar eine eigene Kolumne. Das half mir aber auch nichts, denn das Blatt gab am Montag nach meiner ersten Sendung mit seiner Schlagzeile wohl die Stimmung der gesamten Nation wieder: »Wir wollen Frank Elstner zurück!« Ich fand das ärgerlich, aber absolut nachvollziehbar. Als Zuschauer hielt ich es ja selbst nicht für eine gute Idee von Frank, sich von diesem sicheren Futtertrog zurückzuziehen, um ohne Not nach neuen Weidegründen zu suchen.

Man muss ihm für diesen Mut noch im Nachhinein Respekt zollen, vor allem, weil er bald darauf in der Wüste verhungerte. *Nase vorn* verwirrte die Zuschauer – sie hingen an der simplen, aber genialen Idee von *Wetten, dass..?*, das einem fast rituellen Ablauf folgte. Die Show war inzwischen fest etabliert, die Anfangsfehler korrigiert, es fuhren keine Stühle mehr rauf und runter, und die Musik- und Filmindustrie hatte gemerkt, dass ein Auftritt ihrer Stars bei *Wetten, dass..?* der bestmögliche Werbeeinsatz für ihr neues Produkt war.

Ein paar Miesepeter raunten mir zwar zu, Elstner wolle nicht nur seine ausgelatschten Schuhe loswerden, sondern hätte, indem er sie seinem jüngeren Konkurrenten vererbte, auch gleichzeitig verhindert, dass der ihn darin überholte. Ich kann mit Gewissheit sagen, dass es diese Motivation für Frank nie gab. Er war und ist in dieser Beziehung wie ein

Kind, das zum Geburtstag die Weihnachtsgeschenke wegwirft, weil es was Neues gibt. Er war überzeugt, mit *Nase vorn* das Unterhaltungsfernsehen neu erfunden zu haben, und wünschte mir mit seinem Erbe jeden möglichen Erfolg. In späteren Jahren wird er sich vielleicht gefragt haben, ob dies ein weiser Entschluss war. Wir haben nie darüber gesprochen, aber damals erschien ihm das alles völlig logisch. Dass unser Geschäft ein riskantes ist, wusste er, und ich weiß es inzwischen auch.

Der scharfe Wind, der mir anfangs entgegenblies, flaute rasch ab. Ich hatte damals schon ein unerschütterliches Selbstbewusstsein, und die einzige Schelte, die ich mir freiwillig abholte, war die meiner Mutter. Gleich nach der Sendung, während aus der Halle noch die Schlussmelodie zu hören war, rief ich sie an – und zwar jedes Mal, bis zu ihrem Tod: »Mutti, wie war ich?«

Ich erinnere mich an Kommentare wie: »Hmmm, Thomas, du sahst schlecht aus!« Oder an Bemerkungen über Showstars, die nicht in ihr kulturelles Weltbild passten: »Wer war denn *der* Idiot?« Im Allgemeinen traf sie den Durchschnitt der Zuschauermeinung, wenn sie klagte: »Wieder nur Ausländer« oder meine Klamotten kritisch bewertete: »Du hast ausgesehen wie ein Zirkusdirektor.« Ihre Schmähungen ertrug ich mit Fassung, und wenn sie mich lobte, dann wusste ich, dass ich alles richtig gemacht hatte.

Dass ich Verrisse in Zeitungen ignorierte, machte meine Vorgesetzten etwas nervös. Ich würde nicht sagen, dass ich beratungsresistent war, aber ich folgte einer inneren Eigenregie. Die Kostümbildnerin, beim ZDF damals eine festangestellte Kraft, versuchte alles, um mich in ihre Fänge zu bekommen. Nachdem ich ihr die blauen und grauen Anzüge mit bissigen

Kommentaren gleich beim ersten Mal verleidet hatte, schleifte sie hilf- und planlos irgendwelche Flitterjacketts oder Brokatanzüge heran, von denen ich nie einen angezogen habe – so lange, bis sie es endgültig aufgab.

Es ging mir nie darum, besonders verrückt oder knallig daherzukommen, ich wollte einfach anders sein und aussehen als der Rest. Dass ich mich dabei das eine oder andere Mal vergaloppiert hatte, wird mir zu Jubiläen gern vor Augen geführt – aber jedes Mal zur Gaudi des Publikums, und darum geht es mir im Wesentlichen. Ich wusste, dass viele Männer auf dem heimischen Sofa das Kotzen kriegten, wenn ich am Samstagabend bei ihnen zu Hause einlief, und sich entsprechend Luft machten. Aber ich war überzeugt, dass viele Frauen, die schweigend danebensaßen, sich insgeheim dachten: »Wenn der Alte mal wenigstens die Strickjacke wegschmeißen würde …«

Ich hatte und habe einfach eine für viele Männer nicht nachvollziehbare Freude an Mode und offensichtlich die nötige Portion Eitelkeit, mir in Kleidung zu gefallen, bei der andere schon den Notarzt bräuchten. Ich war auch immer selber schuld daran, wie ich aussah, obwohl ich mein Leben lang das Gerücht nicht losgeworden bin, dass meine Frau mich »anzieht«. Ich knirsche immer mit den Zähnen, wenn ich es wieder mal dementieren muss, denn die Vorstellung, dass Thea mir Klamotten hinlegt, mit denen ich murrend, aber ohne Gegenwehr vor die Menschheit trete, egal ob im Fernsehen oder privat, beelendet mich. Vielleicht habe ich jetzt doch ein frühes Kindheitstrauma aufgedeckt: Ich höre die Worte meiner Mutter wieder, mit denen sie mich erbarmungslos in kurze Lederhosen, Russenkittel und Strickanzüge steckte: »Hör auf zu meckern. Das wird angezogen!«

Deswegen nutzte ich jede Chance, mich mit Klamotten auszustatten, in denen nicht jeder unterwegs war, und habe diese Auswahl auch nie anderen überlassen. Es gab immer wieder Firmen oder Designer, die versuchten, mir ihren Krempel gratis aufzuschwatzen. Junge Modemacher wollten mir Anzüge auf den Leib schneidern, und Freizeitcouturiers schickten mir ungebeten ihre abenteuerlichen Kreationen. Die Krönung waren Krawatten, die mir Heimwerker zuschickten. Gehäkelt, gestrickt, aus Bronze geschmiedet und aus Gummischläuchen recycelt. Bemalt, beschriftet, besprüht und mit Fotodesign. Ich kann mich nicht entsinnen, jemals auch nur eine davon getragen zu haben.

Irgendwann wurde natürlich aus dem Spaß, mich individuell zu kleiden, auch eine gewisse Last. Ich rutschte langsam in Kleidergrößen, in denen die Modelle, die mir gefielen, gar nicht mehr hergestellt wurden, und die Herrenmode wurde insgesamt trostloser. Zu Beginn meiner Dienstzeit bei *Wetten, dass..?* waren Abba noch Stilikonen, gegen Ende traten alle Interpreten mit Schlips und Kragen auf. Justin Timberlake marschierte ein wie ein Konfirmand, und ich wollte neben ihm nicht wie Liberace rumsitzen. Auch in dieser Beziehung wurde es also enger für mich.

Nun war meine Art, mich zu kleiden, vielleicht für drei Minuten zu Beginn der Sendung ein Thema, abendfüllend war das nicht. Der Erfolg von *Wetten, dass..?* beruhte für mich darauf, dass für einige Stunden zwei völlig unterschiedliche Welten zu einer wurden: Der Mensch von nebenan musste nur einen bizarren Einfall haben, um seine Ellenbogen an den Großen dieser Welt reiben zu dürfen, die er sonst nicht einmal aus der Ferne zu Gesicht bekommen hätte. Also begannen Leute in Rosenheim oder Pinneberg die Umrisse von Seen auswendig zu lernen oder sich die Bauchnabel ihrer Klassenkameraden zu merken. Sportlich begabte Naturen versuchten rückwärts, was vorwärts schon kaum jemand schafft, und einigen Freunden der Fauna fiel auf, dass sich Kuheuter unterschiedlich anfühlen.

Das war die Ebene, auf der die Zuschauer einstiegen. Jeder hat selbst eine Tante, die sich viel merken kann, oder einen Opa, der im Hobbykeller Unsinn macht. Und das etwas sonderbare Kind, dessen Eltern sich darüber freuen, dass es alle Opernarien erkennt, wenn sie rückwärts gesungen werden, ist uns auch schon das eine oder andere Mal begegnet. Plötzlich konnte man aus unnützen Begabungen Kapital schlagen und dabei noch Small Talk mit Paul McCartney oder Britney Spears machen. Der Bürgermeister lässt die Blasmusik aufspielen, wenn man als Wettkönig nach Hause kommt, und die Kollegen sitzen vor der Mattscheibe und können es nicht fassen.

Dazu der Aufmarsch der Showprominenz: Es gibt keine deutsche Fernsehshow, die eine vergleichbare Gästeliste vorlegen kann. Wenn ich in Hollywood damit prahle, addiere ich nicht, sondern subtrahiere: »Bis auf die Queen und den Papst war praktisch jeder da.« – »Auch Michael Jackson?« – »Zweimal!« – »Steven Spielberg?« – »Yes!« – »Tom Cruise?« – »Absolutely!« – »Leonardo DiCaprio?« – »Of course!«

Ich selbst habe den Überblick verloren. Manchmal sitzen in Malibu Hollywoodgrößen am Nebentisch, und ich frage meine Frau: »Hatte ich den/die schon in der Sendung?« Sie sagt dann: »Ja, aber geh da jetzt bloß nicht hin!« Mache ich nicht. Zumindest nicht mehr. Oft genug ist es mir passiert, dass ich auf irgendeinem roten Teppich strahlend auf einen Star zustrebte, der keine Ahnung mehr davon hatte, dass er irgendwann auf dem Sofa neben mir gesessen hatte und sich den Kopf darüber zerbrechen musste, wie viele Mücken Manfred Müller aus Minden mit seinem Mund in zwei Minuten fangen würde.

So was gab es zwar nur bei mir, aber die richtig Großen der Szene sind auf ihren Promotiontouren weltweit in Halbtrance unterwegs, müssen in Tokio rohen Fisch, in München Weißwürste und in Australien Krokodilsteak essen. Sie werden gleichzeitig von ihren eigenen PR-Leuten hofiert und den Journalisten zum Fraß vorgeworfen, müssen Dinge tun, von denen man ihnen fest versprochen hat, dass sie sie ganz bestimmt nicht tun müssen, und sind in den meisten Fällen noch dazu sensible Seelen. Vom Jetlag gequält und an der eigenen Größe schwer tragend, werden sie für ihr neues Album oder ihren aktuellen Film um die Welt gejagt und wollen einerseits ihr Produkt verkaufen, anderseits aber verdammt noch mal in Ruhe gelassen werden.

Der Umgang mit solchen Mimosen war eine dauernde Herausforderung für mich. Es gab welche, die mit Stress völlig entspannt umgingen, und andere, denen man ihre Genervtheit schon von Weitem ansah. Das bedeutet aber nicht, dass ich es mit den einen leicht und den anderen schwer gehabt hätte. Peter O'Toole ließ gutgelaunt alles mit sich geschehen, denn er hatte einen im Tee, weshalb ihm immer der Kopf zur Seite kippte. Dabei fiel ihm jedes Mal der Ohrstöpsel heraus, über den er den Dolmetscher hörte. Das schien er aber nicht zu bemerken, denn er plauderte munter weiter, nur wussten weder er noch ich, worüber. Ich saß neben Lawrence von Arabien, und der Mann war orientierungslos in der Wüste unterwegs. Also versuchte ich, ihm das Teil so unauffällig wie möglich wieder in den Gehörgang zu stopfen, worauf der alte Herr kokett zu kichern anfing, weil er dachte, ich würde ihn am Ohr kraulen.

Eine Begegnung der dritten Art waren jeweils die Auftritte von Michael Jackson, der mir wirklich aus einer anderen Welt zu kommen schien. Er war ein groß gewachsenes Kind mit einem piepsigen Stimmchen und einer Menschenscheu, wie ich sie bei einem Künstler seiner Größenordnung noch nie erlebt hatte. Das änderte sich schlagartig, wenn aus der Person Michael der Performer Jackson wurde. Dann ging ein Ruck durch seinen Körper, seine Bewegungen wurden präzise, und er strahlte eine Kraft aus, die man ihm ein paar Minuten vorher nie zugetraut hätte. Das Näschen, das man ihm zurechtgestutzt hatte, schien aus der Nähe nur von der Schminke zusammengehalten zu werden, und das Männlein selbst steckte immer in einem Pulk von Kümmerern und Wichtigtuern. Ich habe den großartigen Showstar Michael Jackson gleichzeitig bewundert und bemitleidet, wenn er bei mir zu Gast war. Gezickt hat nämlich immer nur seine Entourage. Er selbst war ein Musterbeispiel an Zurückhaltung und Liebenswürdigkeit.

Weniger harmonisch verlief der Besuch von Götz George, über den sich die Fernsehnation mehr erregte als ich, denn ich kannte sein Problem. Er wollte nicht immer und überall Kommissar Schimanski aus dem *Tatort* sein und kam nur widerwillig zu *Wetten, dass..?*, um einen erotischen Psychothriller vorzustellen, den er gerade mit Corinna Harfouch abgedreht hatte. *Solo für Klarinette* war schon vorab von den Medien verrissen worden, die *Bild* stand unter einem »Sex-Schock«, und Götz war bereits in der Garderobe total genervt. In der Show wurde er nicht fröhlicher und brachte mit seinem ständigen Genörgel das gesamte Studiopublikum gegen sich auf. Es blieb mir gar nichts anderes übrig, als ihn zu versenken. Ich verriet dem vergnügten Publikum, dass am Ende des Filmes nur einer der beiden Hauptdarsteller überlebte – und zwar nicht er.

Zu Georges Ehrenrettung muss ich sagen, dass er bei seinem nächsten Besuch wieder Humor bewies. Nachdem alle ohnehin nur darauf warteten, ob wieder die Fetzen fliegen würden, beschlossen wir schon vor der Sendung, uns in die Haare zu kriegen, und spielten das dann auch so glaubwürdig, dass wir die Sache noch in der Show aufklären mussten, weil die Telefonzentrale des ZDF überlastet war.

Ansonsten waren mir die Rocker meiner eigenen Altersklasse immer die liebsten Gäste, denn sie waren am unkompliziertesten. Phil Collins kam immer im gleichen T-Shirt, Rod Stewart immer mit dem gleichen Manager und Tina Turner immer mit der gleichen guten Laune. Elton John war schwer berechenbar, und auch Madonna war einmal zickig ohne Ende und dann wieder reizend wie die Empfangsdame beim Autohändler. Ich machte ihnen die Nummer so leicht wie möglich, versicherte allen beim Vorgespräch, dass ich nicht an ihrer Steuermoral oder ehelichen Treue interessiert sei, sondern mich ihrem neuen Produkt mit größter Begeisterung nähern würde und ihnen ansonsten keine Gefahren drohten – höchstens, mit mir Hula tanzen oder auf der Blockflöte ein Weihnachtslied spielen zu müssen. Letzteres wurde von Cher mit Bravour erledigt, und das Hüftgewackel musste ich mit Bette Midler absolvieren, was wir beide überlebten.

Diese Wetteinsätze sorgten für Dauergezänk hinter den Kulissen. Die Redaktion überbot sich an lustigen Einfällen, die deutschen Vertreter der eingeladenen Stars blockten alles von vornherein ab. Wenn ich am Donnerstagabend in Leipzig ankam, war die Lage ungefähr so: »Denzel Washington soll gerne kochen. Wir wollen, dass er eine Kochmütze aufsetzt und Leipziger Allerlei kocht, das er dann im Publikum austeilt. Sein Management sagt, er macht gar nichts, aber wenn er kommt, findet er das bestimmt super. Er soll ja sehr entspannt sein!«

Ich war es dann, der dem Künstler solche Sachen zwei Stunden vor der Sendung in seiner Garderobe schönreden sollte, und tat es meist mit wenig Überzeugung. Die Redaktion war enttäuscht von meinen diplomatischen Leistungen, wenn ich aus den entsprechenden Meetings kam: »Er kocht nicht, setzt aber kurz die Mütze auf.« Oder: »Weder kocht er, noch setzt er die Mütze auf, aber er würde einen Löffel Leipziger Allerlei essen.«

Je größer der Star, umso größer der Wirbel hinter der Bühne. Bei einigen grenzte das an Wahnsinn. Als Bill Gates mir die Ehre gab, war das gesamte deutsche Microsoft-Management in heller Aufregung und hatte sich Wettideen überlegt, die samt und sonders in irgendeiner Form Product-Placement beinhalteten. Wir bügelten also einen Vorschlag nach dem anderen ab, und die Herrschaften waren dem Infarkt nahe, als der große Meister seiner Limousine entstieg. Ich hatte mein Einzelgespräch mit ihm und bemerkte, dass er in sich ruhte. Dieser kreative Kopf wusste, was er wollte, und begriff sofort, was ich brauchte. Wie so viele Macher in seiner Liga sagte er »Whatever«, weil er verstanden hatte, dass ich *ihn* gut aussehen lassen musste, wenn *ich* gut aussehen wollte. Nichts anderes war meine Absicht, und das entspannte ihn sichtlich.

Ich hatte alle Ideen unserer und seiner Mitarbeiter auf den Müll geschmissen, und als er seine Wette verlor, musste er mir als Einsatz seinen Geldbeutel aushändigen. Ich wollte wissen, ob das Portemonnaie des reichsten Manns der Welt von Tausendern überquoll oder ob er mit seinen Kreditkarten Memory spielen konnte. Der Clou: Bill Gates besitzt keinen Geldbeutel, genau wie der Papst. Er ist entweder von Menschen umgeben, die für ihn bezahlen, weil er sie dafür bezahlt – oder er kauft nichts, weil er schon alles hat.

Die Einlösung verlorener Wetten hat mich mehr Nerven gekostet als die ganze dazugehörige Sendung. Faye Dunaway hatte sich einmal bereit erklärt, im Dirndl mit mir aufs Oktoberfest zu gehen, ließ mich aber stundenlang im Hotel warten, während sie verschiedene Outfits probierte, von denen ihr keins gefiel. Wir kamen gerade auf der Theresienwiese an, als die Zelte dichtmachten. Ein andermal musste ich dem Radweltmeister Rudi Altig 50 Kilometer auf einem Rennrad hinterherfahren. Er ist zwar ein paar Tage älter als ich, dafür ist bei ihm im Gegensatz zu mir der Hintern bereits versteinert. Auch die Wettschuld, mit einem Trabbi von Braunschweig nach Berlin zu fahren, hat weder mir noch meinen Bandscheiben besonders gutgetan.

Aber egal, worum es bei *Wetten, dass..?* ging: Die Nation nahm es zur Kenntnis, und wir drehten ein großes Rad. In meinen Anfangszeiten saßen auf der Couch Menschen, mit denen jeder etwas anfangen konnte. Jeder Enkel kannte Inge Meysel und Willy Millowitsch, jeder Opa Michael Jackson und die Spice Girls. Jeder Rockfan wusste, wer Niki Lauda, und jeder Autofan, wer David Bowie war. Das war die Gästeliste des 20. Jahrhunderts. In den Nullerjahren wurde es langsam enger, und gegen Ende des ersten Jahrzehnts nach dem Milleniumswechsel hat sich das Ganze atomisiert. Heidi Klums frisch gekürtes »Topmodel« hat eine Halbwertszeit von zwei Monaten, der Dschungelkönig eine von zwei Wochen. 50 Cent ist fünfzig Wochen lang der größte Star der Popgeschichte, und der aktuelle Spiderman muss schnell eingeladen werden, bevor der nächste Batman den neuen Superman wieder von den Kinokassen verdrängt. Das junge Publikum lebt in einer anderen Welt als das ältere, und mein Versuch, den großen

Deckel über beide zu stülpen und sie damit auf dem Fernsehsofa kurzfristig wiederzuvereinen, kann nicht mehr funktionieren.

Ich will nicht klagen – mein Verfallsdatum als Showmaster kommt exakt zum richtigen Zeitpunkt. Es gibt kein größeres Glück, als zur richtigen Zeit am richtigen Ort gewesen zu sein, wenn exakt der Job vergeben wurde, für den man geschaffen ist. Was hätte Steve Jobs gemacht, wenn er zwanzig Jahre früher geboren wäre? Auf keinen Fall Apple erfunden. Genauso wenig, wie Mark Zuckerberg Facebook in den Sechzigern zum Laufen hätte bringen können. Ich habe den größten Dampfer der deutschen Unterhaltungsgeschichte zu einer Zeit gesteuert, als alle noch Schiffsreisen machen wollten.

Als Mitte der Neunzigerjahre eine neue Form der Talentshow in den USA große Erfolge feierte, wurde ich nervös. *America's Got Talent* war als *Das Supertalent* auch auf dem Weg nach Deutschland. Ich wollte diesem Format das Wasser abgraben, bevor es uns gefährlich werden konnte. Meine Idee: Bei *Wetten, dass..?* auf einen Showact zu verzichten und stattdessen einem Zuschauer, der sich für Elvis, Sinatra oder Pavarotti hielt, die Chance zum großen Auftritt zu geben. Eine deutsche Hausfrauen-Madonna zwischen der originalen Celine Dion oder Shakira hätte beim Publikum sicher funktioniert. Meine Idee wurde von den Verantwortlichen des ZDF beiseitegewischt; von Formatverwässerung war die Rede und vom Alleinstellungsmerkmal einer Kultsendung wie *Wetten, dass..?*

Aber an dem war bereits genagt worden. Kai Pflaume und sein *Klein gegen Groß* in der ARD war nichts anderes als eine Kopie von *Kinder-Wetten, dass..?*, das wir in den Neunzigern ein paarmal gesendet hatten, aber dann zugunsten der einen oder anderen Kinderwette in den regulären Sendungen wieder aus dem Programm nahmen. Das ZDF selbst wilderte im eigenen Revier, als es mit Jörg Pilawas *Superhirn* die Geisteswetten quasi auslagerte und damit ein neues Format etablierte. Zusehends bemerkte ich, dass die Kreativität der angebotenen Wetten nachließ. Nach knapp dreißig Jahren kein Wunder. Was ertastet werden konnte, war ertastet, was errochen werden konnte, errochen worden. Es gab aber zwischendurch auch immer wieder Wetten mit völlig neuen Ideen, und es gab Sendungen, in denen weder von den Ermüdungserscheinungen noch von der nachlassenden Attraktivität unserer prominenten Gäste etwas zu spüren war. Die Quote lag immer noch weit über dem, was andere einspielten, und wir taten alles, um den Sturz in die »Einstelligkeit« zu verhindern.

Nach dem Abschied von Sascha Arnz kurz nach der Jahrtausendwende hatte Frank Hof als Regisseur die Kommandobrücke betreten und versucht, den behäbigen Unterhaltungsdampfer etwas windschlüpfriger zu gestalten und dem Zeitgeist gerechter zu werden. Trotzdem machten die Castingshows, die RTL gegen uns setzte, langsam Boden gut. Aber nicht nur der Kölner Sender zeigte neues Selbstbewusstsein, es wurde nun von allen Seiten gegen uns programmiert.

Wir waren es gewohnt gewesen, keine Konkurrenz zu haben. Wenn früher *Wetten, dass..?* im Programm des ZDF stand, wagten die anderen Sender nicht, dem Panzerkreuzer in die Quere zu kommen. Sie schwenkten in schöner Einstimmigkeit die weiße Fahne, recycelten Schrott oder hielten sich mit Wiederholungen über Wasser. Die ARD sendete jahrelang eine Dauerschleife aus alten James-Bond-Filmen. Damit war plötzlich Schluss. RTL klaute uns die Jungen, und das Erste ließ die Schunkel- und Lederhosenfraktion auf uns los. Die Volksmusikfans sind glücklich, wenn man sie mitklatschen lässt und dafür Sorge trägt, dass sie dabei nicht aus dem Takt geraten. Bei *Wetten, dass..?* war ein Mindestmaß an Flexibilität nötig, denn da saß schon mal der Kritikerpapst Marcel Reich-Ranicki mit offenem Mund auf der Wettcouch und sah dem schwarzen Multitalent Will Smith beim Rappen zu (»Wasss issst dasss?«).

In der Zange zwischen Castingshow und Volksmusik mussten wir Federn lassen, und die Medien hatten uns ebenfalls ins Visier genommen. Es gab in den Neunzigern Montage, an denen ich die Zeitungen auf der Suche nach Reaktionen auf die *Wetten, dass..?*-Show des vergangenen Samstags vergeblich durchblätterte. Wir gehörten zum Inventar des deutschen Wohnzimmers. Es lohnte sich nicht, zu berichten, dass das Sofa immer noch dort war, wo es immer gestanden hatte.

Das änderte sich nach der Jahrtausendwende mit den Onlinemedien. Die nahmen mit Vehemenz alles unter die Lupe, was nach Old School aussah. Und *Wetten, dass..?* war in den Augen der hippen Netzgemeinde nicht nur von gestern, sondern von vorgestern. Es liegt in der Natur der deutschen Sache, dass wir eine begrenzte Zahl an vorzeigbaren Stars aus Eigenanbau haben. Die Karawane der durchziehenden Berühmtheiten lief irgendwann im Kreis: Peter Maffay, Veronica Ferres, Til Schweiger, Udo Lindenberg … Ich brauchte immer das größte gemeinsame Vielfache: Leute, die jeder kannte, Gäste, die jeder sehen wollte. Klar, dass man uns bei dieser Vorhersehbarkeit irgendwann durch den Kakao ziehen konnte. Beim dritten Kandidaten, der durch Ertasten von Körperteilen zum Wettkönig wird, merkt auch der schwachsinnigste

Redakteur, dass man da einhaken kann. Und wir hatten mehr als drei solcher Fummler.

Dass ich auf meinem schicken Moderationssofa für einen Onlineredakteur auf seiner durchgesessenen Ikea-Couch eine Provokation darstelle, sehe ich ein. Die Printkollegen wollten beweisen, dass nicht nur Blogger bissig sein können, und irgendwann waren sich alle einig: *Wetten, dass..?* ist ein Auslaufmodell. Der Moderator sei ein Gralshüter des Herrenwitzes, der seine Position dazu missbrauche, weiblichen Gästen schamlos ans Knie zu gehen, anstatt sie, wie es seine öffentlich-rechtliche Pflicht wäre, journalistisch präzise und *politically correct* nach dem Woher und Wohin zu fragen.

Ich halte dies für ein großes Missverständnis. Vom Publikum wurde mir niemals vorgeworfen, meine Gäste keiner hochnotpeinlichen Befragung unterzogen zu haben, aber Journalisten bliesen oft empört die Backen auf, wenn es um meine Leistung als Interviewer ging. Sie saßen fassungslos vor der Glotze und mussten mit ansehen, wie ich Tom Cruise zu einem Duell herausforderte, in dem er auf dem Motor- und ich auf dem Dreirad unterwegs war. Dumme Kindereien, statt den Mann wegen seiner scientologischen Verirrungen an die Wand zu nageln. Sie vermissten literarisches Feingefühl bei meinem Gespräch mit Isabel Allende, cineastischen Hintergrund bei Roman Polanski, politischen Ernst bei Gorbatschow und fußballerisches Know-how bei Pelé. Perlen vor die Säue! Was hätte man aus diesen Gästen alles herausholen können! Stattdessen witzelte sich da ein journalistisch überforderter Gastgeber durch ein seichtes Gespräch, das auch noch in die Frage mündete, ob sich der Gast vorstellen könne, dass Anton Hammer aus Wuppertal seine Ehefrau Antonia mit seinem Schaufelbagger ausziehen könnte.

Ich habe diese Vorwürfe immer deswegen geduldig ertragen, weil ich journalistische Aushorchereien meiner Gäste an dieser Stelle als Themenverfehlung begriffen hätte. *Wetten, dass..?* war für mich nichts anderes als eine unbeschwerte Party, und meine einzige Sorge als Gastgeber war, dass meine Gäste hinterher fröhlich und unbeschadet nach Hause kamen. Ich wusste mich in dieser Denkhaltung bei meinem Publikum, was mir aber in der öffentlichen Bewertung meiner Leistung am Montag nach der Show wenig half.

Am Schluss kamen also mehrere Faktoren zusammen: Die Presse begann, sich auf uns einzuschießen, die Wetten wirkten wie Aufgüsse aus vorangegangenen Ausgaben, und es wurde immer schwieriger, hochkarätige Gäste in die Show zu karren. Das Personal in Hollywood gab sich zusehends zickiger, und selbst bei größtem journalistischem Wohlwollen gab es nichts, was mich an Kinderstars wie Justin Bieber und Miley Cyrus wirklich interessierte. Die deutsche A-Prominenz hatten wir schon mehrmals durch die Mangel gedreht, die B-Prominenz wurde immer unübersichtlicher – und C kam nach wie vor nicht infrage. Dazu war die Quote nun endgültig das Maß aller Dinge geworden. Und sie rutschte. In allen Berichten zum Niedergang der Samstagabendunterhaltung im Allgemeinen und von *Wetten, dass..?* im Besonderen gab es Grafiken, in denen die Erfolgskurve steil nach unten zeigte. Da wir aus lichten Höhen von fast 20 Millionen Zuschauern kamen, sahen die knappen neun oder die guten acht auch wirklich mickrig aus.

Natürlich wurde als Schuldiger auch immer der Moderator in die Mithaftung genommen. Der Mann kam nach Einschätzungen junger Kritiker aus dem Gestern und war nie im Heute angekommen. Ich war dieser Mann und kam langsam in eine Situation, in der ich es mir vorstellen konnte, den goldenen Löffel abzugeben. Aber ich geriet nicht in Hektik, denn 1992 hatte ich mich schon einmal vorzeitig verabschiedet und war dann reumütig zurückgekehrt.

Gegen Ende des letzten Jahrtausends hatte es in der deutschen Fernsehlandschaft eine Goldgräberstimmung gegeben. Die Werbewirtschaft brummte, die Privatsender waren aus der Schlüpfrigkeit ihrer Tutti-Frutti-Wahrnehmung herausgewachsen und suchten nach Programmideen, die ihnen die Öffentlich-Rechtlichen übriggelassen hatten. Man war bereit, Neues zu versuchen, und hatte das nötige Kapital, aber kein neues Personal. Also wurden die abgeworben, die bereits erfolgreich waren. Eines Tages klopfte es auch an meiner Tür. Der Sendbote des kommerziellen Fernsehens war ein in jeder Hinsicht interessanter Mensch: Helmut Thoma, ein blitzgescheiter und witziger Österreicher mit der gedrungenen Statur eines Boxers. Er blinzelte mich unternehmungslustig an und hatte so gar nichts von der biederen Behäbigkeit meiner ZDF-Vorgesetzten.

Thoma hatte den zynischen Ausspruch geprägt, dass der Köder dem Fisch und nicht dem Angler schmecken müsse, wohingegen ich als Junge meiner Schwester Raphaela ins Poesiealbum geschrieben hatte: »Wenn du Menschen fangen willst, musst du dein Herz an die Angel hängen.« Unterschiedlicher kann man sich dem Publikumserfolg nicht nähern. Dennoch: Thoma wollte mich unbedingt zu RTL holen. Er winkte mit einem Vertrag, den ich so noch nie gesehen hatte, und gab mir das Gefühl, zum Gründungspersonal einer neuen Fernsehepoche zu gehören, wenn ich nur Ja sagte. Dafür sollte ich von meinem hohen Ross steigen.

Ich tat es. Ich gebe heute zu, dass ich damals mit einer gewissen Selbstüberschätzung *Wetten, dass..?* vorschnell den

Rücken kehrte. Aber die Verlockung war groß. Man hatte mir ein Format angeboten, dem ich mich nach vielen Jahren täglicher Radiopräsenz durchaus gewachsen fühlte: eine allabendliche Late-Night-Show nach US-amerikanischem Vorbild. Johnny Carson, David Letterman und Jay Leno waren als Moderatoren dieser Sendeform zu amerikanischen Superstars aufgestiegen. Im Wesentlichen waren sie nichts anderes als freundliche Gastgeber an einem schreibtischartigen Gebilde, die jeden Abend zu später Stunde populäre, wohlgelaunte Menschen zu einem fröhlichen Small Talk bei sich begrüßten.

Im Gegensatz zum amerikanischen Talkgast tut sich ein deutscher aber ungleich schwerer, auf die Frage, wie es ihm geht, mit einem schlichten »gut« zu antworten. Er befürchtet, sich damit von seinem Publikum zu distanzieren, dem es im Allgemeinen weniger gut geht. Also hält er es für seine Pflicht, zu klagen: über schlechte Drehbücher, schlechtes Wetter oder die Gesamtsituation. Das schafft Nähe zum Zuschauer, ist aber Gift für die Stimmung und den Moderator.

In den USA hat der Gastgeber sein Geld bereits verdient, wenn er fragt: »How are you?« Nach dem euphorischen »Great« folgt eine Schnurre, in der der A-Gast von einem anderen A-Gast erzählt oder in die der B-Gast einen A-Gast einbaut. Das Studiopublikum lacht und klatscht, und zur Sicherheit blinkt noch eine rote Lampe, auf der »Applause« steht.

Thematisch dreht sich das Gespräch um das neue Buch, den neuen Film oder das neue Album des Gastes. Ohne etwas verkaufen zu wollen, kommt auch in Amerika kein Star in eine Fernsehshow. Die Zuschauer haben trotzdem Spaß. Mir hat der ehemalige Disney-Boss Michael Eisner den Erfolg von Johnny Carson einmal so erklärt: »Die Leute haben ihn geliebt, weil er so herzlich lachen konnte und sich so über seine Gäste freute.« Der Mann bekam viele, viele Millionen für seinen Job bezahlt, und David Letterman und Jay Leno verdienten 2013 je über 20 Millionen Dollar. Ich gebe dem deutschen Zuschauer völlig recht, wenn er sagt: »Dass einer herzlich lacht, wenn er pro Stunde das bekommt, was ich im Jahr verdiene, ist das Mindeste, was ich verlange.«

Mir ist bei meinem Late-Night-Job das herzliche Lachen ziemlich bald vergangen, aber nicht wegen schlechter Bezahlung. Bei RTL wurde auf den Gängen relativ schnell gehüstelt, dass die Quote nicht das war, was man sich versprochen hatte, und man begann, mit unterschiedlichen Produzenten verschiedene Richtungen auszuprobieren. Skandalthemen und Pornosternchen verkaufte ich nicht optimal, an journalistischen Herausforderungen scheiterte ich regelmäßig, und die Auftritte von Superstars, die so eine Show in den USA immer wieder ins öffentliche Bewusstsein transportieren und dort die Regel sind, waren bei uns die Ausnahme. Das ist die kurze Zusammenfassung meines Scheiterns als Late-Night-Gastgeber.

Was ich wirklich nicht konnte, war der einleitende Monolog, ein Solo aus mehr oder weniger zündenden Gags, die der Gastgeber jeden Abend zu den Ereignissen des Tages von sich gibt. Der einzige Deutsche, der das wirklich kann, ist Harald Schmidt. Ihm gelang es später, dem Late-Night-Format zu einer kurzen Scheinblüte in Deutschland zu verhelfen, die aber inzwischen auch Fernsehgeschichte ist. Late Night funktioniert bei uns nicht wirklich. Für eine fröhliche Plauderstunde ohne jeden Belang am Ende des Tages ist in Deutschland die Stimmung nie gut und der Deutsche als solcher nicht oberflächlich genug. Harald Schmidt hat aber zumindest dem Berufsstand der Gagautoren auf die Beine geholfen, die heute bei fast allen Unterhaltungsshows dem

Moderator launige Sprüche liefern, die er im Verlauf der Veranstaltung an passender Stelle aus dem Ärmel zieht.

Diese Berufssparte existierte zu meinen Late-Night-Zeiten in Deutschland noch nicht. Ich rettete mich, indem ich ein paar Leute aus der Truppe des Satiremagazins *Titanic* abwarb, deren Humor allerdings um einige Grade kälter war als meiner. Zum entsprechenden Jahrestag ließen sie mich mit einem durchlöcherten Eimer ins Studio marschieren, den ich einer kriegsfernen Generation als »Kessel von Stalingrad« präsentierte. Es schauten aber noch genügend alte Kameraden zu, und ich hätte mich wieder mal fast um Kopf und Kragen geredet.

Das passierte dann etwas später, als wir 1992 auf der krampfhaften Suche nach Aufmerksamkeit den Fehler machten, den Vorsitzenden der rechtslastigen Republikaner, Franz Schönhuber, als Gast einzuladen. Naiverweise hielt ich das Risiko für beherrschbar, denn derselbe Mann war zu meinen Anfangszeiten Programmdirektor des Bayerischen Fernsehens gewesen. Ich konnte mir einfach nicht vorstellen, dass jemand, der einen solchen Posten verantwortlich innegehabt hatte, so weit dem rechten Wahn verfallen sein konnte, dass sich nicht mehr vernünftig mit ihm reden ließ. Zu meiner Sicherheit holte ich den renommierten Autor und Journalisten Dagobert Lindlau zur Hilfe, der mich vor dem Interview briefte. Es half nichts, ich hatte mich mit dem rechtsgebürsteten Populisten schwer verhoben und war einem wochenlangen Trommelfeuer der Medien ausgesetzt. Das legte sich erst, als ich durch meine Teilnahme an einer Lichterkette, die sich quer durch München zog, mit heißem Wachs betropft und mit ernstem Gesicht öffentlich Buße tat.

Versuche, mich journalistisch zu profilieren, habe ich seitdem unterlassen. Dabei war mein Late-Night-Ausflug, was die

Quoten betraf, im Rückblick recht erfolgreich. Als Claudia Schiffer bei mir war, sahen dreieinhalb Millionen Menschen zu, und meine Gästeliste konnte sich über die vier Jahre insgesamt durchaus sehen lassen. Da saßen Sophia Loren mit Marcello Mastroianni und Anthony Quinn mit Gina Lollobrigida auf meiner Couch. Marcel Reich-Ranicki stellte der Porno-Queen Teresa Orlowski kompetente Fragen, und bei mir verriet Pierce Brosnan, der damals noch als Privatdetektiv Remington Steele im US-Fernsehen zu sehen war, dass er der neue James Bond sein würde. Cat Stevens sang Verse aus dem Koran, und Omar Sharif enthüllte ein neues Mercedes-Modell.

Das sahen damals in schöner Regelmäßigkeit über zwei Millionen Menschen – nicht genug, um den Sender wirklich glücklich zu machen. Helmut Thoma war zwar zufrieden, aber seinem jungen Programmchef Marc Conrad war ich nicht hip genug. Die Medien sahen die Show einerseits als Abklatsch des US-Originals, andererseits machten sie sich darüber lustig, dass bei Letterman Billy Joel saß und bei mir Roland Kaiser.

Auf dem Thron, der mich zum König der Unterhaltung gemacht hatte, saß inzwischen ein Ossi. Das ZDF hatte nach meinem Überlaufen zu den Privaten sofort reagiert und mich durch den TV-Darling der befreiten DDR ersetzt: Wolfgang Lippert. Sein erster Auftritt bei *Wetten, dass..?* war auch gleich sein bester: Ich hatte damals schon meinen ersten Bandscheibenvorfall hinter mir und war nie durch athletische Bestleistungen aufgefallen; deswegen bewegte ich mich auch mit einer gewissen Behäbigkeit durch meine Sendungen. Lippert hingegen nahm Anlauf und sprang die Showtreppe von *Wetten, dass..?* hinunter, ohne auch nur eine Stufe zu berühren.

Die Sympathiewerte für ihn waren hoch, die Medien gaben ihm eine Menge Kredit, und er fand sich rasch in die Sendung ein. Ich versuchte, auf meiner neuen Baustelle klarzukommen, und verdrängte die Formel »Topp, die Wette gilt!« aus meinem Bewusstsein. Dorthin kehrte die Show erst wieder zurück, als der Late-Night-Schuh zu drücken begann. Unterhaltungschef beim ZDF war mittlerweile Fred Kogel geworden. Kogel war einer der DJs gewesen, die mich bei *Pop nach 8* beerbt hatten – der Nachwuchs hatte angefangen, das Feld zu beherrschen. Er war Hip-Hop-Fan und mir schon allein deswegen suspekt. Ich hatte immer gedacht, er und Lippi seien ein Herz und eine Seele – bis zu einem Vorfall, der in meinen Augen schlimmer war als mein »Kessel von Stalingrad«.

Ich knirschte schon mit den Zähnen, als ich auf Wolfgangs *Wetten, dass..?*-Couch Paul McCartney sehen musste. Den gönnte ich ihm dann doch nicht. Ich hatte den Ex-Beatle vorher bereits ein paarmal getroffen, später hat er mich in meiner Garderobe einmal persönlich aus der Dusche gezogen und einen *great lad* genannt, einen großartigen Burschen. Das war eine Heiligsprechung, denn für mich war Paul der Gottvater der Popmusik. Und nun saß er schwitzend neben Lippi, und ich traute meinen Augen nicht, als dieser sein Taschentuch zückte und meinem Idol damit die Stirn abtupfte. Ich dachte, das kann der mit einem Puhdy machen, aber nicht mit meinem Lieblings-Beatle, griff zum Telefon und protestierte offiziell bei Fred Kogel.

Zu meiner Verwunderung war auch der neue Unterhaltungschef nicht allzu glücklich mit seinem Moderator. Er sagte es nicht, aber ich hörte heraus, dass er nichts dagegen hätte, wenn ich wieder nach Hause käme. Für mich eine zweischneidige Situation. Einerseits wussten alle, dass ich bei *Gott-*

schalk Late Night unter Druck stand, ich selber am allerbesten. Zum anderen waberte gerade ein Ost-West-Dialog der besonderen Art durch die Medien. Die »Besser-Wessis« standen den »Jammer-Ossis« bei Weitem nicht mehr so begeistert in der Fahrspur wie noch beim Blumenkorso nach der Maueröffnung, und die Westler, die sich in Leipzig und Rostock die Häuser der Großeltern zurückholen wollten, wurden dort auch nicht gerade mit Konfettiregen empfangen. In dieser aufgeheizten Atmosphäre wäre es kein gutes Signal gewesen, wenn sich der West-Großkotz sein Schloss einfach wiederholte, in dem es sich der rechtmäßige Ost-Erbe gerade erst gemütlich gemacht hatte.

Das Ganze verlangte in seiner Sensibilität nach »Chefaufmerksamkeit«, und in der Tat nahm sich der diplomatische und charismatische ZDF-Intendant Dieter Stolte der Causa persönlich an. Ich wurde zu einem vertraulichen Treffen in seinem Privathaus in Mainz bestellt, und es war uns beiden klar, dass die »Rochade«, wie Stolte es nannte, nicht auf Kosten von Wolfgang Lippert gehen dürfe. Sein Plan: In der Fernsehshow *Der Große Preis* würde eine Rettungsaktion für die Dresdener Frauenkirche gestartet werden, und da wäre der Kollege aus dem Osten doch genau der richtige Mann!

Ob das der Kollege aus dem Osten auch so sah, wagte ich zu bezweifeln, aber ich widerspreche Intendanten nur in Ausnahmefällen.

Dafür sprach ich mit meinem Kölner Arbeitgeber Helmut Thoma, der als gewiefter Stratege nichts dagegen hatte, wenn die Konkurrenz seinem schwächelnden Nachtstar etwas Luft unter die Flügel pumpen würde. Er unterstützte meine Rückkehr zu *Wetten, dass..?*, und als der Deal publik wurde, zog ich feige den Kopf ein und machte mich vor Lippi unsichtbar. Dem Ruf des Lerchenbergs würde ich mich nicht verweigern – wenn mich die Heimat brauchte, hatte ich anzutreten. Die Presse ließ sich das Thema nicht entgehen. Ich habe aus gutem Grund nie Artikel über mich aus Zeitungen geschnitten. Hätte ich die positiven aufgehoben, müsste ich mich heute auch noch über die negativen ärgern. Aber ich weiß noch gut, dass es nicht ohne Blutvergießen ging.

Lippert war genauso sauer wie jeder Fußballer, der vom Platz genommen wird, obwohl er glaubt, alles richtig gemacht zu haben. Aber die Journalisten scheiterten mit dem Versuch, einen Keil zwischen uns beide zu treiben, denn Wolfgang zeigte Größe und verzichtete darauf, mich madig zu machen, obwohl ich das durchaus verstanden hätte.

Mir war nicht wohl in meiner Haut, als ich zur ersten Sendung nach meiner Wiedereinwechslung von München nach Graz fuhr. Ich war froh, dass die Show aus dem im Ost-West-Streit neutralen Österreich kam, nicht auszudenken, welches Pfeifkonzert mir in Dresden sicher gewesen wäre.

Der Zufall stellte mir für mein Comeback einen Mann an die Seite, den die Deutschen für immer ins Herz geschlossen hatten: Heinz Rühmann. Die Schmach, von Adolf Hitler gemocht worden zu sein, musste er sich zwar mit jedem deutschen Schäferhund teilen, aber der Beliebtheit von beiden hat das keinen Abbruch getan.

Rühmann zählte zu den wenigen Stars, die man fast nie in TV-Shows sah. Dass er nun doch auftrat, hatte einen ganz banalen Grund: Rühmanns Frau Hertha wollte seinen alten Jaguar, dessen Öl ihr die Garage volltropfte, für einen guten Zweck versteigern und hatte ihren Mann zu dem Auftritt überredet. Für mich war das eine Art zusätzlicher Lebensversicherung. Ich erschien in einem Frack von Versace zum erneuten Dienstbeginn, und es kam zu der eigenartigen Situation, dass der kleine Herr, der da an meinem Arm die Showtreppe hinunterwackelte, mich in Wahrheit mehr stützte als ich ihn. Gnadenlos sonnte ich mich in den Standing Ovations für den deutschen Leinwandhelden und schnorrte von dem Beifall, den ihm das Grazer Publikum spendete. Wolfgang Lippert gegenüber hatte ich ein furchtbar schlechtes Gewissen und hoffte, dass er nicht zuschauen konnte, weil er irgendwo an der Ostsee auf der Bühne stand und »Erna kommt« sang.

Ich fasste schell wieder Tritt im Format und stieg mit *Wetten, dass..?* noch einmal zu lichten Höhen empor, während ich als Late-Night-Talker die Kurve nicht mehr kriegte. 1995 war Schluss. Ich habe immer ein bisschen damit gehadert, diese Chance nicht besser genutzt zu haben. Helmut Thoma verzeiht mir bis heute nicht, dass ich bei *Late Night* hingeschmissen habe. Er sagt mir jedes Mal, wenn wir uns sehen, ich könnte da heute noch senden, und damit liegt er wahrscheinlich nicht falsch: David Letterman hat gerade, nach zweiundzwanzig Jahren Late-Night-Einsatz, beschlossen aufzuhören.

Der Erfolg bei *Wetten, dass..?* verhinderte allerdings, dass ich mich lange über die versemmelte Chance grämte.

Leo Kirch war zu diesem Zeitpunkt intensiv bemüht, sein Sat.1 nach vorn zu bringen, und hatte dafür Fred Kogel vom ZDF abgeworben und zum Programmchef gemacht. Auf Kogels Vermittlung hin kam es zu einer denkwürdigen Kleinbusfahrt, nach deren Ende das Dreigestirn des damaligen Unterhaltungsfernsehens – Harald Schmidt, Günther Jauch und ich – im Büro von Leo Kirch aufschlug, der uns persönlich aus einem Bocksbeutel fränkischen Wein vom eigenen Gut servierte. Ich war der Einzige von uns dreien, der hängenblieb, und moderierte von da an zusätzlich zu meinem ZDF-Engagement auf Sat.1 eine *Hausparty* nach britischem Vorbild. Damit hatte ich den Grand Slam geschafft und bin, glaube ich, der einzige Fernsehmoderator in Deutschland, der sich bei allen großen vier Fernsehveranstaltern durchgefuttert hat. Allerdings strahlte die Sonne von *Wetten, dass..?* immer so hell über mir, dass der eine oder andere Moment meines Wirkens in gnädigem Schatten blieb.

Bis auch über dieser Insel der Seligen immer öfter Wolken aufzogen. Es wurde bereits viel über dieses Phänomen geschrieben, und ich habe mich bisher an der Diskussion nicht beteiligt, denn der sinkende Stern von *Wetten, dass..?* zog ja auch mich mit sich in die Götterdämmerung. Lange genug hatte sie uns verschont, obwohl wir den Atem der Verfolger bereits im Nacken spürten. *Wetten, dass..?* schlug sich immer noch tapfer, trotz zunehmender Kritik und abnehmender Originalität der Wetten. Es war etwas anderes, das uns zu schaffen machte: ein Stimmungswechsel in der Mentalität unserer Zuschauer. Prominente Gäste hin oder her, die Sendung lebte zuallererst von den Wetten und der Tatsache, dass die Zuschauer staunend zu Hause saßen und nicht für möglich hielten, was wir ihnen da präsentierten. Aber gerade bei den jungen Zuschauern setzte sich zunehmend etwas durch, das ich als »*Jackass*-Mentalität« bezeichnen würde.

Der amerikanische Musiksender MTV hatte 2002 damit begonnen, eine Realityserie unter dem Titel *Jackass* (was so was wie »Volltrottel« bedeutet) auszustrahlen, die bald zum Albtraum aller Erziehungsberechtigten wurde. Eine Horde halbwüchsiger Idioten unter Leitung von Johnny Knoxville und Spike Jonze tat alles, was man seinen Kindern gemeinhin verbietet. Sie fuhren unter großem Geschrei in einem Einkaufswagen eine abschüssige Straße hinunter, wobei sie entweder umfielen oder gegen die Wand krachten, ließen sich von Krokodilen in die Brustwarzen beißen oder starteten Feuerwerksraketen aus dem eigenen Hintern. Das war grober Unfug als

Fernsehformat, und je absurder und unappetitlicher die Idee war, desto begeisterter johlte das jugendliche Publikum. Hauptsache »krass«, und je krasser, desto besser. Wer sich nicht die laufenden Shows antun wollte, bekam ein »Best Of« über Youtube auf den Laptop geliefert, und die Fans tauschten ihre Favoriten untereinander aus.

Bei uns traten brave Kinder auf, die ganze Bücher auswendig gelernt hatten oder sich zweihundertfünfzig Fußballsammelbilder merken konnten. Danach grüßten sie ihre Schulklassen und Sportvereine. Cool war das für junge Zuschauer nicht mehr. Wir kriegten langsam das Gefühl, mit unseren freundlichen Wetten dort angekommen zu sein, wo Hans Rosenthal vor knapp dreißig Jahren Schluss gemacht hatte. Außerdem hatte man in den Castingshows die Emotion als Stilmittel entdeckt – Freude und Verzweiflung der Kandidaten wurden in Slow Motion und ewiger Wiederholung dem Zuschauer so lange ins Hirn massiert, bis dieser wirklich glaubte, Augenzeuge großer Gefühle zu sein. Bei uns reckte der Wettkönig einmal die Faust zum Himmel und tuckerte dann in seinem gewonnenen Audi aus der Halle. Die Superstars und Supertalente sangen und tanzten für die alzheimernde Oma oder den arbeitslosen Vater, weinten vor Glück oder Unglück bittere Tränen und ließen das Publikum bei Triumph oder Elend tief in die eigene Seele blicken, zumindest so weit, wie die Kamera folgen konnte. Unsere Kandidaten erkannten ganz ohne Bühnennebel, Slow Motion und Geigenschluchzen Hühner an ihren Eiern, die Konkurrenz aber täuschte großes Gefühlskino vor. Man fing an, uns das Defizit unter die Nase zu reiben.

Eine letzte Gelegenheit, bei der sich *Wetten, dass..?* zu alter Größe aufschwingen konnte, boten die Sommerausgaben der Show aus der Stierkampfarena auf Mallorca. Ich gebe zu, dass mich dort jedes Mal ein gewisser Größenwahn ergriff. Ob ich Ben-Hur-mäßig hoch zu Ross eintrabte oder zu Hardrockmusik auf einer Harley-Davidson durch den Sand der Arena knatterte – mir war bewusst, dass ich die knapp zehntausend Besucher dreieinhalb Stunden bei Stimmung halten musste, und ich war mir sicher, dass ich das hinkriegen würde.

Auf Mallorca begann übrigens auch die Zusammenarbeit mit Michelle Hunziker. Sie saß 2009 als Promigast auf meiner Couch in der Arena, und ich merkte nicht nur, wie gut sie beim Publikum ankam, sondern auch, dass die Chemie zwischen uns beiden stimmte. Als ich meiner Redaktion vorschlug, sie für die kommenden Staffeln als Co-Moderatorin für mich zu engagieren, hielt sich die Begeisterung bei den Kollegen in Grenzen. Ich setzte mich durch, und Michelle begleitete mich die folgenden Jahre charmant durch den Showdown von *Wetten, dass..?* Neben den vielen komplizierten und schwierigen Damen, die ich als Moderator zu verarzten hatte, war Michelle immer eine Wohltat. Sie war völlig frei von jeder Zickigkeit, ihre gute Laune war echt und ihre Fröhlichkeit nicht aufgesetzt. Frauen mochten sie, und Männer beneideten mich um meine schöne Mitarbeiterin. Letzten Endes ist sie mir aber doch mit dem Sohn eines italienischen Industriellen durchgegangen.

Trotz Michelle spürte ich schon bei der Mallorca-Ausgabe von 2010 eine gewisse Torschlusspanik: Das würde alles nicht mehr lange gut gehen, und ich wollte mir langsam eine Ausstiegsstrategie einfallen lassen, bevor mir das Gesetz des Handelns entglitt und ich nicht mehr Täter, sondern nur noch Opfer wäre. Mit diesen Gedanken war ich nicht ganz allein. Manfred Teubner, der damalige Unterhaltungschef des ZDF, und mein engagierter Redakteur Markus Templin kannten mich gut genug, um zu wissen, dass ich weder zur Depression neigte noch zum verfrühten Selbstmord aus Angst vor dem Tod. Aber sie saßen mit mir im selben Boot, und wir machten uns alle drei nichts vor: Von den fünf Wetten für die nächste Show waren drei handelsüblich, eine okay und eine richtig gut. Das war so das durchschnittliche Angebot. Bei den Gästen war es ähnlich: Die beiden festen Zusagen waren »okay«, zwei weitere A-Gäste wollten es sich noch überlegen, und der Superstar, den wir brauchten, war zwar in London, aber Management und Filmfirma seien »noch im Gespräch«.

Das Ganze wurde mehr und mehr zur Lotterie, und wir zogen immer häufiger auch Nieten. Ich kriegte langsam kalte Füße, aber dann glückte uns doch immer wieder eine Show mit einer Wette, über die jeder sprach. Oder Lady Gaga ließ sich überreden, statt an die Côte d'Azur nach Freiburg zu reisen. Ich weiß nicht, ob ich mich noch heute in diesem Gemützustand von Sendung zu Sendung schwindeln würde oder ob ich schon der Quotenschwindsucht erlegen wäre, aber es ist müßig, darüber nachzudenken.

Mein Schicksal als Moderator von *Wetten, dass..?* entschied sich am 4. Dezember 2010 in Düsseldorf.

Wie üblich traf ich mich mit den Kandidaten der Sendung am Freitagabend nach der Generalprobe in der Hotelbar. Die »richtig gute« Wette kam diesmal von einem jungen Mann, der auf federnden Stelzen über fahrende Autos springen wollte. Das war genau die Art von Wette, die wir in der aktuellen Situation brauchten. Auch die Youtube-Fans würden sie »liken«, mit Kommentaren im Bereich von »cool« bis »krass« – genau da, wo wir gern hinwollten und wo wir immer seltener hinkamen. Der Kandidat selbst war der Prototyp dieser neuen Spezies von Zuschauern, die uns in Scharen davonliefen: Beanie auf dem Hinterkopf, Mädchenschwarm und Modellathlet.

Trotzdem war Samuel Koch nicht der Typ, der sich zur Begeisterung des Pöbels die Arschbacken zusammentackert. Er war ein leiser, höflicher junger Mann, der seine ganze Familie im Schlepptau hatte. Die war – ganz untypisch für so einen coolen Gesellen – religiös und sprach auch darüber. Bei unserer Begrüßung an jenem Abend ging es in erster Linie um die Chancen, die sich Samuel mit seinem Stunt eröffnen wollte. Er war überzeugt, dass das Showgeschäft auf ihn wartete, und im Gegensatz zu karaokeerprobten Casting-Narren hatte er einiges zu bieten. Er war Leistungsturner und fantasierte nicht von Hauptrollen als Serienstar, sondern wollte sich erst mal als Stuntman einen Namen machen. Solide Grundvoraussetzungen also für jemanden, der bereit war für den ersten Schritt ins Licht der Scheinwerfer.

Es wurde nach seinem Unfall viel darüber spekuliert, ob es auch bei den Sendeverantwortlichen Fehlentscheidungen gegeben hatte. Vor allem unsere Kooperation mit Audi wurde mehrfach für einen Vorwurf bemüht, den ich als besonders perfide empfand. Samuel hatte sich im Vorfeld der Wette, von der Redaktion unbeeinflusst, für mehrere Fahrzeugtypen entschieden – eines der Autos war ein Audi. Michelle Hunziker und ich hatten bei den Proben festgestellt, dass Samuel mühelos über die kleinen Smarts segelte, und wir hielten das für spektakulär genug, zumal Samuel bei einem der größeren Fahrzeuge nach der Landung einmal kurz gestrauchelt war.

Ich nutzte das Gespräch am Abend also auch dazu, ihm noch einmal klarzumachen, dass übertriebener Ehrgeiz kontraproduktiv wirken könne. Locker über eine Reihe zügig heranfahrender Kleinwagen zu springen, ist eine Kunst, die wenige beherrschen. Warum ein paar Limousinen dabei sein mussten, war für mich nicht nachvollziehbar. Samuel bestand darauf, dass er die Wette genau so eingeübt habe und eine Änderung in letzter Minute für ihn das größere Risiko wäre. Ich ließ mich überzeugen, wünschte mir aber später, ich wäre hartnäckiger geblieben.

Es gab mit vielen Kandidaten flüchtig-freundliche Begegnungen vor der Show, obwohl der eigentliche »Kandidatentreff« ein halbstündiges Ritual am Nachmittag der Generalprobe war. Dass ich mit Samuel – und nur an ihn kann ich mich erinnern, wenn ich an diesen Abend zurückdenke – so ein bewusstes Aufeinandertreffen vor der Show hatte, berührt mich ganz besonders, weil ich diesen sportlichen Jungen noch heute vor mir stehen sehe, aber nun weiß, dass er nach menschlichem Ermessen wohl nie mehr stehen wird.

Ich hatte in dieser Show eine attraktive Gästeliste wie schon lange nicht mehr. Der Teenieschwarm Justin Bieber war ebenso angereist wie die Poplegende Cher; der frischgebackene Oscargewinner Christoph Waltz saß bereits mit Cameron Diaz in der Garderobe. Falls meine Stadtwette – an die ich mich nicht mehr erinnere – verloren ginge, würde ich mich von der hippen amerikanischen Tattoo-Queen Kat Von D stechen lassen. Es sollte nie dazu kommen.

Die folgenden Minuten haben sich in mein Hirn eingebrannt, und wenn Sie die Sendung gesehen haben, sicher auch in Ihres. Es gehört zur Tragik dieses Unfalls, dass Samuels Vater das Auto steuerte, bei dem der Kandidat stürzte. Ich habe das in der Moderation noch marktschreierisch hervorgehoben, wofür ich mich später geniert habe. Ich habe Samuel nach dem ersten Fehlversuch in der Probe noch einmal darum gebeten, die größeren Fahrzeuge einfach wegzulassen. Sein Ehrgeiz war größer als meine Bedenken, und er ließ sich auf keine Kompromisse ein. Ich sehe ihn mit seinem Helm, zu dem wir ihn noch überreden mussten, auf diesen technologisch komplizierten Stelzen anlaufen, während sein Vater langsam auf die abgesprochene Markierung zufährt. Der Rest ist ein trauriges Stück Fernsehgeschichte und für mich das Ende einer Illusion.

Ich hatte in vielen Interviews die Frage danach, was passieren müsse, dass mir in einer Fernsehshow einmal die Worte wegbleiben würden, reflexhaft geantwortet: Mir würde immer etwas Passendes einfallen, nur Not und Tod mögen mir erspart bleiben, denn dafür ist in meiner Welt kein Platz vorgesehen. Ich hatte gefährlichere Stunts in meinen Shows gehabt: Luftakrobaten, die mit Fallschirmen unterwegs waren, rasende Autos und Motorräder, waghalsige Fassadenkletterer. Aber es war nie etwas Ernstes passiert. Es gab Sicherheitsingenieure und Mediziner, die alle möglichen Risiken im Vorfeld begutachteten und gegebenenfalls ausschlossen.

Nun lag da ein Mensch reglos auf dem Hallenboden in Düsseldorf, das Publikum hielt vor Schreck den Atem an, und ein Arzt lief aus einer der ersten Reihen auf den Verunglückten zu. Ich wusste sofort, dass das keine Bagatelle war, hoffte aber inständig, mich zu irren, weil eben in meiner Welt nicht sein kann, was nicht sein darf. Der Löwe frisst den Dompteur nicht, der Hochseilartist stürzt nicht ab, und die zersägte Jungfrau ist am Ende wieder heil. Das sind die Gesetze des Showgeschäfts, und daran hatte ich auch deswegen geglaubt, weil sie sich für mich immer bestätigt hatten. Ich war zu Beginn einer Liveshow mit dem Fallschirm abgesprungen und hatte trotz meiner Bedenken den Sprung durchmoderiert. Ich hatte für eine Fernsehgala den Löwenkäfig betreten und den angstfreien Dompteur gegeben – auch deswegen, weil ich überzeugt war, dass man vor laufenden Kameras nicht sterben kann.

Samuel stand nicht auf, und ich konnte nicht zur Tagesordnung übergehen. Superstars, die aus der halben Welt angereist waren, saßen schockiert hinter der Bühne, Produktionskosten in Millionenhöhe waren bereits ausgegeben, und von irgendwoher schlich sich die alte Durchhalteparole in mein Hirn, die in solchen Fällen immer gern bemüht wird: »The show must go on.« Die Kameras waren allesamt zur Unglücksstelle gefahren – von manchen Zuschauern in der Halle wurde das als Sensationslust missverstanden, dabei ging es nur darum, mit den aufgesetzten Scheinwerfern den Ersthelfern Licht zu geben. Der Blick auf den Verunglückten war mit Decken verhängt worden. Michelle war den Tränen nahe, ich wusste, dass wir schnell eine Entscheidung treffen mussten. Es war einfach unvorstellbar, dass viele Millionen, die eingeschaltet hatten, um mit mir Spaß zu haben, nun ebenso hilflos wie ich auf die Tragödie starrten, die sich da vor unseren Augen live und in Farbe abspielte. Ich besprach mich kurz mit dem Unterhaltungschef Manfred Teubner, und wir waren uns einig: Hier ist Schluss mit lustig. Der Kandidat war auf dem Weg in die Klinik, ein schnelles Happy End würde es nicht geben. Not und Tod hatten mich eingeholt. Wir brachen die Sendung ab.

Ich sammelte mich kurz, verabschiedete mich vom Publikum am Bildschirm und in der Halle und rang zum ersten Mal in meiner Showkarriere um Worte. Ich musste sie finden, denn in den anschließenden *heute*-Nachrichten sollte ich ein Livestatement abgeben, und die ersten Informationen aus der Klinik waren nicht gut. Samuel hatte auf dem Transport »eingetrübt«, er war nicht ansprechbar. Ich war so sehr auf meinen Alles-wird-gut-Reflex fixiert, dass ich das einfach nicht glauben wollte; aber ich fand dann in den Nachrichten doch zu einem Ton, der professionell und der Situation angemessen war. In der Hektik konnte ich mir nichts aufschreiben oder gar einen Teleprompter mit einem vorgefertigten Text bestücken. Ich musste die schwierigste Ansage meines Lebens live und aus dem Stand machen. Es kam mir zu Hilfe, dass ich immer versucht hatte, »echt« zu bleiben, und nicht auf die Texte fremder Einflüsterer angewiesen war.

Der Ernst, der mir sonst so fremd ist, hatte sich in der Dramatik des Erlebten von selbst eingestellt. Ich war am Ende meiner Kunst angekommen und sagte das den Zuschauern auch. Noch kurze Zeit vorher lief ich, vollgepumpt mit Adrenalin, auf Autopilot und steuerte die Show im Blindflug durch Nebel und Turbulenzen. Plötzlich war mein Kandidat bruchgelandet. Die folgende Nacht war eine Folter. Ich wusste, dass ich nicht zur Tagesordnung zurückkehren konnte, wenn die Befürchtungen sich bestätigen sollten, dass Samuel Koch gelähmt bleiben würde. Gerade weil ich das Gefühl gehabt hatte, dass diese spektakuläre Wette zu einem Zeitpunkt in der Show war, zu dem wir Aufmerksamkeit dringend brauchten, plagte mich das schlechte Gewissen.

Als mich am nächsten Morgen Samuels Familie in meinem Hotelzimmer besuchte, hoffte ich zumindest auf Teilentwarnung. Vergeblich. Ich fühlte mich in einer Weise verantwortlich, die ich kaum beschreiben kann. Ich war so sehr zum Gesicht dieser Sendung geworden, dass ich mich auch als deren Gewissen verstand. Ich schlug Samuels Eltern vor, zusammen zu beten. Ich wusste, sie waren gläubig, ein Gebet schien mir in dieser Situation der Hilflosigkeit eine angemessene Reaktion.

Das Vaterunser gehört eigentlich nicht in den Werkzeugkoffer des Entertainers. Trotzdem musste ich nicht nach den Worten suchen, denn in meinem persönlichen Leben habe ich dieses Gebet durchaus jederzeit parat.

In diesem Moment wollte ich dem frommen Wunsch »Dein Wille geschehe« allerdings nicht folgen. Es konnte nicht der Wille eines gütigen Gottes sein, dass dieser junge Kerl nie mehr auf seinen eigenen Beinen würde stehen können, weil er eine überflüssige und letztendlich unsinnige Wette angeboten und verloren hatte ...

Nach einiger Zeit, ich hatte inzwischen Samuel in einer Spezialklinik in der Schweiz besucht, wurde es langsam zur Gewissheit: Samuel musste seine Zukunft neu planen, und selbst ich als großer Verdrängungskünstler konnte mich aus den Konsequenzen dieser Tragödie nicht herausmogeln. Siegfried Fischbacher von Siegfried und Roy hat mir später erzählt, dass er ein ähnliches Aha-Erlebnis hatte, als sein Partner auf der Bühne von einem Tiger in den Kopf gebissen wurde. Siegfried war sofort klar, dass seine Karriere in diesem Augenblick ebenfalls beendet war. Ein anderer war das Opfer der Tigerattacke geworden, aber er wusste instinktiv, welche Folgen sich daraus auch für ihn ergeben würden. Die Frage nach einem Karriereende, die er immer wieder vor sich hergeschoben hatte, war plötzlich ohne sein Zutun beantwortet worden. Das Schicksal hatte ihm die Entscheidung abgenommen.

Mir ging es nicht unähnlich. Die Tür zum Ausstieg hatte sich plötzlich geöffnet, auf die unglücklichste Art und Weise, die ich mir vorstellen konnte. Ich entschloss mich, sie zu durchschreiten.

ROAD TO NOWHERE

Talking Heads

Ich hatte keine Ahnung, wie es weitergehen würde, aber mir war klar, dass ich mit meinem Abschied von *Wetten, dass..?* den Zenit meines Erfolgs hinter mir gelassen hatte. Die Spitzenposition, die ich gepachtet zu haben glaubte, war weg. Der Unfall war ja nur der Auslöser eines Abschieds, vor dem ich mich einerseits gedrückt, den ich aber auch manchmal herbeigesehnt hatte. Nun gab es diese eindeutige Zäsur, und ich war gezwungen, neu zu planen. Ich stand vor der Entscheidung, in Malibu unter Palmen vor mich hin zu rentnern, in Deutschland als »Titan im Ruhestand« segnend über die Lande zu ziehen oder noch einen Angriff zu wagen. Hätte ich mich nach den Abschiedsfeierlichkeiten und dem Quotensegen für die letzte Show im Dezember 2011 winkend aufs Altenteil begeben, hätte man mich zwar heiliggesprochen, aber das Nächste, was ich aus Deutschland gehört hätte, wäre mein Nachruf gewesen.

Günther Jauch riet mir zu einer »Denkpause«, da mein Ruhm nicht über Nacht verblassen würde. Mein Werbepartner Haribo, bei dem ich seit 1991 unter Vertrag stand, wäre weniger glücklich gewesen, wenn mein Gesicht auf unbestimmte Zeit von der Mattscheibe verschwunden wäre. Meine Frau befürchtete, ich würde mir einen Hund zulegen oder anfangen, Golf zu spielen. Und ich? Ich machte geistig Inventur und ging dabei noch mal zurück an meine Wurzeln.

Ich bin weder zum Revolutionär geboren, noch gehöre ich zu jenen, die von Natur aus alles infrage stellen – mich selbst schon gar nicht. Bis zu diesem Punkt war ich mit einem gesegneten Selbstvertrauen durchs Leben gegangen, und wenn ich damit mal am Ende war, hatte automatisch das Gottvertrauen eingesetzt. Diese Festung habe ich lange verteidigt, und sie schien mir allen Stürmen gewachsen. Und doch muss ich heute mit einiger Betrübnis feststellen, dass sie zwar nicht in Trümmern liegt, wohl aber bedenklich wackelt.

Ich hatte früh gemerkt, dass mir die Dampfplauderei locker von den Lippen ging. Da ich aber beim Erarbeiten von Fakten relativ schnell und häufig einschlief, entschloss ich mich, aus dieser Not eine Tugend zu machen, und suchte mein Heil im gesprochenen Wort, das mir oft schon vor dem dazugehörigen Gedanken entfuhr. Dass diese Technik zu nichts führen konnte, habe ich als Schüler früh erfahren, und auch als Lehrer wäre ich wohl nicht sehr weit gekommen. Ich funktionierte aber immer vor einem Publikum, das bereit war, sich unterhalten, entspannen oder zum Lachen bringen zu lassen.

Das hatte zur Folge, dass ich meine Zuhörer emotional einwickeln musste, bevor sie merkten, wie dünn die Faktenlage war. Meine Mutter hat mich in ihrer schnörkellosen Direktheit deswegen öfters der »Schaumschlägerei« verdächtigt. Ich habe ihr in diesem Punkt selten widersprochen, sondern ganz im Gegenteil eine Karriere daraus gemacht. Natürlich hatte ich einen Bildungsbürgervorrat an Wissen und Information angehäuft, interessierte mich für die schönen Künste, las meine Klassiker und kriegte das alles durchaus auf meine persönliche Festplatte, aber ich sah mich doch immer in erster Linie als Durchlauferhitzer, der in der Lage war, Komplexes so aufzubereiten, dass ich es unterhaltsam an unterhaltungswillige Gemüter weiterreichen konnte.

Das mag man den Weg des geringsten Widerstands nennen, aber es ging ja bei meiner gesamten Berufsausübung nie um etwas wirklich Wichtiges. Ob ich auf der Wettcouch tiefgründig mit Madonna über Torschlusspanik oder mit Maradona über Torschusstechnik nachdachte, machte keinen großen Unterschied, und keiner verlangte von mir, dass ich das eine oder andere am eigenen Leibe verspürte.

Ich hatte zwar die sechzig hinter mir, sie aber ohne Lifting und Bypass ziemlich locker weggesteckt. Ich verspürte keine Altersdepression, und der Blick in den Spiegel erschreckte mich nur in Ausnahmefällen. Geistig und körperlich fühlte ich mich also fit. Die wichtigere Frage war: Wurde ich noch gebraucht? Die Menschen, denen ich Tag für Tag über den Weg lief, wollten mich zwar am liebsten wieder da sehen, wo ich aufgehört hatte: auf meiner Wettcouch. Aber erstens hatte ich die freiwillig verlassen, und zweitens saß da schon der Lanz. Alle Versuche, den großen Samstagabend mit einer neuen Idee wiederzubeleben, wären sowieso zum Scheitern verurteilt gewesen. Lieber wollte ich beweisen, dass ich auch in der kleinen Form funktionierte. Mich interessierte das sagenumwobene »Tal des Todes« im Vorabendprogramm der ARD.

Der frühe Abend ist in den USA eine attraktive Sendezeit, und ich verfolgte dort aufmerksam diverse Formate, die alle zum Infotainmentbereich gehören und sehr erfolgreich sind. Ein Moderator diskutiert aktuelle Tagesthemen mit Menschen, die davon eine Ahnung und dazu etwas zu sagen haben. Vielleicht hatte ich mich in der Annahme verhoben, inzwischen als »Anchorman« für Menschen mit einer gewissen Lebensreife und Bildung zu taugen, die ich immer noch unter der öffentlich-rechtlichen Kundschaft vermutete, eine Zielgruppe, die am frühen Abend weder mit Twittern beschäftigt war noch ihre Tageserlebnisse auf Facebook postete.

Also schwatzte ich der ARD eine Idee auf, an der ich auch heute noch eine Menge Charmantes finden kann. Gestählt durch jahrelanges tägliches Radio und immer noch nicht ganz genesen vom zu früh beendeten Late-Night-Experiment, wollte ich es noch einmal wissen. In den USA war mir wieder bewusst geworden, dass die höchste Weihe für einen Fernsehmoderator die *daily show* ist. Durch lange Aufenthalte in Kalifornien war ich erholter als nötig und hatte wieder Lust auf mehr Deutschland. Ich traute mir zu, von meinem Publikum als inzwischen gereifter, täglicher Begleiter akzeptiert zu werden, und wollte schlicht und einfach gemeinsam mit ihm jeden Abend noch einmal das durchdeklinieren, was vom Tag hängengeblieben war.

Mich interessierte ja nicht die große Politik – die würde in der *Tagesschau* zu ihrem Recht kommen –, sondern das, was die Welt im Innersten zusammenhält. Ich wollte mich mit dem beschäftigen, worüber man beim Abendessen ohnehin sprechen würde. Mal Tratsch, mal Klatsch. Mal Lust, mal Frust. Mal große Welt, mal trautes Heim. Die Themen sollte mir der Tag zuspielen, und die Personen, mit denen ich sie diskutierte, würden durch diese Themen bestimmt werden. Ich kannte von ähnlichen Sendungen in den USA die Technik, dass der Moderator immer mit einer Gruppe von eloquenten und kompetenten Menschen spricht, die ihm hinter seinem Pult auf einem Bildschirm zugeschaltet werden. So stellte ich mir auch *Gottschalk live* vor.

Ich sah mich als Anwalt der Halbinformierten und der Wissbegierigen. Ich wollte das Publikum der *Shopping Queen* auf die Frankfurter Buchmesse mitnehmen und die Bildungsbürger zur Fürstenhochzeit. Nach wie vor bin ich überzeugt, dass es hätte klappen können. Bei der Entwicklung der Sendung machte ich jedoch den gleichen Fehler wie schon einige Male zuvor: Ich glaubte, es würde genügen, wenn ich meine Ideen an die richtigen Leute weiterreichte und mir in Malibu noch etwas Restsonne gönnte, während sie das Haus so bestellten, dass ich nur noch einzuziehen brauchte. Das versuchten sie auch, hatten aber wohl eine etwas andere Sendung im Kopf, als ich sie mir gewünscht hätte. Als ich ankam, saßen in einem Großraumbüro zwei Dutzend Printredakteure, und ich hatte keine Ahnung, warum. Man erfreute mich mit der Ansage, dass es auch schon Zusagen einiger Prominenter gäbe; andere wollten erst den Erfolg des neuen Formats abwarten.

Noch blieb ich optimistisch. Vielleicht wussten meine Produzenten ja wirklich besser, was das Publikum um diese Uhrzeit wollte. Wie wir inzwischen wissen, wussten sie's nicht. Was wir an Budget ins Personal steckten, fehlte uns bei der Technik. Meine Vorstellung vom täglichen Zuschalten kompetenter Gesprächspartner scheiterte an logistischen Problemen, die ich heute noch nicht begriffen habe. Bei CNN sitzt der Moderator in Washington im Studio und spricht mit einem Menschen, der in Pakistan auf der Straße steht. Bei uns war es ein Problem, vom Berliner Gendarmenmarkt auf die Berliner Modewoche zu schalten. Als Karl Lagerfeld ins Studio kam, war gerade keine Modewoche, und als er endlich auf meiner Couch saß, fragten sich die Leute zu Hause, wo die Wette blieb, die er zu gewinnen hatte.

Manchmal hatte ich einen Zipfel von dem in der Hand, was ich eigentlich wollte. Das Musikkorps der Bundeswehr hatte den Wunsch von Christian Wulff, zu seinem Zapfenstreich »Ebony and ivory« zu spielen, abgelehnt, da dieser Titel »für Bläser nicht spielbar« sei. Bei uns trat am selben Abend eine freundliche Trompeterin auf, die den Titel astrein in ihr Instrument blies. Ein andermal hatten wir den Taxifahrer, bei dem Joachim Gauck im Auto gesessen hatte, als ihn der Anruf der Bundeskanzlerin erreichte: Zu ihm war ein Pfarrer ins Taxi gestiegen, der zum Bahnhof wollte, und dann fuhr er einen Bundespräsidenten ins Kanzleramt. Das waren die Geschichten, die ich erzählen wollte.

Es gelang mir leider nur selten, und ich starb, von der Häme der Medien begleitet, innerhalb eines halben Jahres den Quotentod. Das hat mich mehr geärgert, als ich zugegeben habe – vor allem, weil ich nicht mit dem gescheitert bin, was ich eigentlich machen wollte, sondern mit dem, was daraus geworden war. Ich kann die Schuld daran niemand anderem zuweisen als mir selber. Ich hatte den Verantwortlichen ein bestimmtes Format angekündigt, und es war mein Fehler, sehenden Auges in eine andere Richtung gelaufen zu sein. Dauernd traf ich neue Redakteure mit neuen kreativen Vorschlägen, nur von meiner Idee sprach niemand mehr.

Spätestens, als man mir im Vorfeld empfahl, in jeder Sendung auf dem iPad mit einem Buddy von mir zu skypen, wurde ich nervös. Eigentlich war ich von technisch perfekten Schaltungen ausgegangen. Aber da traf meine Unfähigkeit zur Konfrontation auf die eigene Unsicherheit: Statt das Risiko, mit meiner Idee unterzugehen, selbst zu schultern und meinem ursprünglichen Plan stur zu folgen, beschritt ich einen Weg, den mir andere gewiesen hatten, nur um später nicht daran schuld sein zu müssen, mich verlaufen zu haben. Keine sehr kluge Taktik, und am Ende musste doch ich allein mit der Schadenfreude derer umgehen, die es »von vornherein« gewusst hatten.

Trotzdem habe ich in diesem Scheitern Erfahrungen gemacht, die ich nicht missen möchte. Als die Sendung bereits vom Hauch des Todes umweht wurde, machten sich einige

Studiogäste, die bereits zugesagt hatten, schnell wieder aus dem Staub, um nicht selbst infiziert zu werden. Andere signalisierten ganz bewusst ihre Unterstützung. Harald Krassnitzer, der österreichische *Tatort*-Kommissar, legte sogar ein paar Termine um, und kam zu mir ins Studio. Das war ein so launiges und entspanntes Gespräch, wie es mir in *Wetten, dass..?* nie geglückt war. Leider schaute kaum noch jemand zu. In der Schlussphase wurden wir hektisch und stopften ein paar Dutzend Zuschauer in ein Set, das dafür nicht vorgesehen war. Entsprechend unglücklich sah das dann aus. Ich kam mir vor wie ein Volkshochschulreferent, der seinen Kurs nicht mehr vollkriegt. Vom großen Showfuzzi war nicht mehr viel übrig.

Meine Produzentin Ute Biernat fühlte wohl eine gewisse Mitverantwortung für das Desaster und warf mir einen Rettungsring zu: eine Mitwirkung bei *Deutschland sucht den Superstar* oder *Das Supertalent*, den Castingshows mit Dieter Bohlen, die sie ebenfalls produzierte. Das brachte mich in eine Art moralisches Dilemma, denn ich hatte über diese Formate immer wieder öffentlich gelästert. Bei *Deutschland sucht den Superstar* aus Überzeugung, denn einen »Superstar« kann man weder suchen noch finden – Superstar ist man einfach oder ist es eben nicht; aber gegen das *Supertalent* hatte ich vor allem aus Existenzangst gestänkert. Das war nämlich nichts anderes als eine modernere Form von *Wetten, dass..?*, denn jeder, der etwas Besonderes zu können glaubt, kann den Beweis dafür auch mit den Worten ankündigen, auf die ich ein Copyright zu haben glaubte: »Wetten, dass ich das kann?!« Nicht umsonst hatte ich meine Mannschaft schon vor Jahren vor dieser Konkurrenz gewarnt – erfolglos.

Zum ersten Mal war ich dem Reality-TV ein knappes Jahrzehnt zuvor in Amsterdam begegnet. Der holländische

Erfolgsproduzent John de Mol hatte mich zu einer Boots-
fahrt durch die Grachten eingeladen, um mich für seine
Idee zu *Big Brother* zu begeistern. Ich konnte seine Euphorie
nicht teilen und verkannte damit die unglaublichen Chancen
dieses Formats, das gleichzeitig die Urzelle des Reality-Fern-
sehens war. Es wollte mir nicht in den Kopf, dass Menschen
bereit sein sollten, anderen bei ganz alltäglichen, privaten
Verrichtungen zuzusehen. De Mol kannte die Zuschauer
offenbar besser: Statt selbst zu duschen, schauen sie lieber
anderen Menschen dabei zu; statt zu Hause auf dem Sofa
zu sitzen und zu streiten, verfolgten sie den Zank fremder
Exhibitionisten, die man zusammen in ein Haus gesperrt
hatte.

Das Ende der Wirklichkeit, wie wir sie kannten, war gekommen. Und das ist, wie gesagt, viele Jahre her. Inzwischen
ist selbst die Abbildung einer künstlich hergestellten und ge-
stylten Realität nicht mehr interessant genug und muss »ge-
pimpt« werden: Die sogenannte *scripted reality* ist eine von einem
Autorenteam zugespitzte und optimierte Pseudowirklichkeit.
Da diese mit handelsüblichen Menschen kaum hinzukrie-
gen ist, wurde eine neue Spezies von Protagonisten entwickelt, die zum einen den Anforderungen an eine Comicfigur
genügen und denen man zum anderen so einen Irrsinn auch
zutraut. Es schlug die Stunde der Katzenbergers, Glööcklers
und Geissens. Dadurch fühlte ich mich gleichzeitig bedroht
und herausgefordert: bedroht in meinem Beruf, weil man mit
der eigenen Authentizität gegen eine Kunstfigur genauso wenig
Chancen hat wie ein Provinzpolizist im Streifenwagen gegen
Batman im Batmobil. Und herausgefordert, weil ich immer
noch glaube, dass die Mehrzahl der Zuschauer den Betrug
irgendwann wittert und von der gefälschten Wirklichkeit die
Nase voll hat.

Sollte ich also nun bei der feindlichen Flotte anheuern, nachdem mein eigenes Schiff gesunken war? Dass ich eine gewisse Panik spürte, will ich nicht verhehlen. In einem Geschäft, in dem fast nur noch für die Zielgruppe der Vierzehn- bis Neunundvierzigjährigen produziert wird, mit knapp über sechzig eine Denkpause einzulegen, wäre schon ein sehr mutiges Konzept. Und mutig war ich ja gerade erst gewesen: Das Ergebnis des Vorabendexperiments war eine blutige Nase. Die ARD jedenfalls hatte ihre erst mal von mir voll, und das ZDF hatte sich im Lerchenberg verbunkert – bei denen herrschte Funkstille. Mein ehemaliger Intendant war in Rente, mein Programmdirektor war sein Nachfolger und mehr mit Politik als mit Programm beschäftigt, und die neuen Leute im ZDF kannte ich nicht. Die wollten natürlich zeigen, dass sie nicht auf die alten Nasen setzten, sondern eigene Ideen hatten.

Ich musste feststellen, dass ich nirgendwo gebraucht wurde – für mich eine neue Erfahrung und keine, die mich besonders begeisterte. Aber wer mag das schon. Wenn ich mich also dafür entschied, das Angebot von RTL anzunehmen, Juror fürs *Supertalent* zu werden, muss ich mir die Frage gefallen lassen: War es Torschlusspanik, verletzte Eitelkeit oder eine Möglichkeit, mich neu zu erfinden?

Ich rede mir Letzteres ein. In den USA ist diese Sendung eines der erfolgreichsten Unterhaltungsformate; ich hatte sie ein paarmal mit großem Vergnügen gesehen. Mit dem Aerosmith-Frontmann Steven Tyler und dem alten Radiofuzzi Howard Stern saßen ja auch ein paar Fossile in der US-Jury, und denen hatte das ganz und gar nicht geschadet. Also sagte ich RTL zu. Als Puffer zwischen den beiden unterschiedlichen Titanen würde meine freundliche *Wetten, dass..?*-Kollegin Michelle Hunziker sitzen, und gegen uns Frohnaturen hätte der miesepetrige »Dieddä« somit eh keine Chance. Den kannte ich schon seit Jahren und fand ihn nie so schlimm, wie andere ihn machten. Er trifft mit dem, was er sagt, meist den Nagel auf den Kopf, auch wenn man alles, was er sagt, netter sagen kann. Eines hatte ich allerdings unterschätzt: Bei allem, was ich im Fernsehen tue, habe ich in erster Linie das Publikum im Kopf. Was immer ich auch für Interessen habe, sie müssen sich denen meiner Zuschauer unterordnen. Für Dieter Bohlen gilt das nicht. Mit starrem Blick auf die eigene Person unterwirft er alles dem Ziel, selber gut auszusehen.

Bei den Sendungen, die ich mit Günther Jauch gemacht habe, war immer klar, dass wir alles zur Freude der Zuschauer tun. Mit sicherem Instinkt besetzen wir beide die Positionen, auf denen uns die Leute sehen wollen. Ich bin der Klassenclown, Günther der Oberlehrer. Er der Modemuffel, ich der Klamottenfreak. Beim G8 (Wirtschaftsgipfel) ist er dran, bei U2 (Rockband) ich. Das geht schon viele Jahre so; es ist uns egal, wer von uns gerade punktet, am Ende werfen wir zusammen, und es reicht immer für beide. Das hatte ich auch von einem Profi wie Dieter Bohlen erwartet.

Die Vielfalt der antretenden wirklichen und scheinbaren Talente war so groß, dass wir beide wunderbar Pingpong hätten spielen können. Die immer strahlende Michelle Hunziker hätte sich mal auf die Seite des einen und mal auf die des anderen schlagen können. Aber Dieter fehlt jedes Gefühl für Teamwork. Mit einer Scheuklappenmentalität, die ich bisher so nicht kennengelernt hatte, zog er seine Ein-Mann-Show durch, und ich hatte weder Lust noch die Eier, auf Konfrontationskurs zu gehen. Das Format überforderte mich auch insofern, als ich bis zu diesem Punkt fast ausschließlich Livefernsehen gemacht hatte. Ich musste immer mit dem umgehen, was mir der Moment bescherte. Und das konnte ich auch. Die Kunstform des Reality-TV ist es aber, erst mal alles zuzulassen und dabei von der Dramaturgie her die Beteiligten noch zusätzlich kräftig aufzumischen. Hinterher kann man ja das, was zu weit geht, wieder rausschneiden.

Damit hatte ich nicht gerechnet. Während die Karawane des Schreckens an mir vorbeizog, verfinsterte sich meine Miene zusehends; ich saß erkennbar im falschen Film. Zwar standen immer wieder interessante und begabte Menschen vor uns auf der Bühne, aber das Format hatte bereits seine eigenen Gesetze entwickelt. Es ging nicht darum, dem Wahren und Schönen zum Sieg zu verhelfen, sondern das Ganze marschierte eher in Richtung Circus Maximus, wo Kaiser Dieter auf Zuruf des Plebs und je nach Laune den Daumen hob oder senkte.

Meine Skepsis in Sachen Reality-Fernsehen hatte sich bestätigt. Das brachte mich dazu, mich selbst als Fernsehfigur kritischer zu überprüfen. Ich war nach dem langjährigen *Wetten, dass..?*-Triumphmarsch relativ schnell und unsanft in der Wirklichkeit des Tagesgeschäfts gelandet. Das hat für einen wie mich Folgen. Ich trage einen Marktwert mit mir herum, und der steht und fällt mit der öffentlichen Wahrnehmung. Journalisten, die mir bei meinem Abschied von *Wetten, dass..?* noch Krokodilstränen nachgeweint hatten, waren nun überzeugt, dass ich endlich dort angekommen sei, wo ich schon immer hingehört hätte: im Mittelmaß. Mein Erfolg am Samstagabend sei insofern ein Missverständnis gewesen, als ich ja ohnehin nur die verbindenden Worte zwischen launigen Wetten und launenhaften Superstars hätte produzieren müssen. Und die hätte ich dann wahlweise stümperhaft interviewt oder unanständig berührt.

Die berufliche Idylle, in der ich meine Erfolge feiern durfte, hat sich erledigt. Die Zuschauer treffen sich nicht mehr vor dem Fernseher, sondern im Social Network. Die Nation ist durchgecastet, durchgequizt und durchgekocht. Eine Generation, die am Sonntag genauso verbindlich in die Kirche ging, wie sie am Samstagabend vor der Glotze hing, hat sich von beidem verabschiedet. Ich habe gerade noch die Kurve gekriegt, bevor es mich aus der Bahn geschleudert hätte. Alle Helden haben ihre Zeit; ich habe 80 Prozent meiner Kritiker überlebt: Ich hatte nicht das Gefühl, in die Wüste geschickt worden zu sein, weil ein anderer »Showtitan« meine Stelle übernommen hatte, sondern konnte mich mit der beruhigenden Erkenntnis vom Hofe machen, dass die Ära des Fernsehens, in der ich ganz vorn mitspielen durfte, vorbei ist.

Vielleicht tröste ich mich damit auch nur selbst, aber in meinen Augen wurde der TV-Titan nicht gestürzt, sondern er wird ganz einfach nicht mehr gebraucht. Ich habe mich deswegen nicht schmollend zurückgezogen, sondern versucht, mich in neuen Formaten zurechtzufinden. Am Vorabend bin ich gescheitert, als Casting-Juror war ich eine Fehlbesetzung. Ich betrachte beides nicht als Katastrophe. Die ARD versucht nach wie vor, aus der Vorabendwüste blühende Landschaften zu machen, und ist damit nicht sehr viel weiter gekommen. Die Quote des *Supertalents* hat unter mir weniger gelitten als ich an der Sendung.

Allerdings muss ich mir die Standortfrage stellen: Wo stehe ich und wo will ich hin? Besser noch: Wo gehöre ich hin? Mit der Klassenparty *Back to School* habe ich bei RTL ein Format gefunden, das mir auf den Leib geschneidert zu sein scheint. Der altersmilde Pädagoge bringt zwei Unterhaltungsgrößen mit ihren ehemaligen Abschlussklassen zusammen und kaspert sich mit ihnen durch ein harmloses Wissensquiz und nostalgische Erinnerungen an die Schulzeit. Die Spielshow atmet eine mir angemessene öffentlich-rechtliche Geruhsamkeit und ist zwar kein Quotenkracher, aber erfüllt die Erwartungen des Senders. Man weiß dort, dass die umworbene »jugendliche Zielgruppe« an Bildungsfernsehen eher mäßig interessiert ist, und ich muss mich als Moderator ständig darauf konzentrieren, irgendwelche Buzzer zu drücken oder Punktestände abzufragen. Was mich aber wirklich irritiert, ist die Erkenntnis, dass sich die inhaltlichen Kriterien atemberaubend schnell verändern. Ein Element der Show ist es, unseren Kandidaten pubertäre Träume ziemlich verspätet doch noch zu erfüllen. In einer launigen Ausgabe mit Uwe Ochsenknecht und Heiner Lauterbach erinnerte sich Letzterer an seinen Traum, irgendwann am Schlagzeug einer Hardrockband sitzen zu dürfen. Wir hatten dies bereits im Vorfeld recherchiert, und ich wusste, dass hinter der Kulisse Ian Paice, der Trommler von Deep Purple, zwei Schlagzeuge aufgebaut hatte und auf das Stichwort wartete. Zu dem unverkennbaren Gitarrenriff von »Smoke on the Water« (Dong-Dong-Dong) wurden die beiden Drumsets samt Kultschlagzeuger Paice ins Studio gefahren. Lauterbach freute sich wie ein Kind und trommelte den Klassiker neben der Hardrocklegende zu Ende. Großes, emotionales Unterhaltungsfernsehen. Dachte ich, aber stand mit dieser Einschätzung ziemlich alleine da. Meine Redakteure murmelten etwas von »Altherren-Seligkeit«. Das Publikum im Studio fiel auch nicht vom Hocker, als ich mir wie in besten DJ-Zeiten die Ansage von »Deeeeeep Purple« auf der Zunge zergehen ließ, und die Zuschauerzahlen rutschten an dieser Stelle tief in den Quotenkeller. Meine Einschätzungen scheinen nicht mehr unbedingt belastbar.

Lauterbach und Ochsenknecht waren meine Wunschkandidaten, weil ich sie für niveauvolle und intelligente Publikumslieblinge halte. Dagegen hatte ich mich redlich bemüht, der Redaktion die schrille Comicfigur Carmen Geiss als Studiogast auszureden. Allerdings ist die Millionärsschmonzette *Die Geissens* ein Quotenrenner bei RTL 2, und gegen die Argumentation »Unser Publikum liebt sie« konnte ich wenig ausrichten. Meine Begrüßung in der Garderobe fiel eher schmallippig aus, aber Carmen warf sich wohlgelaunt in meine Arme und freute sich kindlich, endlich einmal mit mir vor einer Kamera zu stehen. Ich hingegen dachte wehmütig daran, dass in diesen Armen früher Sophia Loren, Angelina Jolie und Nicole Kidman gelegen hatten. Der Appetit des Publikums hat sich geändert, und ich muss zur Kenntnis nehmen, dass heute gilt: »Die Geiss ist heiß.« Und Carmen hat alles gegeben.

Sie zickte nicht herum, fand alle Schnapsideen der Redaktion »supa« und wurde mir dadurch schon wieder ausgesprochen sympathisch. Die Verweigerungsmentalität mancher deutschen Gäste, die sich für derartige Showauftritte eigentlich zu schade sind, habe ich in meiner Karriere oft genug kennengelernt. Viele kamen, aber manche kamen ausgesprochen widerwillig. Es ging ihnen hauptsächlich darum, ein Produkt zu verkaufen, ohne sich dafür allzu sehr ins Zeug legen zu müssen. Dazu kam manchmal noch die Arroganz der Hochkultur, die sich zwar huldvoll auf meiner Wettcouch niederließ, sich aber für alberne Spielchen zu schade war. Auch in meiner Klassenparty hatten einige Stars, auf die ich mich besonders gefreut hatte, erkennbar wenig Lust, sich an ihren ersten Kuss oder ihre letzte Mathe-Schulaufgabe zu erinnern. In solchen Momenten sinkt bei Unterhaltungsshows die Temperatur in Richtung Gefrierpunkt, und der Moderator versucht, durch hektisches Pusten die Glut wieder anzufachen. In dieser Beziehung war Carmen Geiss ein ausgesprochener Lichtblick. Wie immer in solchen Sendungen bemühten sich auch bei uns im Vorfeld eifrige Redakteure, das Leben der Kandidaten etwas scheinheilig nach frühen Verfehlungen zu durchleuchten, um ihnen damit später die Schamröte ins Gesicht oder die Tränen der Rührung in die Augen zu treiben. Bei Carmen versuchte man beides gleichzeitig.

Ihr hinlänglich bekannter Gatte »Rooobääärt« muss wohl vor langer Zeit mit dem Versuch gescheitert sein, sie zu den Klängen von Howard Carpendales »Hello again« in sein Bett zu befördern. Carmen verriet uns, dass ein Strauß Rosen zielführender gewesen wäre. Unsere Versuchsanordnung sah aus wie folgt: Robert wurde »scheinbar« auf Geschäftsreise in die Türkei geschickt, Carmen kam solo und wurde durchgehend von uns verwöhnt. Ich war der Charme in Person, und als erster Überraschungsgast rückte ihr der Serienheld ihrer Jugend, Patrick Duffy alias »Bobby Ewing« aus der Fernsehserie *Dallas*, flirtend auf die enge Pelle. Sie war also schon halb weichgekocht, als die Aktion »Hello again« startete. Carpendale schmalzte sich auf der Studiobühne zum ersten Refrain, und Carmen sang neben mir mit feuchten Augen und bebender Lippe mit. Die Kamera zoomte in die Großaufnahme. Beim zweiten »Isch sag einfach …« tänzelte ihr Robert, den sie in Istanbul wähnte, hinter einem riesigen Rosenstrauß aus der Kulisse auf Carmen zu. An der bebte inzwischen alles, und wild schluchzend sank sie an die Brust ihres Mannes. Ich war außer mir vor Glück und in diesem Moment nicht nur im Quotenhimmel, sondern allen Ernstes überzeugt: Carmen hat mir gezeigt, wie Fernsehen heute geht.

Inzwischen habe ich mich wieder beruhigt, und die Quote war auch nicht so toll, wie alle gehofft hatten. Was bleibt, ist die Frage, wo ich hingehöre. Zu Deep Purple? Dann bin ich von gestern. Oder muss ich *Die Geissens* gut finden, um auf dem Laufenden zu sein? Da sehe ich mich nicht. Gibt es eine Position für mich in der Mitte, oder säße ich dort zwischen allen Stühlen? Ist Carmen Geiss in sich richtig, aber an sich falsch? Wenn sie richtig ist, dann liege ich falsch. Es ist ein Unterschied, ob man ein Reality-Format wie das *Dschungelcamp* inzwischen auch als kultureller Feingeist gut finden kann oder ob man selbst zu den Protagonisten eines derartigen Affenzirkus gehört. »Es gibt kein richtiges Leben im falschen«, behauptet Adorno. Und wenn ich ihn ernst nehme, muss ich mir die Grundsatzfrage stellen: Gibt es für mich und mein Verständnis von Unterhaltung im aktuellen Fernsehen noch einen Platz? In wintergrauen Momenten antworte ich mit einem klaren Nein. Aber dann sage ich mir selbst: Noch bist du herbstblond.

Teil 2

MONEY

Pink Floyd

Von allen exotischen Figuren, die ich mir in meiner Kindheit vorstellen konnte, war der »Millionär« die abenteuerlichste. In Kulmbach gab es ein paar Villen und eine Handvoll Leute, die dicke Autos fuhren. Mein Vater hatte ein Fahrrad, und wir hatten ein Haus. Damit waren wir auf keinen Fall arm, aber reich auch nicht. Ich war überzeugt, dass ich nie in meinem Leben einem Millionär begegnen würde. Selber einer zu werden, hielt ich nicht für erstrebenswert und obendrein höchst gefährlich. In den Fernsehkrimis, die ich sah, wurden Millionäre immer ausgeraubt.

Wir kamen zu Hause finanziell gut über die Runden und reisten mit einer »Fahrpreisermäßigung für kinderreiche Familien« zum halben Preis mit der Bahn. Diese soziale Wohltat ist mir als »Wuermeling-Pass« in Erinnerung und hat so den klangvollen Namen des damaligen Familienministers in ein neues Jahrtausend getragen.

Eine Schachtel Zigaretten kostete eine Mark, eine Bahnsteigkarte 10 Pfennige und ein Paar Bratwürste 50 Pfennige. Heute kriegen die Berliner für ein paar Milliarden nicht mal mehr einen lausigen Flughafen hingestellt, und James Bond kommt erst zum Einsatz, wenn ein paar Dollar-Billionen auf dem Spiel stehen.

Egal, wie reich man ist: Es gibt immer Leute, die reicher sind. Ich habe schon diverse Milliardäre getroffen, die in Sorge waren, ob sie mit ihrem Geld über die Runden kommen. Deshalb guckten die meisten von ihnen auch so unglücklich aus der Wäsche. Kürzlich erhielt ich von einem jungen Migranten ein bemerkenswertes Grußwort in dieser Richtung. Der Kerl ließ mitten auf der Friedrichstraße in Berlin-Mitte sein Auto mit offenen Türen und laufendem Motor stehen, um in seinem Bling-Bling-Trainingsanzug auf mich zuzusprinten und mir gönnerhaft den Rappergruß zu entbieten, indem er mich bro-like an sich drückte und mir in der Duftwolke, die er mit sich führte, die schlichte Botschaft übermittelte: »Ey, Tommy, voll der geile Typ ... und ... phett Kohle, ey.«

Eine interessante Entwicklung: Erst hatte ich überhaupt kein Geld, es aber auch nicht vermisst. Als ich so weit war, mir keine finanziellen Sorgen mehr machen zu müssen, war mir das zwar recht, aber vor anderen unangenehm. Ich übernahm automatisch die Unart vermögender Deutscher, ihrer Umgebung, so gut es geht, Armut und Entbehrung vorzugaukeln. Das wird vor allem von Leuten erwartet, die ihr Geld nach landläufiger Meinung »leicht« und deswegen zu Unrecht verdient haben. In den USA habe ich gelernt, was für ein Unsinn das ist, und heute werde ich in Deutschland von türkischen Jugendlichen für meinen Wohlstand beglückwünscht. So weit ist der Großteil meiner deutschen Mitbürger noch nicht, aber es lohnt sich doch, an dieser Stelle über Segen und Fluch des Geldes nachzudenken.

Finanzielle Überlegungen haben in meinen Karriereentscheidungen nie eine Rolle gespielt, und als Geschäftsmann sah ich mich aus gutem Grund nie. Ich habe mich in meiner Kindheit nie als »arm« empfunden, und die Tatsache, dass ein Teil meiner Teenagergarderobe der Kleidersammlung entstammte, hat meine kreative Ader eher beflügelt.

Ich habe auch selten etwas begehrt, bevor ich es mir leisten konnte, und wenn ich es dann hatte, stellte ich oft fest, dass ich es gar nicht gebraucht hätte. Was mich aber nicht davon abhielt, bei nächster Gelegenheit wieder irgendeinen Mist zu horten.

Jetzt bin ich an einem Punkt, wo man sich an gewissen Wahrheiten nicht mehr vorbeimogeln kann: Ich glaube zwar immer noch an das Gute, weiß aber inzwischen, dass es nicht immer gewinnt.

Es ist eine der größten Binsenweisheiten, aber ich kann sie nach vielen Jahren in einer Welt bestätigen, die man gern als die der »Reichen und Schönen« bezeichnet: Geld allein macht nicht glücklich. In Einzelschulungen bei Taxifahrern, Zugnachbarn und Nachwuchsmoderatoren bin ich mit dieser Botschaft gescheitert, und ich werde mir sicherlich auch hier damit keine Freunde machen. Es geht mir auch nicht darum, Sympathiepunkte für uns »arme Reiche« einzusammeln, die wir ach so schwer an unserem Wohlstand tragen. Warum verteilen wir die Last dann nicht auf mehrere Schultern? Da stellt sich gern der eine oder andere mit in die Warteschlange.

Manchmal werden auch die Falschen verdächtigt. Das Publikum verwechselt gern »reich« und »berühmt« oder glaubt, dass das eine das andere bedingt. Es stimmt nicht. So wie Reichtum nicht schön macht, hat die Performance auf dem roten Teppich selten etwas mit finanzieller Kraft zu tun. Die Reichen und die Schönen, die gerne in einem Atemzug genannt werden, sind meist nicht identisch; sie flanieren nur jeweils im Schatten der anderen. Beautiful People schnorren gern von der Kohle der Begüterten und geben denen dafür etwas von ihrem Glamourfaktor ab. In selteneren Fällen haben es Prominente selber dicke. Wirklich reiche Menschen neigen dazu, sich aus der Öffentlichkeit zurückzuziehen, weil sie dauernd in Sorge sind, jemand könnte ihnen an die Kohle wollen.

Im Zeichen der neuen Sparsamkeit macht das Showgeschäft niemanden mehr reich. Es ist eher die Kunst gefragt, so auszusehen, als wäre man's, und die meisten tricksen das ganz gut hin. Wir müssen also unterscheiden zwischen »steinreich« und »scheinreich«. Auf den Events, über die *Gala* und *Bunte* berichten, stellen die Scheinreichen bei Weitem die Mehrheit. Wer wirklich Geld verdienen muss, hat gar keine Zeit, »Award-Shows« abzutingeln.

Mich hat das Missverständnis zwischen berühmt und reich, zwischen Schein und Sein immer fasziniert. Wir sind in einer Zeit angekommen, in der es sich kaum jemand mehr leisten kann, öffentlich spendabel zu sein. Kaviar und Champagner steht heute als Synonym für Schnittchen und Prosecco. In der Regel führt der rote Teppich in eine Promotionveranstaltung, die unter Einbeziehung vielfältiger Sponsoren meist von einer Corporation veranstaltet und von dieser hinterher fein säuberlich unter »Werbe- und Repräsentationskosten« von der Steuer abgesetzt wird; privates Geld wird da selten verheizt. Die ehemals noch großzügigen Gastgeber, die mit eigenem finanziellem Einsatz und Kreativität größere Festivitäten veranstalteten, sind ausgestorben oder haben sich still und leise in die Schweiz abgesetzt.

Auch die durchgedrehten Investmentbanker, die vor ein paar Jahren noch partymäßig mit Koks und Kohle um sich schmissen, sind bescheiden geworden. In ihrer Garage musste der Lamborghini wieder für den Rasenmäher Platz machen – wenn nicht sogar die ganze Hütte weg ist. Von solchen Figuren habe ich mich immer ferngehalten. Die Aussicht auf gutes Essen hat mich selten dazu gebracht, mich in die Gesellschaft von schlechten Menschen zu begeben. Okay, manchmal habe ich zu spät gemerkt, wo ich gelandet war. Das ist das Los von Gauklern, die immer schon gern an die Höfe der Mächtigen strebten, um einen Platz am Tisch des Herrn zu ergattern. Ich habe aber schnell gemerkt, dass man danach satt, aber angewidert vom Hof reitet. Es war keine große Heldentat, solchen Versuchungen beim nächsten Mal zu widerstehen, denn ich kann mir Schnitzel und Pommes selber leisten. Von Wasser und trocken Brot muss ich hier nicht jammern. Die Lehren der Bergpredigt habe ich mir nicht so weit zu Herzen genommen, dass ich auf Wohlstand und Besitz ganz hätte verzichten wollen.

Im Gegenteil, der Reichtum anderer und wie sie mit ihm umgingen, hat mich immer interessiert. Von meinem Herz-Jesu-Sozialismus, wonach man sein Geld mit den Armen teilen müsse, habe ich mich feige in dem Moment verabschiedet, als ich anfing, es selber zu verdienen, und die Überzeugung, dass reiche Menschen automatisch »schlecht«, zumindest aber kein Umgang für einen Idealisten wie mich sind, habe ich auch schnell über Bord gehen lassen.

Zwei in diesem Zusammenhang besonders bemerkenswerte und wohlhabende Männer habe ich in meinem Leben kennengelernt. Sie gehörten einer Spezies an, die in diesem Format heute nicht mehr nachwächst, und waren das, was man »steinreich« nennt. Bei diesem Wort fällt mir immer das Hauff-Märchen »Das kalte Herz« ein, in dem Menschen ihr echtes Herz gegen eines aus Stein tauschen, um zu Reichtum zu kommen. Die beiden hatten allerdings kein kaltes Herz, sonst hätte ich ihnen menschlich nicht so nahekommen können. Ich meine den deutschen Industriellen Hans Riegel jr. und den Weltmann Gunter Sachs: Der eine war als Vater der Goldbären bekannt, der andere – ganz zu Unrecht – als Playboy. Im Vergleich zu Riegel und Sachs bin ich ein Mindestlohnempfänger; alles eine Frage der Perspektive.

Beide Männer traf ich zu einer Zeit, als ich gerade anfing, selber gut zu verdienen. Hans Riegel verdanke ich einen beachtlichen Teil meines Vermögens, von Gunter Sachs habe ich gelernt, wie man es ausgibt. Zu Sachs fielen mir, als ich ihn Mitte der Achtzigerjahre kennenlernte, nur zwei Stichworte ein: Saint-Tropez und Brigitte Bardot. Darin verpackt war all das, was kaum einer hatte, aber jeder wollte: Nichtstun am Mittelmeer, schöne Frauen und mehr Geld, als man ausgeben kann. Gleichzeitig aber meldete sich bei mir der deutsche Neidreflex, den ich genauso in den Genen habe wie die meisten meiner Landsleute. Dass jemandem der Reichtum bei der Geburt in den Schoß gefallen ist, vermiest einem solche Personen schon mal von vornherein, und ein reicher Mensch ist ja in den seltensten Fällen auch ein guter Mensch. Weiß doch jedes Kind. Nassforsch, wie ich damals war, machte ich mich auf einen arroganten Trottel gefasst.

Sachs hatte mich ins Münchner Feinschmeckerrestaurant »Käfer« eingeladen, und ein Model namens Tanja sollte mich ihm zuführen. Alles klar! Dort zu essen konnte ich mir damals noch nicht leisten, und weil mir die Trauben zu hoch hingen, lehnte ich den ganzen Schickimickiladen ab. Models kannte ich überhaupt keine, sicher, weil sie auch alle blöd waren. Reich zu sein, war für mich uncool, und reiche Menschen deswegen auch.

Um es gleich vorwegzunehmen: Gunter Sachs war der lebende Gegenbeweis. Er war einer der kultiviertesten Menschen, die ich in meinem Leben kennengelernt habe, und wurde trotz des beträchtlichen Altersunterschieds einer meiner besten Freunde. Das Model, das mich in Empfang nahm, war die Hauptdarstellerin in einem Bildband, den Sachs zugunsten einer Stiftung seiner Frau Mirja auf der ganzen Welt zusammenfotografiert hatte: Tanja mal als Wildkatze im Grand

Canyon, mal als Venus den Fluten des Mittelmeeres entsteigend. Wie es sich für den Frauenfreund gehörte, mal sehr leicht, mal gar nicht bekleidet, dabei aber immer der Kunst näher als der Lust.

Gunter Sachs war als Gast für meine allererste Ausgabe von *Wetten, dass..?* vorgesehen. Nur um des guten Zweckes willen wollte er sich diesen Auftritt antun, und sein Geächze, wie schwer ihm das falle, hielt ich damals für Koketterie. Wer über dem Haus von Brigitte Bardot eine Ladung roter Rosen abwirft, um dann vom Helikopter aus in ihren Pool zu springen, wird ja wohl einen Auftritt in der Hofer Freiheitshalle hinkriegen. Es zeigte sich dann aber in der Tat, dass dieser weltgewandte und eloquente Charmeur an heftigem Lampenfieber litt. Wir haben den Auftritt bei meiner Premiere dann doch zu seiner und meiner Zufriedenheit hinbekommen, und zum Dank lud er Thea und mich in seine Villa nach Saint-Tropez ein.

Dort eröffnete sich mir eine Einrichtungsästhetik, die wir uns zwar nicht leisten konnten, aber die Thea bald zu Hause mit unseren Mitteln nachempfand. Gunter hat mal errechnet, dass er zirka hundertfünfzig Kühlschränke besaß, kriegte aber nicht mehr zusammen, auf wie viele Häuser sie verteilt waren. Mindestens ein Dutzend der Geräte standen in seinem Chalet in Gstaad, andere in seinem Anwesen auf einem Golfplatz in Indian Wells in der Nähe von Palm Springs oder in seiner Londoner Stadtwohnung. Er besaß ein Townhouse in Manhattan und ein Palais in Deauville am Atlantik, eine Jagd in den Alpen und eine kuschelige Kate auf Sylt. Einmal wollte er mir sein Gästehaus in Palm Springs zeigen, aber er konnte es nicht finden und hatte die Adresse vergessen.

Man kann darüber streiten, ob ein Mensch so was braucht, aber jedes dieser Häuser war ein Statement von Wohnkultur und künstlerischem Ausdruck. Sachs inszenierte sich nicht darin, sondern war Teil dieser Installation. Er hatte früh angefangen, sich für die US-Kunstszene um Roy Lichtenstein und Andy Warhol zu interessieren. Ich liebte die Geschichte von einem Besuch Warhols bei Gunter in Deutschland. Sachs hatte ihn eingeladen, um seine reichen deutschen Freunde für den exzentrischen Amerikaner zu interessieren. Ohne großen Erfolg: Die mitgebrachten Werke standen nach der Vernissage weitgehend unverkauft in der Galerie. Das war Sachs Andy Warhol gegenüber dermaßen unangenehm, dass er sich von dem Galeristen die roten Aufkleber geben ließ, die die Exponate als verkauft auswiesen, und die meisten selbst kaufte. Immer, wenn er das erzählte, erfreute er sich an der brummeligen Pointe: »Haha, an diesem Abend habe ich das beste Geschäft meines Lebens gemacht!« Ansonsten hat er über sein Geld nie gesprochen. Er machte sich aber immer mal Sorgen, ob ich meines vernünftig angelegt hatte, und war von einer entspannten Großzügigkeit, die deswegen erwähnenswert ist, weil sie gerade bei Reichen überraschend selten anzutreffen ist.

Einmal hatte er eine Traumyacht gechartert, die *Octopussy* hieß, und war mit uns und ein paar weiteren Freunden im Mittelmeer unterwegs. Das Ding wackelte ziemlich, und meine Frau und Gunter wurden seekrank. Während der Rest der Truppe auf seine Kosten weiter auf dem Luxusdampfer feierte, fuhr er mit uns in einem gemieteten Kleinwagen ohne Klimaanlage auf dem Landweg durch die Pampa. Wir verpflegten uns an Tankstellen und Würstchenbuden und hatten einen Heidenspaß dabei, wie Sachs die erste BiFi seines Lebens aus der Plastikpelle pulte.

Was ich an Gunter besonders schätzte, war sein untrügliches Gespür für Menschen. Ich habe oft an seinem Tisch gesessen –

aber dort selten jemanden getroffen, der nicht dem Stil entsprochen hätte, den Sachs als Gastgeber pflegte und den er sich selbst schuldete. Er hatte es schlicht nicht nötig, sich Gäste einzuladen, mit denen er sich unter sein Niveau begeben hätte. Wie solche Parasiten in die Häuser der Mächtigen geraten, hat Gunter mir mal an einem Beispiel erklärt, das er bei seinem Freund Gianni Agnelli erlebt hatte. Als er den italienischen Unternehmer auf einen eher zweifelhaften Tischgenossen ansprach, entgegnete ihm der Fiat-Boss: »Hast du nächsten Donnerstag Zeit, mit mir zum Lunch zu gehen?« Als Gunter verneinen musste, entgegnete Agnelli mit Blick auf den Schnorrer: »Siehst du, der hat Zeit!«

Auch wenn Sachs mit dem Klischee vom »Playboy« offensichtlich nie ein Problem hatte, finde ich, dass ihm diese Bezeichnung nicht gerecht wurde. Ich habe aus dem Mund des angeblichen Weiberhelden nie eine Anzüglichkeit gegen Frauen gehört. Kein Machogehabe, keine Herrenwitze, keine Bemerkungen unterhalb der Gürtellinie, keine arroganten Einordnungen. Ganz im Gegenteil: Er war der letzte Mann, den ich getroffen habe, auf den der mittlerweile aus der Mode geratene Begriff »Gentleman« noch zutrifft.

Für feine Lebensart und avantgardistische Kunst hatte der zweite Lebemann, dem ich menschlich und beruflich nahekam, wenig übrig. Hans Riegel war einer der erfolgreichsten Unternehmer der deutschen Nachkriegsgeschichte. Mit dem Erbe seines Vaters, dem technischen Know-how seines Bruders Paul und ein paar Säcken Zucker, die er den amerikanischen Besatzern aus den Rippen geleiert hatte, baute er den erfolgreichsten Süßwarenkonzern Europas auf. Als ich ihn kennenlernte, war er ungefähr so alt wie ich jetzt und besaß ein Imperium, das weltweit bekannt war. Er stand in seiner Jägerkluft vor mir, die er auch privat bevorzugte und jeweils nur leicht variierte. Statt einer Krawatte baumelte ihm meistens eine Kordel mit Hirschzahn vor der Brust. An ein vernünftiges Jackett kann ich mich nicht erinnern, Riegel war eher in Strickjacken oder Lederwesten unterwegs, aber Durchschnitt war er nicht.

Er war das, was man eine rheinische Frohnatur nennt; dazu kam eine gewisse Kauzigkeit, die ich besonders an ihm geschätzt habe. Er lachte oft und schallend. Der Humor, mit dem er seine Umgebung zu kommentieren pflegte, war nicht gerade feinsinnig, was vielleicht auch daran lag, dass er es sich zeitlebens leisten konnte, zu sagen, was er gerade dachte. Das Problem, deswegen gefeuert zu werden, hatte er nie, denn ihm gehörte immer alles, was er gestaltete. Und das war wörtlich zu nehmen, Bankschulden hat er stets vermieden. Als ich bei meinem ersten Kreditantrag von der Bank ausgelacht wurde, ging ich halt zur nächsten. Hans Riegels Stolz ließ dergleichen nicht zu. Als ihm die Bank den Kredit, den er beantragt hatte, nicht bewilligte, zog er beleidigt davon und betrat danach nie wieder eine Kreditabteilung. Das hat mir imponiert, genauso wie die Selbstverständlichkeit, mit der er jedes Kaufgebot internationaler Multis für seine Firma zurückgewiesen hat. Ich hatte immer vor, nicht mehr zu arbeiten, wenn ich nicht mehr müsste, aber mir wurde nie mehr Geld angeboten, als ich hätte ausgeben können. Hans Riegel bedeutete das Geschick seiner Firma mehr als persönlicher Reichtum. Wenn es dem Unternehmen gut ging, ging es ihm gut. Verschwendung war ihm ein Gräuel. Das ging so weit, dass er ein Auto mit englischem Nummernschild fuhr, um die deutsche Kraftfahrzeugsteuer zu sparen.

Einmal wollte ich ihm richtig ans Geld. Ich hatte vom Fernsehen wieder mal die Nase voll und bewarb mich bei ihm als

Frühstücksdirektor. Es war die Phase, in der das ZDF gerade mit der Schnapsidee gescheitert war, auf dem Lerchenberg in Mainz eine Art TV-Vergnügungspark zu etablieren, und ich dem kindlichen Wunsch meiner Frau nachgegeben hatte, ein Schloss am Rhein zu erwerben (in dem übrigens zu Bonner Zeiten die Botschaft von Kasachstan residiert hatte). Anstelle der Mainzelmännchen wollte ich den Goldbären zum Kultstatus verhelfen und lag Hans über längere Zeit mit einer Idee in den Ohren: Er solle sein Golfhotel in Boppard am Rhein und seine riesigen Ländereien dort in eine Art »Hariboland« verwandeln. Wo ihm ein Kunstschmied klobige Balkongitter zusammengeschweißt hatte, sollten in Zukunft bunte Räder in Form von Lakritzschnecken das Herunterfallen verhindern, vor dem Hotel sollten lustige Goldbären herumwackeln und die Familien begrüßen, so wie das woanders Micky und Goofy machen, und selbstverständlich würde da, wo in Kalifornien ein Denkmal von Walt Disney prangt, ein überlebensgroßer Hans Riegel, in Blei gegossen, für alle Zeiten hinunter ins Rheintal blicken. Ich fantasierte von einem kinderfreundlichen Hotel mit Betreuungsmöglichkeit, Comedy Club und Vergnügungspark mit IMAX-Kino.

Von meinem nahegelegenen Schloss aus wäre ich ruckzuck im Dienst gewesen. Mir erschien die Rolle des Grüßaugusts in einer Freizeitanlage kurzfristig tatsächlich attraktiver, als mich im TV für sinkende Quoten rechtfertigen zu müssen. Hans Riegel war meiner Idee zwar nicht abgeneigt, aber der Kaufmann in ihm und der kreative Überflieger in mir kamen nicht zusammen. Ich hatte Ideen für gut 100 Millionen Euro, Hans wollte die erste Stufe für ein paar Tausend zünden, indem er erst mal 30 000 Euro lockermachte und die Tennishalle des alten Hotels neu anpinseln ließ.

Er lag wahrscheinlich richtig mit seiner Zurückhaltung. Als er ein paar Jahre nach seinem Bruder hochbetagt starb, war die Firma für kurze Zeit in Schockstarre. Bis dahin hatte er die Fäden immer noch selbst gezogen. Kein CEO hatte ihm dazwischengefunkt, keine Marktforschung hatte eine Chance gegen sein Bauchgefühl. Ob man einen Weltkonzern heute noch so führen kann, sei dahingestellt. Er konnte es.

Er fehlt mir, auch deswegen, weil er mich immer zur Ordnung rief, wenn ich anfing, mein Alter zu thematisieren. Das konnte er gar nicht haben, was vielleicht auch daran lag, dass er leicht mein Vater hätte sein können. Wenn ich mich alt fühlte, dann musste er ja uralt sein – und davon wollte er nichts wissen. Er marschierte auch mit Ende achtzig immer noch fast täglich ins Büro und ließ sich über alles informieren, was in seinem Laden lief. Dass für ihn Alter kein Kriterium war, hatte auch den Vorteil, dass er mich als Werbefigur für seine Goldbären nicht auf die Straße setzte, als mein Goldköpfchen langsam ins Herbstblond wegdriftete.

Als ich die Rede an seinem Sarg hielt, war mir mulmig. Jemand, der mir als jungem Mann eine einmalige Chance gegeben und mir die Treue gehalten hatte, auch wenn ich mal öffentlich im Regen stand, war mir als Freund und Gönner weggebrochen. Neue Freunde dieses Kalibers würden kaum noch nachwachsen.

OLD MAN

Neil Young

Dass ich dunklen Gedanken konsequent aus dem Weg gehe, ist kein Geheimnis. Manchmal bin ich allerdings nicht schnell genug. Dazu kommt, dass die Nebel im Herbst schneller aufziehen als im Frühling. In letzter Zeit war ich häufiger als Grabredner unterwegs.

Mein erster Einsatz in dieser Tätigkeit, 1991, gehörte aber trotz des traurigen Anlasses eher in die Abteilung Comedy.

Ich hatte den Hinterbliebenen zugesagt, bei der Beerdigung von Roy Black die Traueransprache zu halten. Und zwar aus schlechtem Gewissen. Das Vorspiel war Folgendes: In meinen Anfängen als Journalist hatte es mich in die Freisinger Außenredaktion des *Münchner Merkur* verschlagen. Dort gab mir die Redaktion Theatertickets gratis, und ich musste dafür eine Kritik abliefern. Die zu Tschechows *Möwe* schrieb ich aus mehreren anderen zusammen, aber als Roy Black mit einer Art Musicaltheater in Freising aufschlug, war ich intellektuell Herr des Verfahrens.

Mitte der Siebziger hatte Black seine Karriere als Schlagerstar bereits hinter sich und seine Wiederauferstehung als Fernsehdirektor im *Hotel am Wörthersee* noch vor sich. Er muss sich also in einer Art beruflichen Fegefeuers befunden haben, wofür mir als Jungjournalist aber jedes Verständnis fehlte. In dem Musical spielte er den Helden einer zusammengestoppelten Lovestory, in deren Verlauf er nicht nur die Frau seines Lebens fand, sondern völlig unmotiviert auch noch »Ganz in Weiß« und »Du bist nicht allein« singen musste. Er tat das alles natürlich im weißen Anzug, und Thea sagte den verhängnisvollen Satz: »Der sieht viel besser aus, als ich dachte.« Das hat gereicht. Danach gab es für den armen Mann keine Chance mehr. Er hätte spielen können wie Laurence Olivier und dabei singen wie Luciano Pavarotti, mein Verriss stand wie in Stein gemeißelt. Immer wenn ich später das Opfer ähnlicher Wutattacken meiner TV-Kritiker wurde, tröstete ich mich mit dem Gedanken, dass die Freundin des Rezensenten mich vermutlich toll fand.

Mit dieser Schuld im Herzen näherte ich mich also dem Augsburger Friedhof, um Roy Black wenigstens etwas Freundliches nachzurufen. Ich fuhr damals die Imitation eines Flügeltür-Mercedes und kam, passend zum Ereignis, »ganz in Weiß mit einem Blumenstrauß«. Der Gag dieses Fahrzeugs ist es, dass sich seine Türen wie Flügel nach oben öffnen. Der Nachteil von Beerdigungen Prominenter ist es allerdings, dass sich mit den trauernden Hinterbliebenen auch unzählige Fans einfinden, von denen nur die wenigsten still den sterblichen Überresten ihres Idols folgen wollen. Die meisten kommen, um zu sehen, ob sie vielleicht in Sargnähe einen lebenden Star treffen, zu dem sie überlaufen können. Ich war damals selber so was wie ein Popstar, und mein röhrender weißer Schlitten war weder ein Zeichen von Zurückhaltung noch ein Symbol stiller Trauer. Ich hatte mir das Auto ja nicht gekauft, um auf Beerdigungen zu fahren. Heute habe ich ein entsprechendes Portfolio in der Garage und wähle das Transportmittel nach Anlass.

Trotz des geschmacklosen Auftritts lotste man mich direkt vor die Aussegnungshalle, was zur Folge hatte, dass die Teenager zu kreischen begannen und sich als wogende Traube auf mein Auto stürzten. Dieser unwürdige Umstand wiederum machte es völlig unmöglich, die dämlichen Flügeltüren auch nur einen Spaltbreit zu öffnen. Sicherheitskräfte bei Beerdigungen gehörten zu dieser Zeit noch nicht zum Protokoll, also mussten die bemützten Sargträger die Kinder einzeln von meinem Auto abklauben. Das Ganze war für mich mehr ein Showauftritt als eine Beerdigung, aber Roy Black hätte sicher am besten verstanden, was da ablief. Dafür konnte ich ihm in letzter Minute meine Reverenz erweisen und dokumentieren, dass aus dem frühen Neidhammel ein später Schicksalsgenosse geworden war. Das war allerdings die letzte Beerdigung, bei der ich meinen Spaß hatte, und wie zur Buße wohne ich diesen deprimierenden Veranstaltungen inzwischen öfter bei, als mir lieb ist.

Ich selbst habe gerade das Rentenalter erreicht und sehe beim Rasieren im Badezimmerspiegel immer häufiger einen älteren Herrn, der mir nur entfernt ähnelt. In solchen Momenten kann ich nicht jedes Mal meine Maskenbildnerin antreten lassen, damit sie mir den Menschen herschminkt, den ich von meiner Autogrammkarte kenne. Dabei habe ich mit dem Älterwerden eigentlich kein Problem; nur dass man es sieht, finde ich scheiße, auch wenn meine Umgebung mir pflichtschuldigst erklärt, dass ich jünger aussehe, als ich bin. Manchmal auch unabsichtlich, wie ein munterer Berliner, der kürzlich zu mir in den Lift stieg.

»Hat dir schon ma eena jesacht, ditte aussiehst wie der Jottschalk?«

»Ja, passiert mir öfter.«

»Mann, damit kannste Jeld vadien!«

»Aber nicht so viel wie der!«

»Macht nüscht, dafür biste zehn Jahre jünga!«

Ich nehme diese und ähnliche freundliche Gesten dankbar zur Kenntnis, und mein Blick wendet sich dann all jenen älteren Herrschaften zu, die noch mehr Jahre auf dem Buckel haben als ich und die ebenfalls beschlossen haben, in Stiefeln zu sterben. In vorderster Reihe stehen Paul McCartney und Mick Jagger, beide jenseits der siebzig, die sich immer noch an »Yesterday« erinnern oder »Satisfaction« anstreben. Ich habe die beiden gerade wieder live gesehen, und das waren keine gruseligen Zombie-Auftritte, sondern Konzerte, die sogar meinen Söhnen gefallen haben. Mich tröstet auch der Gedanke, dass mein Vater mit fünfzig älter aussah als ich mit sechzig. Aber all diese goldenen Brücken helfen mir dann doch nicht immer über den Styx, der unter meinen Füßen dahinfließt. Zwischendurch sehe ich den Fährmann des Todes mit seinem Nachen schon beängstigend nahe um die Ecke biegen.

Ich mache mir nichts vor. Dass Altwerden nichts für Feiglinge ist, hat Joachim Fuchsberger für seine Memoiren sehr schön bei Mae West geklaut – und an Blacky erinnere ich mich noch als blendend aussehenden Edgar-Wallace-Kommissar und als Showmasterkollegen. Plötzlich war er ein zarter, schon etwas zerbrechlicher Greis, der jedes Mal, wenn ich ihn traf, ein bisschen weniger geworden war. Dass der Sommer 2014 sein letzter werden würde, hat er im Frühjahr, als ich ihm zum letzten Mal begegnete, noch nicht geahnt. Erst kürzlich hatte ich ein Foto in der Hand, auf dem ich zwischen ihm und Harald Juhnke für die Fotografen posiere. Ich bin als Einziger von uns übriggeblieben.

Gegen das Altwerden meiner Idole habe ich mich lange gestemmt, vermutlich, um das eigene nicht wahrnehmen zu müssen. Als ganz besondere Ehre habe ich es damals angesehen, dass zu meinem vierzigsten Geburtstag der Held meiner Jugend, Pierre Brice, an meinem Tisch saß. Als Winnetou war er für mich zur Lichtgestalt geworden, auch wenn ich mich selbst eher in der Rolle des Old Shatterhand sah, die rechte Augenbraue hochzog wie Lex Barker und mir jedes Mal nach dem Duschen die nassen Haare nach hinten kämmte, um auszusehen wie er. Barker kippte mit vierundfünfzig in New York an einer Straßenkreuzung tot um, und ich habe ihn zu meinem Kummer nie kennengelernt.

Mit Pierre Brice hingegen hatte ich über ein paar Jahre engen Kontakt. Bei einer Zirkusgala, die ich moderierte, sollte er mit einer Zaubernummer auftreten. »Das geht auf keinen Fall«, intervenierte ich. »Du musst auf einem Pferd reinkommen!« Darauf flüsterte er in seinem milden französischen Akzent: »Das gäht nischt mehr! Isch bin üböhr sibbzisch!« Ich erschrak. Wenn mein Winnetou nicht mehr aufs Pferd kam, war es nur eine Frage der Zeit, bis ich nicht mehr laufen könnte.

Gedanken wie diese sind nicht angenehm, und ich versuche, sie aufzuhalten. Ich orientiere mich dann nach oben; es gibt schließlich genügend Beispiele, an denen ich mich aufrichten kann: Zubin Mehta. Ich habe mich vor einigen Jahren in L.A. mit ihm angefreundet. Der große Dirigent ist bald achtzig und reist ungerührt von einem Ende der Welt zum anderen, lädt seine Gäste nach Konzerten gern zu scharfen Currygerichten ein und hat in seinem Terminkalender Zusagen für Auftritte, die in ferner Zukunft liegen. Mir macht diese Taktik Mut.

Bloß verlässt mich dieser ab und zu wieder, vor allem, wenn ich sehe, wie sich unser Geschäft und die, die es betreiben, verändern. Ich war es immer gewohnt, dass Intendanten und Programmdirektoren die grauen Wölfe waren und ich der blonde Aufsteiger. Jetzt bin ich grau, und meine Chefs sind dynamische Mittvierziger, die mir versichern, mich schon gut gefunden zu haben, als sie noch Kinder waren. Dazu kommt, dass ich ja schon als Zuschauer bei den Sendern altersmäßig eher unerwünscht bin. Das macht die Arbeit als Mitwirkender nicht unbedingt leichter. Man versucht zwar gerade, der Not gehorchend, die unsägliche Zielgruppe der Vierzehn- bis Neunundvierzigjährigen nach hinten etwas aufzubessern, und faselt vom »Golden Age«, aber so richtig freuen sich über uns nur die Hersteller von Haftcremes, Inkontinenzwindeln und Treppenliften.

Dabei hatten wir uns doch entschieden, ewig jung zu bleiben. Und letztlich ist uns das ja auch gelungen. Mir zumindest: Ich habe es nie für nötig gehalten, mich wie ein Erwachsener zu benehmen, und lebe in der Wahnvorstellung, ewig Kind bleiben zu können – zur Not eben ein altes Kind. Es gab keinen Grund, mich von der Musik meiner Jugend zu verabschieden; nach den Platten kamen die Kassetten, danach die CDs, und jetzt lade ich mir Led Zeppelin und die Beatles eben auf mein Smartphone. Trotzdem kommen sie immer wieder, die trostlosen Momente der »Vermessung der Zeit«. Vor zwanzig Jahren stand ich im Zentrum des Geschehens – und das war doch erst gestern! Wenn das Morgen genauso schnell kommt – und nichts wird es aufhalten –, dann bin ich irgendwann ein Opa, der sich Kopfhörer in die fast tauben Ohren stöpselt und sich das AC/DC-T-Shirt über die schmerzenden Bandscheiben streift. Will ich diese Vision von mir haben? Oder ist es schon der Todesstoß, wenn die kahle Stelle am Hinterkopf auch durch noch so geschicktes Verteilen der Resthaare nicht mehr zu überdecken ist?

Die langsam heraufdämmernde Erkenntnis, dass auch mir keine ewige Jugend beschert ist, teile ich mit allen Vertretern des Showgewerbes, die das Glück und gleichzeitig das Pech hatten, vor den Augen ihres Publikums zu altern. Es geht mir selber so: Wenn ich den Heldinnen und Helden meiner Jugend heute begegne, vergleiche ich sie automatisch mit den

Bildern, die ich von ihnen im Kopf habe. Die Heldinnen sind schlimmer dran als die Helden, weil sie mit fortschreitendem Alter nicht nur erfahren, dass Schönheit vergänglich ist, sondern dies auch gesagt bekommen. Lilli Palmer erzählte mir mal: »Stellen Sie sich vor, mich hat kürzlich ein junger Mann gefragt: Waren Sie nicht mal Lilli Palmer?«

Damals konnte ich das nicht nachvollziehen, heute schon. Vor allem, wenn ich über mich selbst in besseren Zeiten stolpere. Bei jedem TV-Auftritt haut man mir meine schrillen Outfits der Achtzigerjahre um die Ohren oder quält mich mit launigen Pannen von früher. Nachdem ich sie alle kenne, schaue ich eher auf den jungen Mann, der ich damals war, wohlwissend, dass ich es nicht mehr bin. Mit der HDTV-Technik sieht man im Fernsehen Falten im eigenen Gesicht, von deren Existenz man gar nichts wusste.

Auch diesen Prozess versuche ich, wie vieles in meinem Leben, das wehtut, durch eine gesunde Mischung von Humor und Verdrängung erträglich zu machen. Es tröstet mich, dass das Schicksal des körperlichen Verfalls ein gerechtes ist. Ich habe Gary Cooper, Paul Newman und Robert Redford dahinrunzeln sehen. Alles schöne und begehrenswerte Männer für Generationen von schmachtenden Frauen. Ich weiß, dass sich Harrison Ford von George Clooney überholt fühlte und der von Brad Pitt und der von Robert Pattinson, und der wird sicher auch bald von jemandem überholt. Es ist ein Rennen, das nie zu Ende geht. Wenn mir graue Panther erklären, sie seien mit mir »groß geworden«, halte ich das so lange für einen Irrtum, bis mir die Arithmetik bestätigt, dass ein später Fünfziger durchaus seine pubertären Träume mit der Musik untermalt haben kann, die ich damals im Radio spielte.

Es ist mir nur schleierhaft, wie schnell das alles passiert ist. Ich habe den Verlauf meiner Karriere durchaus als Aufstieg empfunden: vom Radio ins Fernsehen, vom Dritten ins Erste, vom Nachmittag in den Hauptabend. Als ich den Gipfel erklommen hatte, verfiel ich dem Irrglauben, nun würde eine lange Gerade kommen. Stattdessen ging es auf der anderen Seite schnell wieder bergab. Ich hatte noch das letzte Interview mit der Feststellung im Ohr: »Jetzt sind Sie ganz oben«, da kam schon das nächste mit der Frage: »Wie lange wollen Sie das eigentlich noch machen?«

Ja, wie lange will ich überhaupt? Ich höre da unterschiedliche Ratschläge. Die einen erklären mir, dass Arbeiten das beste Mittel gegen das Altwerden sei und dass diejenigen, die zu früh damit aufhören, eines vorzeitigen Todes sterben. Aber soll ich irgendwann als Karikatur des Mannes vor einer Kamera stehen, den die Leute mal geliebt haben? Soll ich mir an irgendeiner Hochschule, notfalls einer österreichischen, einen »Professor« ergaunern, indem ich vor jungen Leuten Weisheiten aus einer Medienwelt von mir gebe, die sich so schnell verändert, dass ich immer nur den Schnee von gestern schippe?

Andere sagen, es sei eine der wichtigsten Lebensleistungen, zu erkennen, wann man es hinter sich hat. Ginge es nach dem, was in den Medien schon alles über mich und dieses Thema geschrieben wurde, dann habe ich diesen Punkt schon mehrfach verpasst. Erstmals vor zwanzig Jahren. Ich habe nichts dagegen, noch zwanzig Sommer kommen und gehen zu sehen, habe aber auch das beruhigende Gefühl, genügend Winter erlebt zu haben.

Ich weigere mich trotzdem, in den Chor derer einzufallen, die vom selbstbestimmten Sterben schwärmen. Bin ich schon dement, weil ich mein iPhone dauernd verlege, habe ich Alzheimer, weil ich mir meine Passwörter nicht merken kann? Das Thema bewegt mich, denn ich habe bereits zwei Freunde verloren, die den Weg des selbstbestimmten Todes für sich gewählt haben. Einer davon ist mein Freund und großer Förderer Udo Reiter, dem ich dieses Buch gewidmet habe und der einige Kapitel daraus noch mit Freude gelesen hat. Er hat fast fünfzig Jahre seines Lebens im Rollstuhl verbracht, und niemand, der es nicht am eigenen Leib erlebt hat, kann begreifen, was das an physischer und psychischer Kraft gekostet hat. Der andere ist Gunter Sachs, der offenbar dem Alter keine Gewalt über Geist und Körper gewähren wollte. Zeit seines Lebens ein athletischer Ästhet, brachte er sein Ideal mit der Wirklichkeit seines Lebens nicht mehr in Einklang.

Dass er sich keine zehn Tage, nachdem ich mich in Palm Springs von ihm verabschiedet hatte, in seinem Haus in Gstaad erschossen hat, will mir heute noch nicht in den Kopf. Sein eigenes Totschlagargument, er sei einer Alzheimer-Erkrankung zuvorgekommen, kann ich nicht akzeptieren. Er war schusselig, er war vergesslich, und der Campari Orange zum Brunch hat sicher auch nicht geholfen. An meinem letzten Tag in seinem Anwesen in Indian Wells habe ich noch ein Foto gemacht von dem Ausblick, der sich Gunter jeden Morgen beim Frühstück bot: das unwirklich gepflegte Grün des Golfplatzes vor dem Hintergrund der zerklüfteten, braunen Felsen, die dort aus der kalifornischen Wüste aufragen. Ein Panorama, das sich wenigen Menschen als Hintergrund für den Morgenkaffee auf der eigenen Terrasse bietet.

Hat jemand, der dieses Privileg noch im Vollbesitz seiner geistigen Kräfte genießen kann, das Recht, sich ein Bild aus dem Kopf zu schießen, das viele Menschen gern auch nur ein einziges Mal in ihrem Leben sehen würden? Ich nehme ihm seinen einsamen Entschluss übel, aber ich bestreite ihm nicht das Recht zu tun, was er für die richtige Entscheidung hielt, auch wenn sie in meinen Augen falsch war. Das Gleiche gilt für Udo Reiter, der sich nach seiner Intendantenlaufbahn beim MDR in ein altes Schulhaus mit kleinem Park in der Nähe von Leipzig zurückgezogen hatte. Ich nahm es als Idylle wahr. Aber jedes Mal, wenn ich mich verabschiedete, ließ ich einen Mann zurück, der mir aus seinem Rollstuhl nachwinkte. Was wusste ich schon? Was wissen wir wirklich von Menschen, die wir zu kennen glauben?

Beide Freunde haben sich mit einem Revolver erschossen, und ich bin mir ziemlich sicher, dass jeder von ihnen zuvor noch ein Glas Champagner getrunken hat. Kein ganz schlechter Abgang. Trotzdem werde ich versuchen, nicht auszusteigen, bevor ich am Ziel bin. Noch verdränge ich die Gedanken an die letzten Stunden mit Erfolg und habe keine Ahnung, was mein Schicksal mit mir vorhat. Kann gut sein, dass ich meine Theorie von heute einer Wirklichkeit von morgen opfern muss, von der ich jetzt noch nichts wissen will. Mein Vater hat sein Ende in stiller Ergebenheit über mehrere Monate auf sich zukommen sehen; ich war mit meinen vierzehn Jahren das älteste seiner drei Kinder. Er muss verzweifelt gewesen sein, aber ich kann mich an einen gefassten Mann erinnern, der sein Los auf sich genommen und es getragen hat.

Zur Diskussion um das selbstbestimmte Ende gibt es intellektuelle und gedankenscharfe Wortbeiträge. Ich zitiere aus einer Carl-Loewe-Ballade, die ich als Kind oft gehört habe und deren Text sich mir eingeprägt hat. In ihr wird das Leben mit einer Uhr verglichen, die der Besitzer am Ende seinem Schöpfer zurückgibt. Und zwar mit dankbar kindlichem Flehn: »Sieh, Herr, ich hab nichts verdorben. Sie blieb von selber stehn.«

SPIRIT IN THE SKY

Norman Greenbaum

Fast alle Menschen, die sich mit mir beruflich oder privat befasst haben, wollten wissen, wer mich »inspiriert« hat. Rockmusiker finden ihre Wurzeln gern im Blues, Architekten im Bauhaus, nur mir fiel nie eine befriedigende Antwort ein. »Ich hätte gedacht, der Kuli«, kam dann häufig als Reaktion, und ich antwortete: »Stimmt. Wenn einer, dann der.«

Es stimmt wirklich: Hans-Joachim Kulenkampff ist und bleibt für mich der beste deutsche Showmaster. Ein Vorbild war er nicht, denn ich habe ihm nie mit dem Gefühl zugesehen, ihm nacheifern zu wollen. Als er in der Mitte der Sechzigerjahre mit *Einer wird gewinnen* in meiner Fernsehwelt auftauchte, saß ich vor dem Schwarz-Weiß-Gerät meiner Tanten, und immer, wenn das Bild durchlief oder wackelte, sagte eine von ihnen: »Das kommt vom Studio.« Das war am Samstagabend, wenn ich zum Fernsehen in die andere Haushälfte durfte, zu Millowitsch oder eben Kuli. Eine kritische Würdigung dieser Ereignisse fand nicht statt. Man nahm sie dankbar zur Kenntnis wie die Sonntagspredigt, nur dass man Spaß dabei hatte. Millowitsch fanden meine Tanten »lustig«, und Kuli fanden sie »frech«. Nur am Ende der Sendung bekam er jedes Mal sein Fett weg, wenn ihm Butler Martin Jente mit einer bissigen Bemerkung in den Mantel half. Zuvor aber ließ er sich über die Rocklänge seiner Assistentin aus oder schäkerte mit seinen Kandidatinnen. Die Abkürzung von *Einer wird gewinnen* war auch die der Europäischen Wirtschaftsgemeinschaft, und die Kandidaten von *EWG* kamen aus dem gesamten europäischen Raum. Kuli interessierte sich ohnehin nur für die weiblichen darunter, und wenn sie ihm besonders gefielen und aus Frankreich oder Italien kamen, ließ er sich ihre Namen so auf der Zunge zergehen, als wären sie Pralinen.

Das hat mich beeindruckt. Das Quiz selbst war nebensächlich, der Punktestand unerheblich. Die Show war Kuli, und Kuli war die Show. Eigentlich war er ja Schauspieler, und als solcher beanspruchte er in jeder Sendung einen kleinen Auftritt. Also gab es zu einer bestimmten Quizfrage immer ein Filmchen, in dem man ihn als Göttervater Zeus oder Beatle mit Pilzkopfperücke bewundern konnte. Auf diese Einspieler hätte ich als Zuschauer verzichten können, für Kulenkampff waren sie wohl das Salz in der ansonsten schalen Showsuppe.

Je länger ich auf seinen Spuren wandelte, desto näher fühlte ich mich ihm. Persönlich trafen wir uns erstmals Anfang der Achtzigerjahre in Basel, weil ich ihn für die Fernsehzeitschrift *Hörzu* interviewen sollte. Ich war Feuer und Flamme, denn er war für mich die Nummer eins unter den deutschen Entertainern. 1979 hatte er nach einer Unterbrechung von zehn Jahren wieder begonnen, *Einer wird gewinnen* zu moderieren, die Lieblingssendung meiner Jugend – das war der Anlass für unser Gespräch. Ich begrüßte ihn mit der Floskel, mit der heute viele Leute mir eine Freude machen wollen: »Toll, dass ich Sie endlich treffe! Ich bin mit Ihnen groß geworden!«

Zu meiner Enttäuschung beglückte ihn das nicht besonders, es schien ihn eher zu ärgern. Heute ist mir klar, dass ich ihn mit meinem Kompliment zum TV-Opa machte. Ich weiß nicht, ob es daran lag, aber er weigerte sich konstant, mich bei meinem Namen zu nennen, und entschied sich für »Maxe«. Das hatte etwas Rittmeisterliches, aber ich fand, das stand ihm durchaus zu, und es tat meiner Begeisterung für ihn keinen Abbruch. »Maxe« hat damals gelernt, dass man Kritiken sofort in die Tonne treten muss, und hätte Kuli gerne geglaubt, dass er nie eine gelesen hat, wenn nicht sein Butler Martin Jente, der schweigend mit am Tisch saß, mir hinterher zugeflüstert hätte: »Er liest jede!«

Dass ich bis heute oft mit Kulenkampff in einem Atemzug genannt werde, schmeichelt mir. Ich fühle mich ihm nah. Er hat weder sich noch sein Geschäft besonders ernst genommen – eine wichtige, wenn nicht sogar die wichtigste Voraussetzung für einen Unterhalter. Eben diese »Wurschtigkeit«, wie wir das in Bayern nennen, hat man ihm später zum Vorwurf gemacht, als es ihm beim *Großen Preis* mehr um den Spaß ging als ums Regelwerk. Es war ohnehin vielleicht nicht besonders klug von Kulenkampff, sich die Thoelke-Show vom ZDF aufschwatzen zu lassen. Denn wo der sechs Jahre jüngere »Unterhaltungsbeamte« Wim buchhalterisch die Punktezahl der Mitspieler verwaltete, kasperte sich Kuli lustbetont durch die Sendung und scheiterte an blinkenden Anzeigetafeln und buzzernden Kandidaten.

Man unterstellte ihm Senilität und warf ihm vor, den Zeitpunkt zum Aufhören verpasst zu haben. Für mich war er noch in seinen letzten Sendungen besser als manche Nachwuchskraft zu Karrierebeginn. Aber das klingt vielleicht etwas nach geteiltem Leid. Einige Sprüche aus seiner TV-Geschichte sind echte Klassiker. Ganz vorn steht die Bemerkung, die ihm entfuhr, als bei *EWG* ein Rudel von Ferkeln quiekend durchs Studio irrte, statt sich an die vorgegebene Rennstrecke, einen rötlichen Läufer, zu halten: »In Deutschland sind schon ganz andere Schweine über rote Teppiche gelaufen!« Und das hatte ihm kein Autor nach langem Drücken auf den Prompter geschrieben. So etwas rutschte ihm mehrfach raus, und er hat sich danach nie schallend selbst belacht – eine Unart, die mich bei Moderatoren wahnsinnig macht –, sondern er hat einfach weitergemacht.

Aus Kulenkampffs TV-Schicksal kann ich viel lernen, auch aus seinen Fehlern. Sein *EWG* war mein *Wetten, dass..?* Auf diese Sendung wird er heute im Rückblick reduziert, und alle finden es großartiger, als es wahrscheinlich war. Dafür wurden ein paar Flops gnädig vergessen, wie ein Comebackversuch 1975 in »kleiner, intimer Form«, wie er das nannte. Die kuschelige sonntagabendliche Talkrunde namens *Feierabend* erlosch ziemlich schnell wieder. Bei diesem Experiment war er gerade mal vierundfünfzig Jahre alt und wurde vom *Spiegel* bereits als »Alt-Spaßvogel« empfunden. Ein paar Jahre später wurden die Kulturredakteure des Hamburger Blattes noch böser und machten aus Kulenkampff eine »zähledrig gewordene Alt-Plaudertasche«. Kuli hat es überlebt.

Aber auch ihm hat der Fernsehzuschauer nicht alles abgenommen. Der Bildungsbürger Kulenkampff litt schon sehr früh an der Verflachung des Programms, und da Helmut Thoma, der damalige Chef von RTL, auf die Vorwürfe reagieren wollte, die man seinem Programm in dieser Hinsicht machte, erfanden die beiden stämmigen Herren gemeinsam eine Literatursendung und hofften auf das Gute im Menschen. Sie wurden bitter enttäuscht. Alle mochten Kuli, aber seinetwegen ein Buch zur Hand zu nehmen ging dann doch zu weit. Ich war Gast in *Kulis Buchclub*, mir gefiel die Sendung, aber auch das hat wenig geholfen. Danach war Kuli in der gleichen Situation, in der ich Juror beim *Supertalent* wurde. Er hat die Haltung gezeigt, die manche bei mir vermisst haben, und sich in sein Haus im Salzburger Land zurückgezogen.

Dort habe ich ihn besucht, weil ich spürte, dass da einem der Dank nicht gezollt wurde, den er verdient gehabt hätte.

Kuli war bereits an Krebs erkrankt, aber er präsentierte mir die Idee zu einem »Geschichtsquiz«, das er im dritten Programm der ARD moderieren wollte. Da war ihm die Rolle des Bildungsbeauftragten dann doch wichtiger als der mögliche Gesichtsverlust des einst erfolgreichen Samstagabendunterhalters, der sich nicht zu schade war, sich ins Regionalprogramm zurückzuziehen: lieber im Dritten verspottet als im Ersten verschrottet. Aber selbst auf den öffentlich-rechtlichen Experimentierfeldern gab man Kulenkampffs pädagogischem Kreuzzug keine Chance mehr. Sein Konzept blieb in der Schublade seines Arbeitszimmers.

Ich habe mich damals in sehr nachdenklicher Stimmung von ihm verabschiedet. Er war der größte Unterhalter seiner Zeit, und ich hatte ihn immer in seiner »Villa am See« vermutet, von der ich in den Illustrierten gelesen hatte, und dabei an ein imposantes Gebäude mit großer Terrasse und Personal gedacht. In Wirklichkeit saß da ein älterer Herr in Strickjacke in einem eher dunklen Haus, das zwar am Wasser lag, aber dadurch eher feucht als luxuriös wirkte. In dem Jahr, in dem Kulenkampff starb, 1998, bat mich ausgerechnet der *Spiegel*, für seinen Jahresrückblick einen Nachruf auf den großen Entertainer zu verfassen. Auf einmal sollte der Verstorbene in einem Blatt gefeiert werden, das ihn zu Lebzeiten als »TV-Geronten« verspottet hatte. Ich habe mich in meinem Artikel ein letztes Mal tief vor Kuli verneigt und meine Erkenntnis bestätigt gefunden: Kaum biste tot, biste der Größte.

Dass ich mit älteren Herren immer gut konnte, liegt vielleicht auch daran, dass ich ohne Vater aufgewachsen bin. Wenn mich die Lebenserfahrung anderer vor eigenen Fehlern bewahren kann, höre ich immer gern zu. Ein anderer alter Herr, dem ich mich sehr verbunden fühlte, lebte in einer mir fernen Gedankenwelt, die sich nicht nur auf einem fremden Stern befand, sondern in einer anderen Galaxie: der Literaturkritiker Marcel Reich-Ranicki. Nicht wenige seiner Verehrer sahen MRRs Nähe zu mir durchaus skeptisch. Den jüdischen Intellektuellen, der den Holocaust knapp überlebte und seine Heimat in der deutschen Literatur wiederfand, konnten sie nur unter innerem Protest mit der ewig blonden Plaudertasche aus den Seichtgewässern der deutschen Fernsehunterhaltung in Verbindung bringen. Er selbst hatte da weniger Probleme.

Als die Redaktion meiner Late-Night-Show auf RTL den zänkischen Kauz aus dem *Literarischen Quartett* auf ihre Wunschliste setzte, wusste ich nicht, ob das eine gute Idee war. Nicht meinetwegen, denn ich fand ihn nicht nur großartig, sondern imitierte ihn auch bei jeder sich bietenden Gelegenheit. Aber ob er sich in intellektuelle Niederungen wie diese begeben würde? »Brrrringt mir den Kerrrrrl«, ließ er verlauten, und ich kam dieser Aufforderung gern nach. Wir trafen uns in Frankfurt, und ich wickelte ihn rasch mit ein paar Goethezitaten ein. Meine zwei Semester Germanistik brachte ich ebenso geschickt ins Spiel wie meine geheuchelte Liebe zum Werk von Christa Wolf, von der ich ihn begeistert hatte reden hören. Er war beeindruckt und sicherte mir umgehend sein Erscheinen zu.

Meine Vorfreude schlug jedoch in Panik um, als ich erfuhr, dass für denselben Abend die Porno-Queen Teresa Orlowski auf der Gästeliste stand. Meine Redakteure versicherten mir, dass man MRR die Anwesenheit der Dame durchaus mitgeteilt habe und dass er nichts gegen eine Begegnung vor laufenden Kameras hätte, im Gegenteil, er freue sich darauf. Es wäre nicht das erste Mal gewesen, dass mich meine Mitarbeiter mit Halbwahrheiten in Sicherheit wiegen wollten, weswegen ich kurz vor der Show den Meister vorsichtshalber persönlich in seiner Garderobe aufsuchte. Statt mir seine Missbilligung auszudrücken, wollte er seine Kenntnisse über Frau Orlowski erweitern: »Sssagen Sssie ... und die Dame wirrrkt in diesen Filmen perrrrssönlich mit?« Ich konnte das bestätigen.

Während es mir bei MRRs Auftritt eher um meine germanistische Reputation ging, war der Großkritiker am literarischen Teil der Sendung weniger interessiert. Ich werde nie vergessen, wie die Äuglein von Reich-Ranicki anfingen zu leuchten, als die dralle Brünette im engen Lederfummel zu ihm aufs Sofa plumpste. Kein Wort von ihr zur deutschen Gegenwartsliteratur, aber großes Interesse des Literaturpapstes an ihrem Wirkungsbereich. Seine Wissbegier gipfelte in einer Frage, die mir noch heute in den Ohren klingt: »Sssagen Sssie, Verehrtessste: Zeigen Sssie auch Ssselbstbefriedigung?« Teresas umgehende Bestätigung beruhigte ihn, und ich hatte den Höhepunkt meines bisherigen Schaffens in der deutschen Fernsehlandschaft erlebt.

Marcel Reich-Ranicki und ich haben uns also am Fuße des Venushügels getroffen, um dann gemeinsam in lichtere Höhen vorzudringen. Ab da hatten wir öfter miteinander zu tun. Ich korrespondierte oder telefonierte mit ihm in verschiedenen Angelegenheiten, wobei das Faxgerät der Gipfel der Technologie war, auf die er sich einließ. Am liebsten telefonierte er und sprach dabei – wie auch ich – immer erheblich lauter als nötig. Er war mehrfach zu Gast bei *Wetten, dass..?*, betonte immer wieder, dass er dies nur mir zuliebe tue, und ich lud ihn schon deswegen gern ein, weil ich einen Fürsprecher in den obersten Feuilletonetagen gefunden hatte, was in den unteren ein leichtes Zähneknirschen auslöste. Ernst wurde es erst, als MRR mir seinen Wunsch übermitteln ließ, ich möge zu seinem achtzigsten Geburtstag einer der Redner in der Frankfurter Paulskirche sein. Als Salatblatt zwischen dem ehemaligen Bundespräsidenten Richard von Weizsäcker und dem Herausgeber der *Frankfurter Allgemeinen Zeitung*, Frank Schirrmacher, also genau dort, wo ich hingehörte. Meine erste Reaktion war, mir von irgendeinem Germanistikprofessor eine kluge Rede schreiben zu lassen, den Ghostwriter zu ermorden und danach für alle Zukunft als verkanntes Genie in der Fernsehunterhaltung falsch geparkt zu sein. Der Mord wäre nicht das Problem gewesen, aber ich fand erst keinen Professor und dann die ganze Idee dämlich. Unter dem Motto »Zwei Semester Germanistik müssen reichen« wollte ich selber zeigen, was ich kann.

Das Dumme war nur, dass ich exakt zur selben Zeit gemeinsam mit meinem Sohn Roman am Bodensee die Prüfung für den »Bootsschein für Seen und Binnengewässer« zu bestehen hatte. Mit der einen Seite meines Hirns lernte ich Seemannsknoten und Vorfahrtsregeln, mit der anderen arbeitete ich an der Rede. Es stand zu fürchten, dass da was durcheinandergeraten könnte. Als ich in der Paulskirche zum Pult trat und sich die gesamte deutsche Dichterelite einschließlich Kritikerfürsten und Chefredakteuren noch einmal durchräusperte, wollte ich – interessante neue Erfahrung – kurz im Erdboden versinken. Wenn ich jemals so etwas wie Lampenfieber kennengelernt habe, dann in dem Moment, als mein Vorredner Richard von Weizsäcker zum Ende kam. Meine Ansprache hatte ich vorher nur Roman vorgetragen, der sie »cool« fand, was mich nur bedingt beruhigte.

Es lief aber dann überraschend gut: Ich bekam, was mich bei diesem Publikum wunderte, alle Lacher dort, wo ich sie erhofft hatte, vor allem an der Stelle, wo ich mich über Günter Grass lustig machte. Gott sei Dank brachte ich die Ansprache zügig und ohne mich zu verhaspeln zum Ende. Für die ehrwürdige Location und dafür, dass da Literaten klatschten, war der Applaus in Ordnung. Zumindest druckte die *FAZ* die Rede am nächsten Tag in voller Länge ab, und Frank Schirrmacher empfahl mir, mich in Zukunft nicht mehr dümmer zu stellen als nötig. Der Jubilar war beim anschließenden Lunch in bester Stimmung.

Es war immer diese schlitzohrige Fröhlichkeit, die mich mit Marcel Reich-Ranicki verband. Er liebte die Bühne, und sein Unverständnis für den Zuspruch, der ihm zuteilwurde, war – und ich bin ihm da nicht unähnlich – immer auch etwas geheuchelt. Er wusste, dass er gut war, hatte das Entertainer-Gen und setzte es auch sehr bewusst ein. Beifall und Verehrung wischte MRR erst dann unwirsch zur Seite, wenn er sich daran sattgetrunken hatte.

Ich genoss die Kontakte mit ihm. Was die deutsche Intelligenzija betrifft, fühlte ich mich zeit meines Lebens emotional unterversorgt und sog ihre Komplimente immer etwas zu gierig ein. Einmal sang der *Spiegel*-Erfinder Rudolf Augstein in kleinem Kreise ein Loblied auf mich. Ich beschloss daraufhin, mich von seinem Hamburger Fußvolk in Zukunft nicht mehr quälen zu lassen. Was aber nicht klappte. Egal, bei welchen gesellschaftlichen Anlässen ich auf Geistesschaffende stieß, die meisten versicherten mir, dass ich ihnen zwar »irgendwie« bekannt vorkäme, sie aber für die Kindereien, mit denen ich meine Brötchen verdiente, weder Zeit noch Verständnis aufbringen könnten. Dienstlich war ich der Hochkultur als junger DJ in den Siebzigern am nächsten gekommen, als mich der Bayerische Rundfunk kurzzeitig falsch platziert hatte. In Ermangelung anderer Sendeplätze hatte man mir im Kulturprogramm Bayern 2 eine halbe Stunde für meine laute Musik und meine flauen Blödeleien gegeben. Meine

Disco 2 wurde ausgerechnet nach dem *Literarischen Quiz* mit Immanuel Birnbaum und vor der *Feier der israelitischen Kultusgemeinde* mit Baruch Graubart gesendet.

Deshalb war die Zuneigung, die mir MRR Jahrzehnte später öffentlich entgegenbrachte, ein intellektueller Ritterschlag für mich. Ich war wohl der einzige Mensch, der seine Zurückweisung des Deutschen Fernsehpreises 2008 absolut nachvollziehbar fand, obwohl ich es war, dem er ihn um die Ohren schlug. Ich moderierte die sperrige Verleihung nur aus Loyalität dem ZDF und seinem Intendanten Markus Schächter gegenüber. Das war immer ein Verhau aus unsinnigen Kategorien, und aufgrund der Tatsache, dass alle großen Fernsehanstalten sich daran beteiligten, immer auch ein Triumph der Kompromisse. Das ZDF war happy, Marcel Reich-Ranicki überhaupt zur Entgegennahme des Lebenspreises bewegt zu haben, aber bevor es so weit war, ließ man über dem armen Mann einen lauwarmen Preisregen an Comedians, Soapstars und Fernsehserien niedergehen, von denen er nie etwas gehört hatte und auch nichts hören wollte.

Ich sah ihn langsam in sich zusammensinken, seine ansehnlichen Ohren begannen, verdächtig rot zu glühen. Diese Warnlampe sah auch mein Intendant, der unmittelbar neben MRR ebenfalls in der ersten Reihe einsitzen musste. Er kam zu mir hinter die Bühne und fragte in seiner bedächtig-vorsichtigen Art, ob man den Ablauf des Programms nicht spontan ändern und die Verleihung an Marcel vorziehen könne. Regisseur und Unterhaltungschef reagierten ablehnend, ich war unbedingt dafür. Mit meiner damals durchaus beträchtlichen Autorität setzte ich eine Änderung des Programmablaufs durch, und wir zogen die Lebenspreisverleihung vor. Dass das nicht geholfen hat, weiß man inzwischen. Mit dem Hinweis auf das gerade Gesehene stellte der Kritikerpapst fest, dass er mit diesem Geschäft nicht das »Gerrrrringste« zu tun habe, und lehnte es kategorisch ab, diesen Preis anzunehmen.

Das Entsetzen in der Halle war groß, ich aber dachte amüsiert: »Respekt, der Alte traut sich was«, und die Tatsache, dass mir MRR unmittelbar nach dem Eklat auf der Bühne das Du anbot, machte uns zu Verbündeten gegen den Rest der geistlosen Fernsehwelt. Ein solcher Schulterschluss gefiel mir. Diese Unflexibilität begann auch sofort wieder zu greifen, denn das Programm ging fröhlich weiter, mit Serienhelden, die ihre auswendig gelernten Dankesreden aufsagten, als wäre nichts geschehen. Nur die anspruchsvolleren Gewinner und Laudatoren gingen auf das Vorangegangene ein. Doch die Verantwortlichen hielten verbissen am ursprünglich geplanten Ablauf der Sendung fest, und ich musste allen, die das Geschehene aus ihrer Sicht kommentierten, in die Parade fahren und ihnen klarmachen, dass sie in der späteren Ausstrahlung *vor* dem Eklat auf der Bühne stehen würden, ihn also noch gar nicht erlebt hatten und sich deswegen auch nicht dazu äußern konnten.

Das Ganze war idiotisch, denn mit den Verknotungen und der daraus resultierenden Komik hätte es mal ein anderer Fernsehpreis werden können. Aber statt ihn als Dokument einer unbeherrschbaren Regie zu senden, wurde im Interesse der bei Aufzeichnungen üblichen Schadensbegrenzung dann so lange geschnipselt und umgestellt, bis die Zurückweisung des Preises am Ende der Sendung stand und als peinlicher Aussetzer eines randalierenden Opas bei der Familienfeier wahrgenommen wurde – einer Fernsehfamilie, die sich keiner Schuld bewusst und absolut mit sich im Reinen war.

Nach diesem Zwischenfall versuchten einige Medien, aus mir und MRR ein Showduo wie Marianne & Michael zu machen. Der Kritiker hatte aber Besseres zu tun und verschwand wieder im Elfenbeinturm des Geistesmenschen, während ich mit der Götterdämmerung bei *Wetten, dass..?* beschäftigt war. Auf die letzten Meter seiner Tätigkeit wurden wir dann aber doch noch so etwas wie ein Team: Ranicki war nicht mehr in der Lage, seine Kolumne »Fragen Sie Reich-Ranicki« in der *Frankfurter Allgemeinen Sonntagszeitung* arbeitstechnisch zu bewältigen, und trug mir die Ehre an, als sein Zauberlehrling ebenfalls Fragen zu beantworten und mir mit ihm die entsprechende Feuilletonseite zu teilen.

Wir machten das ein knappes Jahr, und die Fragen an mich waren erwartungsgemäß schlicht. Man wollte wissen, ob ich amerikanische TV-Serien auch besser fände als deutsche (in den meisten Fällen: ja) oder warum ich keine Literatursendung im deutschen Fernsehen moderieren wollte (siehe Kuli). Dieses feuilletonistische Doppel hielt so lange, bis die Kraft meines greisen Partners erkennbar nachließ und er den Dialog mit den Lesern einstellen musste. Es hat mich gerührt, als mich die Bitte seines Sohnes Andrew erreichte, am Sarg des Vaters ein letztes Mal über diese ungewöhnliche Beziehung zwischen dem großen Literaturliebhaber und dem Grüßaugust der Nation zu sprechen. Ich habe das gern und dankbar getan.

Immer, wenn ich auf meinem Weg zu einem belastbaren Weltbild nicht weiterwusste, habe ich mir die Gedanken größerer Geister in meine Hausapotheke gestellt. Ein Name tauchte dabei immer wieder auf: der des Gelehrten Hans Küng, dem ich erst viel später in meinem Leben persönlich begegnet bin. Vor allem auf einem Gebiet, das ich für extrem wichtig halte, half er mir immer wieder über dünnes Eis – bei der Frage nach dem Woher und Wohin. Im Versuch, an meinem Glauben festzuhalten, musste ich ihn irgendwann aus der Naivität meiner Kindheit in eine ernst zu nehmende Lebensphilosophie übertragen.

Küngs Frage nach der Existenz Gottes hatte ich mir natürlich auch schon gestellt, war aber nicht in der Lage gewesen, sie zu meiner eigenen Zufriedenheit zu beantworten. In seinem Buch *Existiert Gott?*, das bereits 1978 erschienen ist, versucht Küng, gesicherte naturwissenschaftliche Erkenntnisse der Neuzeit mit einer Theologie zu versöhnen, die in ihrer zweitausendjährigen Geschichte viel von ihrer Strahlkraft verloren hat. Inzwischen habe ich fast alles gelesen, was der Schweizer Theologe in seiner langen akademischen Laufbahn verfasst hat. Vor allem seine dreiteilige Autobiographie hat mich davon überzeugt, dass auch ein kritischer Geist heute durchaus zu seinem Glauben stehen kann, ohne sich dafür bei der aufgeklärten Restgesellschaft entschuldigen zu müssen. Zumal Küng seiner Kirche nichts geschenkt und mit ihr sein Leben lang gerungen hat.

Der Entzug seiner Missio canonica, seiner kirchlichen Lehrerlaubnis, hat mich deswegen erzürnt, weil mir damit signalisiert wurde, dass der Boden, auf dem ich gerade Halt gefunden hatte, für mich als gläubiger Katholik schon wieder *off limits* sein sollte. Ich blieb trotzdem an Küngs Seite und konnte mich ebenso wenig wie dieser für die konservative Geisteshaltung von Joseph Ratzinger erwärmen, dem es als Papst Benedikt XVI. nicht geglückt ist, die katholische Kirche aus der Defensive zu führen, in die sie sich durch Missbrauchsskandale und rückwärtsgewandtes Denken selbst gebracht hat.

Bei einem Dialog, zu dem mich Reinhold Beckmann in seine Talkshow eingeladen hatte, durfte ich Hans Küng persönlich einige der theologischen Fragen stellen, die mich bewegen. Diese Begegnung hat mir viel gegeben. Obwohl der über Fünfundachtzigjährige gesundheitlich bereits stark angeschlagen war, haben wir uns an diesem Abend zu einer öffentlichen Veranstaltung in Berlin verabredet, wo ich mit Küng auf einer Bühne vor einigen Hundert kritischen Zuschauern den Dialog fortsetzte. Ich fühlte mich zwar am Rande meiner intellektuellen Kapazität, war aber begeistert von der Überzeugungskraft des Theologen, der offensichtlich nicht nur für mich, sondern auch für viele andere Menschen bis heute ein Grund ist, der katholischen Kirche nicht den Rücken zu kehren.

Überrascht hat mich allerdings, dass auch er sich in Sachen selbstbestimmtes Sterben gegen eine Kirche auflehnt, der er bei allem Gegenwind immer die Treue gehalten hat. Küng, der an Parkinson leidet, hat öffentlich bekundet, dass er nur noch ein »Leben auf Abruf« führt und sich Sterbehilfe durchaus vorstellen kann. Damit begibt er sich in extremen Widerspruch zur Lehrmeinung der katholischen Kirche, die ihm das vermutlich nicht durchgehen lassen wird. Gemeinsam mit ihm vertraue ich aber darauf, dass ein allgütiger Gott ein anderes Verständnis von Vergebung hat als die, die auf Erden für ihn zu sprechen meinen.

FAME

David Bowie

Mit Ende zwanzig hatte ich einen Status erreicht, den viele Jugendliche heute als »Berufswunsch« angeben: Ich war berühmt. Erst war ich Titelbild bei *Bravo*, *Rocky* und anderen Jugendzeitschriften, später schaffte ich es auf das Cover von *Hörzu* und *Bunte*. Ich schrieb Autogramme, kichernde Teenager liefen mir hinterher, und in den späten Siebzigern gründete eine junge Bayerin, die im Münchner Rathaus angestellt war, den ersten »Thomas-Gottschalk-Fanclub«.

Ich habe mir angewöhnt, den Ruhm als etwas zu betrachten, das ungewollt über mich kam, und ihn manchmal als eine Bürde bezeichnet, die ich meinem Publikum zuliebe tapfer trage. Das ist nur zum Teil richtig. Wenn ich ehrlich bin, zog es mich schon früh ins Rampenlicht. Ich erinnere mich noch gut an die ersten Symptome: Zwei Lokalgrößen, die in einer Kulmbacher Diskothek Platten auflegten, hatten sich einen Sticker an die Heckscheibe ihres VWs geklebt, auf dem sie sich als das »Old Castle DJ Team« auswiesen. Ich gönnte ihnen das Auto, aber nicht den Aufkleber, denn ich war überzeugt, dass ich der bessere Discjockey wäre. Weil ihr Thron nicht wackelte, setzte ich Reiner Beck, Besitzer des Clubs und Redakteur der *Bayerischen Rundschau*, den Floh ins Ohr, im »Old Castle« am Sonntagnachmittag eine »Teenagerparty« zu veranstalten.

Zu der Disco unterhalb der Plassenburg gehörte auch ein Ausflugsrestaurant. Hier servierte ich jedes Wochenende für fünf Mark die Stunde älteren Damen Kaffee und Kuchen und beanspruche seitdem erfolglos das Urheberrecht für den Satz: »... draußen gibt's nur Kännchen.« Bald saßen die Omas ohne mich in der Nachmittagssonne, denn ich legte in dem stockdunklen Laden von 15 bis 17 Uhr Platten auf. Die Teenagerparty war ein voller Erfolg, und es dauerte nicht lange, da mussten sich die beiden Helden ihren Aufkleber vom Fenster pulen. Der neue DJ im »Old Castle« war ich.

Das beweist zweierlei: Ich wollte ins Licht der Öffentlichkeit, und der Weg dorthin führte über Leichen. Nach oben wollen schließlich alle, und selbst in der oberfränkischen Version des Showgeschäfts ist der Bessere der Feind des Guten. Immer blieben ein paar betrübte Gesichter am Wegesrand zurück – Menschen, denen ich einen Job weggeschnappt hatte, den sie gern gehabt oder behalten hätten. Das gilt für viele Karrieren, aber auf dem Weg zum Ruhm bricht man sich schneller den Hals als bei einer Beamten- oder Managerlaufbahn.

Ich bin diesen Weg trotzdem gerne gegangen und habe anfangs nur positive Empfindungen damit verbunden. Erst war ich »der aus dem Rundfunk«, dann war ich »der aus dem Fernsehen«, und immer war ich damit einer von ganz wenigen. Heute treffe ich laufend »Moderatoren« oder »Showstars«, von denen ich weder weiß, was sie moderieren, noch, in welchen Shows sie auftreten. Bei den Damen kann es auch ein »It-Girl« sein oder eine »Society-Lady« und bei den Herren ein »Blogger« oder ein »Comedian«. All diese Facetten von Ruhm gab es in meiner Frühzeit nicht. Heinz Erhardt war ein lustiger Conférencier, und die einzige Society-Lady, die es gab, hieß »Begum«, war die Frau des Aga Khan und wickelte sich jedes Jahr zu den Bayreuther Festspielen in eine große bunte Seidenserviette. Der Jahrmarkt der Eitelkeiten war also relativ übersichtlich, und ich betrat ihn auf Turnschuhen. Als ich auf dem Wiener Opernball zum Frack mit silbernen erschien, wurden meine Füße öfter fotografiert als mein Kopf.

Ich hatte am Anfang nichts gegen den Rummel um meine Person – im Gegenteil, ich genoss ihn. Ich ließ mich gern fotografieren und posierte ohne Widerspruch mit meiner Freundin, auch noch, als sie schon meine Frau war. In den Münchner Klatschspalten war ich fest etabliert, aber als wir 1976 heirateten, dachte ich nicht im Traum daran, dieses Ereignis öffentlich bekanntzugeben oder gar zu feiern. Ganz im Gegenteil, ich flunkerte noch ein paar Monate später, dass ich ledig sei. Nicht nur bei Journalisten, aber bei denen besonders. Die Trennung von privatem und öffentlichem Leben habe ich von Anfang an ernst genommen.

An die Situation, »erkannt« zu werden, konnte ich mich nach und nach gewöhnen: Erst waren es die bayerischen Radiofans, dann die jugendlichen Fernsehfans, die mich mit *Szene 76* bundesweit kennenlernten, und mit *Wetten, dass..?* Mitte der Achtzigerjahre waren es, in aller Bescheidenheit, irgendwann »alle«. Mein Bekanntheitsgrad – das ist statistisch erfasst worden – liegt bei 98 Prozent. Damit gehöre ich zu einer Handvoll Menschen, die in Deutschland »jeder kennt«. Und frage mich, warum es bei den restlichen zwei Prozent nicht geklappt hat.

Wann aus diesem fragenden »Sind Sie nicht …?« das apodiktische »Der Gottschalk!« wurde, weiß ich nicht mehr. Aber ich weiß, wie das für andere ist, seit mir Patrick Duffy, der Bobby aus *Dallas*, im Aufzug des Bayerischen Hofs in München begegnete. Durch die geradezu wissenschaftliche Beschäftigung mit dieser Serie in meiner *Radioshow* war mir das gesamte Personal dieser »Soap« aufs Intimste vertraut. Neben dem Fiesling J.R. war Bobby Ewing der Nette, und ich fühlte mich dieser Figur persönlich am nächsten. Als er plötzlich zu mir in den Lift stieg, ging ich wie selbstverständlich davon aus, dass er mich genauso gut kannte wie ich ihn, und begrüßte ihn wie einen Freund. Für ihn war das nichts Neues, aber ich bemerkte nach einer Schocksekunde, dass der Mann nicht die Bohne an mir und meiner Begeisterung interessiert war. Nun war das bei diesem Schauspieler lediglich das Schicksal einer Rolle, die er für ein paar Jahre übernommen hatte, aber ich war ja immer »der Gottschalk«. Trotzdem wurde mir der direkte Kontakt zu meinem Publikum nie lästig.

Obwohl die meisten mich mit *Wetten, dass..?* in Verbindung bringen, habe ich meine Fans und Gegner, meine Erfolge und meine Niederlagen nicht nur mit dieser Sendung eingesammelt. Ich war Werbefigur und Filmdarsteller, TV-Gesicht und Kolumnist, und zum Ärger mancher Musikjournalisten schaffte ich es mit »Rapper's Deutsch« sogar in die Top Ten der deutschen Charts. Es gab also genügend Möglichkeiten für mich, auf dieser Reise durch diverse Sparten des Showgewerbes Fans einzusammeln. Die haben mir zu meiner Freude dann auch applaudiert, wann und wo immer ich ihnen über den Weg lief. Einmal sogar im Aichacher Frauengefängnis. Ich bekam von den »Frauen hinter Gittern« für meine Radioshow jede Menge Fanpost und Musikwünsche und war der einzige Kerl, der jeden Abend für eine Stunde ungehindert Zugang zu ihren Zellen hatte. Ich war dort so beliebt, dass mich die Anstaltsleitung irgendwann zu einem Live-Auftritt einlud, und ich kam mir vor wie Johnny Cash in San Quentin. Man versteckte mich allerdings in einem kleinen Verschlag mit zwei Plattenspielern, und ich beschallte die Damen aus sicherer Entfernung. Eine ist bis heute mein größter Fan geblieben, nennen wir sie Röschen. Persönlich getroffen habe ich sie nie, aber sie hat mir über die Jahre Hunderte von Briefen geschrieben, die sie jeweils mit einer Rose verzierte und mit rotem Siegelwachs verschloss. Ich habe jeden gelesen.

Ruhm hat seine Vorteile, aber damit sind weder Krankheiten zu bekämpfen noch schlechte Schulleistungen der eigenen Kinder. Natürlich kriegt man schneller einen Termin beim Zahnarzt, aber die Arzthelferin schaut einem auch mit ganz besonders großen Augen in den Hals. Sie sagt es nicht, aber man hört sie denken: »Gut, dass man den im Fernsehen nur von außen sieht.« Und der bessere Tisch, den man im Restaurant bekommt, steht immer so, dass möglichst viele Menschen sehen, wenn einem das Schnitzel auf die Hose fällt, und ganz sicher so, dass der Tischnachbar hören kann, was gesprochen wird. Mit dem feinen Unterschied, dass es ihn in diesem Fall auch interessiert und er deswegen eigene Gespräche weitgehend einstellt. Bei Restaurantbesuchen im Ausland wird mir schlagartig der Unsinn einer solchen Klage bewusst. In Deutschland sitze ich gut und ächze: »Warum kennt mich hier bloß jeder?«, im Rest der Welt sitze ich schlecht und barme: »Warum kennt mich hier bloß niemand?«

Was mich oft an Stars, die bei mir zu Gast waren, gestört hat, kann ich für mich selber leider auch nicht ganz ausschließen: Es gibt die dauernde Versuchung, seine Beliebtheit anzuknipsen wie eine Polizeisirene, wenn man damit schneller vorankommt, und sie einfach abzuschalten, wenn sie nervt. Das geht aber nicht, und man muss sich über die Konsequenzen früh im Klaren sein: Grillt man auf kleiner Flamme oder will man das große Feuer? Hat man sich einmal für Letzteres entschieden, gibt es kein Zurück mehr. Ich hätte Kulmbachs beliebtester Discjockey bleiben können, ich hätte als Musikredakteur des Bayerischen Rundfunks in Rente gehen können, und ich hätte im dritten Programm der ARD kleine Unterhaltung für kleines Geld machen können. Aber ich wollte mehr und suchte den Erfolg an allen Fronten. Kaum hatte ich im Fernsehen die ersten Stufen meiner Karriere gezündet, kam Mitte der Achtzigerjahre das erste Angebot aus der Werbeindustrie.

Verträge für Fernsehgesichter gab es zu meiner Anfangszeit kaum. Kuli hatte zu Schwarz-Weiß-Zeiten einen Cognacschwenker ins Bild gehalten und mit verschmitztem Grinsen geprostet: »Darauf einen Dujardin!« Und Rudi Carrell war ab 1977 im weißen Kittel für Edeka unterwegs. Dass sich Showmaster für deutsche Würstchen und Magazinmoderatorinnen für Haarspülungen starkmachten, war allerdings weder die Regel, noch war es erwünscht. Man musste sich das damals noch vom Sender genehmigen lassen und bekam die Erlaubnis nur, weil die Verantwortlichen wussten, dass die Bezahlung für das Showpersonal eher mickrig war im Verhältnis zu ihrer Bedeutung für den Sender.

Ich war also skeptisch, als ich mir das Angebot von McDonald's auf dem Lerchenberg genehmigen ließ. Die Fastfoodbedürfnisse der Deutschen wurden damals von Wienerwald und den Curry- und Bratwurstbuden zur kulinarischen Zufriedenheit aller abgedeckt. Keiner brauchte gurkenbeklebte Buletten in Pappdeckelhälften, aus denen Ketchup tropfte. Das dachten sich auch deren Hersteller und suchten deshalb jemanden, der den Leuten alles und auch so was verkaufen könnte. In mir glaubten sie, diese Person gefunden zu haben, und ich fand das, ohne mich entsprechend ausdrücken zu können, cool. Wenn mich schon das US-Fernsehen nicht wollte, dann wenigstens die amerikanischen Hamburgerbrater. Das war ein Schritt in die richtige Richtung.

Meine Söhne knirschen heute noch mit den Zähnen und sagen, ich hätte damals *Shares* einfordern sollen, aber erstens wusste ich zu dieser Zeit noch gar nichts über Aktien, und zweitens brauchte ich dringend Bargeld. Die Spots waren witzig, wir drehten sogar vor der Skyline von Manhattan. Man warf mir für meinen Einsatz ein paar Hunderttausend Mark hinterher, und ich betrachtete das als Lotteriegewinn. Andere waren weniger happy. Plötzlich bekam ich Briefe von enttäuschten Schulklassen, die wissen wollten, warum ich mich dazu hergegeben hatte, einem Umweltsünder wie McDonald's auch noch die Kunden zuzutreiben. Erschrocken lief ich zu meinem Arbeitgeber und ließ mir sagen, dass die Firma, für die ich warb, weder etwas mit dem Abholzen der Regenwälder noch mit Sojaanbau am Hut hatte; Treibhausgase hatte man zu dieser Zeit noch nicht auf dem Radar. Ich hoffe, die Argumente, die man mir damals mit auf den Weg gab, entsprachen den Tatsachen; geholfen hat es mir wenig.

Ich sah mich sogar körperlichen Attacken ausgesetzt. Ein Wetteinsatz bei *Wetten, dass..?* hatte zur Folge, dass ich mich im Schneckentempo auf einem Karnevalswagen, einer Art fahrbaren Schafotts, durch die Straßen von Mainz transportieren lassen musste. Anlass war der jährliche Rosenmontagszug, den man dort wesentlich ernster nimmt als in Münster die Fronleichnamsprozession. Es war also bekannt, dass ich ohne jede Fluchtmöglichkeit durch die Stadt gekarrt werden würde, und mehrere Umweltgruppen hatten sich mit Tüten voller Cheeseburger an strategisch wichtigen Punkten postiert. Sobald ich auf meinem Pranger im Schneckentempo vorbeirollte, schleuderten sie ihre Wurfgeschosse. Sie warfen zwar nicht gut, aber es war unmöglich, mich zu verfehlen. Ich trug eine Lederhose, an der die schmierigen Semmeln nicht lange hielten; und auch die Gurkenscheiben klebten nur kurz in meinem Gesicht, bevor sie auf einer Ketchupspur langsam nach unten rutschten. Wenn ich mich als Werbefigur für McDonald's an der Gesundheit der deutschen Jugend versündigt haben sollte, büßte ich an diesem Tag zumindest einen Teil meiner Schuld ab.

Ich war also gewarnt, als mich ein paar Jahre später ein freundlicher Herr namens Hans Riegel aus Bonn, dessen Firma folglich HA-RI-BO hieß, fragte, ob ich für ihn als Goldbärenbotschafter tätig sein wollte. Damit begann nicht nur eine sehr persönliche Verbindung zwischen dem König des Imperiums und dessen Botschafter, sondern auch der längste Werbevertrag, den es bisher weltweit mit einem »Testimonial« gegeben hat – nachzulesen im *Guinness-Buch der Rekorde.* Beim amerikanischen Hamburger-Konzern hatte ich es mit einer Corporation zu tun gehabt, in deren weltweites Werbekonzept ich einfach integriert wurde; eine der erfolgreichsten deutschen Werbeagenturen betreute die Kampagne, und ich war dauernd von Kreativen umgeben, deren Blick entweder aus Angst vor dem Kunden flackerte oder weil sie die Nase im doppelten Sinn voll hatten.

Bei Haribo sagte der Chef, wo's langging, und der scherte sich weder um Marktforschung noch um sensibel zusammengestellte Testgruppen. Riegel folgte in allem, was er tat, seinem Bauchgefühl und war mir darin nicht unähnlich. Die Goldbären schienen zwar am Klimawandel nicht unmittelbar beteiligt zu sein, aber aufgrund meiner McDonald's-Erfahrungen wollte ich lieber vorbeugen: Ich rief beim Deutschen Kinderschutzbund an und bot an, einen Teil meiner zu erwartenden Werbeeinnahmen dort abzuliefern. Die Begeisterung hielt sich in Grenzen. Ich wurde ein paarmal hin und her verbunden, ohne Erfolg. Als mich schließlich jemand zurückrief, druckste der herum, er finde meine Idee »sympathisch«, ohne Frage, aber der Kinderschutzbund müsse das freundliche Angebot leider ablehnen. Die Tatsache, dass ich das Geld mit Werbung für Süßigkeiten verdiente, sei nur eines von mehreren grundsätzlichen Bedenken. Die anderen Gründe wollte ich dann schon gar nicht mehr wissen und beschloss, das Geld in die Umwelt zu investieren – und zwar in meine eigene. Ich kaufte mir ein Häuschen in den Hollywood Hills mit Blick aufs Lichtermeer von Los Angeles.

Meine Tätigkeit für Haribo war das, was die Amerikaner »a match made in heaven« nennen. Ich konnte Helmut Dietl, den genialen Erfinder von *Monaco Franze* und *Kir Royal*, dazu bewegen, die ersten Spots für meine neue Kampagne zu produzieren. Das Ergebnis machte nicht nur diese Werbung sofort zum Kult, sondern mich bis heute zu einem Symbol für die weltweit beliebten Goldbären. Damit wurde auch etwas bewirkt, was man in der Werbewirtschaft »Sympathietransfer« nennt. Viele Kinder wissen gar nicht mehr, wer eher da war: Der Goldbär oder ich (Antwort: der Goldbär!).

Ich kann gut damit leben, dass mir der Werbeslogan »Haribo macht Kinder froh …« dreimal am Tag von kleinen Rotznasen hinterhergesungen wird. Einmal sogar in ganz besonderer Umgebung: Ich war in die Berliner Residenz des amerikanischen Botschafters eingeladen worden und saß eingeklemmt zwischen Diplomaten beim Dinner, als die Kinder des Hausherrn, wie das in besseren amerikanischen Häusern üblich ist, im Schlafanzug, nass gekämmt und mit frisch geputzten Zähnen ins Speisezimmer kamen, um den Gästen »Good night« zu sagen. Der Diplomatensohn machte jeweils einen zackigen Diener und sagte jedem was Nettes, und ich dachte mir, dass ich diese Form von militärischem Drill bei meinem Nachwuchs nicht hinbekommen hatte. Als er bei mir ankam, wich er jedoch vom Protokoll ab, indem er mir beim Bückling rasch auf Deutsch ins Ohr zischte: »Haribo macht Kinder fett, das weiß man aus dem Internet!« Ich dachte, aus dem Kerlchen kann eines Tages noch was werden. Im schlimmsten Fall so einer wie ich.

Mein Werbepartner hat durch alle Höhen und Tiefen meiner Karriere immer zu mir gehalten. Jedes Mal, wenn ich wieder mal im öffentlichen Verschiss gelandet war, riefen die Vertreter der Medien in der Pressestelle von Haribo an, um zu hören, ob man mich dort nun endlich vor die Tür setzen würde. Dass dies nicht passierte, lag im Wesentlichen an Hans Riegel selbst, der auch nicht gerade ein angepasster Typ war und selber gern ins Fettnäpfchen trat. Als ich wieder mal wackelte, versicherte er mich seiner Rückendeckung. Er hatte gerade eine seiner »Meinungsumfragen« hinter sich und erzählte mir im schönsten Rheinländisch, eine Mutter habe ihn ihrer kleinen Tochter als den Besitzer der Gummibärenfabrik vorgestellt, worauf die Kleine rief: »Nee, Mama, die jehört dem Thomas Jottschalk.« Nichts anderes musste Hans Riegel wissen: »Solange dat so bleibt, mache mer weiter!« Das galt bis kurz nach seinem Tod.

Inzwischen habe ich bei Haribo die Rolle eines Markenbotschafters übernommen und mich aus der Fernsehwerbung verabschiedet. Ein Goldbär mit Silberlocken wirkt doch etwas tapsig, und meinen Guinness-Rekord wird mir sowieso keiner mehr nehmen. Die Chancen dafür stehen ungefähr so gut wie meine, einen Oscar zu gewinnen.

Dabei war ich so nah dran. Denn nicht nur mein Fernsehschaffen hat meinen Marktwert bestimmt, auch mein Gesicht, speziell meine Nase, hat es mehrfach auf die Kinoleinwand geschafft. Was mich allerdings – im Unterschied zu diversen Kollegen, die da kühner sind – nicht dazu ermutigt hat, mich »Schauspieler« zu nennen. Begonnen hatte meine Filmkarriere 1980 mit dem Anruf eines nuschelnden Produzenten aus München. Aufgrund der räumlichen Nähe saß ich schon ein paar Tage später in seinem Büro in der Widenmayerstraße, das nach Zigarren roch und mit einer Unzahl von Filmrollen zugestellt war, deren Etiketten nicht nach großem Kino klangen: *Die blutigen Geier von Alaska*, *Unsere Pauker gehen in die Luft* und *Das Stundenhotel von St. Pauli*. Immerhin war der Kollege Rudi Carrell bei dieser Produktion als *Tante Trude aus Buxtehude* ebenso unterwegs gewesen wie Roy Black als *Kinderarzt Dr. Fröhlich*.

Als mich der österreichische Produzent und Gemütsmensch Carl Spiehs, hinter einer Tabakwolke nur halb sichtbar, also rundheraus fragte: »Burli, wuillst an Fuilm mochn?«, gab es für mich keinen Grund, dieses Angebot abzulehnen. Ich hatte gerade für die *Bravo* den Fortsetzungsroman *Der Sprung ins lila Himmelbett* geschrieben und empfand die Schauspielerei nach meiner Tätigkeit als Radio-Discjockey und Liebesromanautor als nächsten logischen Karriereschritt.

Ganz traute mir der Produzent wohl doch nicht zu, einen Film stemmen zu können, denn er zog aus dem anderen Ärmel mit dem »Blödelbarden« Mike Krüger noch ein weiteres Ass. Mike hatte soeben seinen Nippel durch die Lasche gezogen, und ganz Deutschland hatte den Hit mitgesungen. Er war ein lustiger Vogel, den ich flüchtig kannte, und es sprach nichts gegen eine Partnerschaft. Im Übrigen hatte er genauso wenig Ahnung vom Film wie ich und einen ebenso unübersehbaren Zinken. Thea erfand später das Markenzeichen von den »Supernasen«, ein Begriff, der in diesem Fall nicht auf der

Hand, sondern im Gesicht lag. Der erste Streifen 1981 hieß allerdings noch *Piratensender Powerplay*, und wir witzelten uns holprig durch ein Drehbuch, in dem zwei Spinner aus einem Wohnmobil dem öffentlich-rechtlichen Radio in die Quere funkten.

An meinem ersten Drehtag habe ich mich nicht nur durch schauspielerisches Unvermögen, sondern auch durch grundsätzliche Unkenntnis der Materie blamiert. Ich hatte zu diesem Zeitpunkt bereits große Fernsehshows moderiert, in denen mich mehrere mächtige Kameras umkreisten, hinter denen jeweils ein Kameramann klebte. Und das war nur Fernsehen! Bei einem richtigen Kinofilm musste es ja noch viel dicker kommen! Als ich am Set nur einen Kameramann und eine mickrige Arri-Kamera vorfand, war ich schwer enttäuscht. Das wiederum beleidigte den Kameramann. Er erklärte mir, dass alle Kinofilme, einschließlich *Ben Hur*, im Wesentlichen mit einer Kamera von einem *cinematographer* gedreht würden. Für meine Missachtung rächte er sich, indem er jede Einstellung abbrach, um mir zu erklären, dass es sich hier um Kino und nicht um Fernsehen handelte. Die Darsteller würden in diesem Medium nicht in die Kamera sprechen. Ich tat nämlich genau das, was ich gewohnt war, wenn sich die Linse auf mich richtete: Ich sprach direkt hinein. So hatte ich das gelernt. Aber so läuft es nicht beim Spielfilm. Wenigstens das habe ich schnell begriffen.

Was mir schwerer fiel, war, einen Satz mehrfach wiederholen zu müssen und dabei jedes Mal dieselbe Wortfolge zu beachten. Ich sagte zwar immer sinngemäß das Gleiche, formulierte es aber anders, und mein Gegenüber wartete meist umsonst auf sein Stichwort. In den seltenen Momenten, in denen es mir gelang, genau das zu sagen, was ich zu sagen hatte, stand ich leider nicht dort, wo ich zu stehen hatte. Wenn eine

Vase umfallen und ich erschrecken sollte, zuckte ich in der ersten Probe noch ganz natürlich zusammen. In den folgenden zuckte ich entweder zu früh oder zu heftig, und wenn die Szene endlich perfekt ausgeleuchtet und inszeniert war, zuckte ich überhaupt nicht mehr. Wie soll man über etwas erschrecken, das einem schon zwanzigmal passiert ist? Es mag verwunderlich sein, dass jemand mit dieser Einstellung mehr als ein Dutzend Spielfilme macht, aber immerhin habe ich es dabei geschafft, eine Menge Frauen zu küssen, die sich nicht wehren durften. Einmal durfte ich sogar mit Uschi Glas im Bett liegen und wunderte mich, dass auch Winnetous Apanatschi kalte Füße haben kann.

Apropos Winnetou: Der Himmel ist mein Zeuge, dass ich lange vor Bully Herbigs *Schuh des Manitu* unserem Produzenten Carl Spiehs vorgeschlagen habe, eine Persiflage auf die erfolgreichen Karl-May-Filme zu machen. Mike Krüger ist die klassische Karikatur eines Indianerhäuptlings, und ich hätte ein perfektes Lex-Barker-Double abgegeben. Alle Beteiligten (bis auf mich) waren sich damals einig, dass das ein Sakrileg wäre. Heldenverarsche war in den Achtzigern noch nicht in Mode, und die Karl-May-Fans hätten uns wahrscheinlich den Skalp vom Schädel gezogen. Trotzdem habe ich der verlorenen Chance nachgeweint, als Bully fast zwanzig Jahre später mit genau dieser Idee zwölf Millionen Menschen in die Kinos lockte.

Was die *Supernasen*-Filme betrifft, konnten wir uns nicht beklagen: Alle waren Hits an den Kinokassen und haben dem Produzenten gutes Geld eingespielt, an dem er uns immer fair beteiligt hat. Als der Nasenspaß nachließ, baute Carl Spiehs mich in ein anderes Team ein, das ebenso funktionierte. Neben dem US-Comedian Michael Winslow, der in *Police Academy* durch das Herstellen eigenartiger Körpergeräusche aufgefallen war, und dem großartigen Helmut Fischer war ich der Dritte im Bunde der *Zärtlichen Chaoten*. Fischer hatte sich als Monaco Franze bei den Zuschauern unsterblich gemacht. Der »Münchner Stenz« war bei Frauen derart beliebt, dass der arme Helmut bei den Dreharbeiten täglich mehrfach dazu gezwungen wurde, »Spatzl« in diverse Damenohren zu flüstern. Er tat das jedes Mal mit schmerzverzerrtem Gesicht, was an seinem chronischen Rückenleiden lag, von den reifen Verehrerinnen aber als Liebesschmerz missdeutet wurde, der sie zusätzlich erregte.

Helmut Fischer und ich verstanden uns privat ausgezeichnet, als Filmpartner muss er mich gehasst haben. Verzweifelt sah er ja immer aus mit seiner gekräuselten Stirn und seinen hochgezogenen Augenbrauen, aber während unserer Drehbuchdialoge war er es wirklich: »Geh, sog's hoit, wie's dosteht!« Trotzdem waren auch diese Filme erfolgreich, andere weniger: Als Abenteurer, der mit dem Motorrad durch Afrika unterwegs war, wollten mich die Zuschauer genauso wenig sehen wie als Mann, der in einem Frauenkörper gefangen war. Vielleicht war ich auch eine Frau in einem Männerkörper – ich weiß es nicht mehr genau. Gespielt hätte ich es ohnehin genauso, und nur noch Hardcore-Fans erinnern sich an das ansonsten zu Recht vergessene Filmkunstwerk *Eine Frau namens Harry*.

Die Tatsache, dass meine darstellerischen Möglichkeiten auf der gleichen Ebene liegen wie die von Arnold Schwarzenegger, brachte es wahrscheinlich mit sich, dass eines Tages im Bayerischen Rundfunk ein leibhaftiger Hollywoodproduzent auftauchte und nach mir fragte. Nicht einer von den Großen, aber auch nicht der Kleinste. Er hat später mit *Dumm und Dümmer* – einer logischen Weiterentwicklung der *Super-*

nasen – sich, Jim Carrey und Jeff Daniels reich gemacht. Der Mann hieß Brad Krevoy und hatte bei einem Deutschlandaufenthalt eine Blitzumfrage der besonderen Art gestartet. Auf die Frage, wer ein typischer Deutscher sei, mit dem man einen lustigen Film machen sollte, müssen wohl ein Taxifahrer, ein Zimmermädchen und ein Hotelportier meinen Namen genannt haben.

Auf jeden Fall lud er mich ins »Mövenpick« im BR-Gebäude zum Lunch ein und bot mir allen Ernstes die Hauptrolle in der US-Produktion *Driving me crazy* an. Das war allerdings nicht die Fortsetzung des Kultfilms *Driving Miss Daisy*, sondern die Geschichte eines Ossi-Tüftlers, der seinen Trabbi mit Biotreibstoff zu Höchstleistungen bringt. In den deutschen Kinos lief dieser Streifen unter dem Titel *Trabbi goes to Hollywood* oder besser gesagt: Er lief nicht. Regisseur war der Amerikaner Jon Turteltaub, und der Film mit mir war sein letzter Flop. Danach kamen *Während du schliefst*, die beiden *Vermächtnis*-Filme mit Nicolas Cage und 2013 *Last Vegas* mit Michael Douglas, Robert de Niro und Morgan Freeman. Das nenne ich eine Qualitätssteigerung!

Ich fühlte mich damals wahnsinnig geehrt, mit ein paar alten Recken aus Hollywood im selben Film spielen zu dürfen. Das Gesicht von George Kennedy kennt spätestens seit *Dallas* und *Die nackte Kanone* jeder, Billy Dee Williams spielte in *Krieg der Sterne* den Lando Calrissian, und Dom DeLuise hatte ich in mehreren Mel-Brooks-Filmen gesehen. Ich hätte selbstverständlich auch zugesagt, wenn ich an der Seite von Robert de Niro hätte spielen müssen. Die Geschichte dieses Films war eine kurze: Der Kritiker der *Los Angeles Times* bescheinigte mir komplette Talentlosigkeit, aber der Produzent war trotzdem happy, denn der Film lief aus welchem Grund auch immer im US-Bezahlsender HBO rauf und runter. Es müssen ihn hauptsächlich amerikanische Barkeeper, Tankwarte und Mitarbeiter von Autowaschanlagen gesehen haben, denn es waren fast immer Bars, Tankstellen oder Waschanlagen, in denen Menschen überzeugt waren, mich zu kennen und quälend lange versuchten, sich daran zu erinnern, woher. Wenn es ihnen dann einfiel, waren sie erkennbar enttäuscht, aber Amerikaner wirken in ihrer Enttäuschung oft noch fröhlicher als Deutsche, die sich wirklich freuen.

Den glücklichsten internationalen Fan habe ich in meiner New Yorker Wohnung kennengelernt, wo er als Fensterputzer tätig war. Ich habe dort allerlei Fotos mit mir und anderen *celebrities* hängen – alle echt bis auf eines. Das hat mir die *Bunte* zusammengebastelt, als ich für die Illustrierte eine Kolumne zum achtzigsten Geburtstag von Pierre Brice geschrieben habe. Es zeigt als Fotomontage meinen Kopf auf den Schultern von Lex Barker neben meinem roten Blutsbruder Winnetou. Der freundliche Putzteufel aus Chile war von meinem Porträt mit Obama ebenso wenig beeindruckt wie von dem Foto, auf dem Lady Gaga ihren Kopf an meine Schulter legt. Aber als er sich in mein Schlafzimmer vorgeputzt hatte, hörte ich plötzlich ein lautes »Oh my God!« und dachte, der Kerl wäre aus dem Fenster gefallen. Ich eilte ihm zu Hilfe, aber da warf sich der Lateinamerikaner in meine Arme und begann hemmungslos zu weinen. Er musste als Kind sämtliche Old-Shatterhand-Filme gesehen haben, wer weiß in welchem Andenkino, und konnte es nicht fassen, nun dem edlen Westernheld die Fenster putzen zu dürfen. Mein erster Erklärungsversuch ging in seinem Schluchzen unter, beim zweiten fiel er mir ins Wort und versicherte mir, ich sei sein »favorite actor in the world«. Ich brachte es nicht übers Herz, ihm zu sagen, dass ich nicht Lex Barker war und in dem Fall obendrein auch noch tot, sondern drückte ihn stumm an meine Brust.

Ich will meine Schauspielkunst nicht ganz unter den Scheffel stellen; immerhin entdeckte der *Spiegel*-Filmkritiker Reinhard Mohr ein gewisses Talent in mir, als sich Helmut Dietl 1999 in seinem Film *Late Show* meiner Darstellungskraft annahm. Mohr schrieb: »Auch Thomas Gottschalk, der sich in Filmen wie *Die Supernasen* neben Knallchargen wie Mike Krüger bislang nicht als Charakterdarsteller aufgedrängt hat, überrascht durch die schauspielerische Disziplin, mit der er seine endemische Strahlemann-Mimik bändigt und der Figur des Hannes Engel, dem zum Fernsehstar aufsteigenden Radiofuzzi, ein eher zurückgenommenes, pferdeschwanzbezopftes Temperament verleiht.« Endemische Strahlemann-Mimik – schon dafür hat sich der Film gelohnt.

Late Show war aus einer Idee entstanden, die ich Dietl mal ans Herz gelegt hatte, aber nachdem er sich ausführlicher mit ihr beschäftigt hatte, war nicht mehr viel davon übriggeblieben. Es war ein ziemlich dunkler Streifen, in dem ich mich zwar in Helmuts damalige Freundin Veronica Ferres verlieben durfte – aber Dietl hatte bereits viel von der *Kir-Royal*-Leichtigkeit verloren, und ich konnte der apokalyptischen Art, mit der er die Fernsehszene in *Late Show* nachzeichnete, damals noch nicht folgen. Inzwischen deutet sich an, dass er recht gehabt haben mag.

Ich habe mich so lange für mein schauspielerisches Wirken entschuldigt, bis ich gemerkt habe, dass das völlig unangebracht war. Warum soll ich jemandem, der mir freudestrahlend erzählt, mit welcher Begeisterung er als Zwölfjähriger die *Supernasen* gesehen hat, die miesen Kritiken von damals in Erinnerung rufen? Nein, tue ich nicht. Auch nicht, wenn er mich daran erinnert, dass mir Mike Krüger in einer Szene die dralle Krankenschwester, die er im Drehbuch gerade kennengelernt hatte, mit den Worten vorstellt: »... und das ist meine kranke Schwester!« So was hatte ich dann doch verdrängt.

Ob ich meinen Marktwert dem Kino, dem Fernsehen oder der Werbung verdanke: Meinem Publikum ist er egal. Und das hat ja auch alles über mich gelesen, was ich gelesen habe: Ich bin ein Hochstapler, ich bin ein Tiefstapler. Ich werde überschätzt, ich werde unterschätzt. Ich bin zu jugendlich, ich bin zu alt. Quotenhoch, Quotenloch, Kassenschlager, Kassengift – alles wurscht. Die Menschen sind mir in einer Weise treu geblieben, die mich rührt.

Das deckt sich mit meiner eigenen Einstellung Leuten gegenüber, die ich toll finde: Ob ich nun Rod Stewart im Steakhouse in New York oder Pierce Brosnan beim Italiener in Malibu treffe – es ist mir egal, dass der Sänger mit der rauen Stimme schon lange keinen Top-Ten-Hit mehr hatte, und dass Pierce nicht mehr im Dienst ihrer Majestät als 007 unterwegs ist, schmälert meine Freude, ihn zu kennen, auch nicht. Beim schottischen Sänger denke ich an »Maggie May« und »I don't want to talk about it« – zwei Songs, die zum Soundtrack meines Lebens gehören –, und mit dem irischen Schauspieler habe ich mich mal auf Mallorca an der Hotelbar besoffen, weil wir beide von jüngeren und schöneren Nachfolgern ersetzt worden waren. Meiner hat inzwischen schon aufgegeben, seiner hält noch durch.

Am Beispiel von Pierce Brosnan ist mir übrigens klar geworden, wie weit im Showgeschäft Sein und Schein auseinanderklaffen. Der blendend aussehende Ire ist nach Sean Connery mein Lieblings-Bond-Darsteller und als Mann der totale Gegenentwurf zu mir. Ich habe entweder einen Pickel im

Gesicht oder Herpes an der Lippe, und die Frisur ist immer verrutscht – meist habe ich gar keine. Wenn ich schon mal Krawatte trage, kriege ich keinen vernünftigen Knoten hin, und meine Manschettenknöpfe kann ich entweder nicht finden, oder die Hemdsärmel sind so kurz, dass sie im Jackett verschwinden. Bei Pierce Brosnan stimmt immer alles, und wenn er als 007 daherkommt, sowieso.

Diesen Mann hatte ich persönlich dazu überredet, bei *Wetten, dass..?* aufzutreten. Er wohnte in »meinem« Canyon in Malibu eine Straße weiter, und ich hatte ihm versprochen, den Besuch kurz und schmerzlos zu gestalten. Jemand kam aber spontan auf die glorreiche Idee, als Saalwette zwei Dutzend deutsche Hausfrauen im »Miss-Moneypenny-Outfit« antreten zu lassen, und der Bond-Darsteller sollte jede küssen. Statt nach seiner Wette verschwinden zu können, musste Pierce also bis zum Schluss bleiben, um eine Polonaise kichernder Damen abzuknutschen. Ich konnte ihm ansehen, dass er »not amused« war, und hörte nach seinem Abgang einige kernige Flüche aus der Kulisse.

Zurück in den USA, hielt ich es deshalb für angebracht, mich bei ihm zu entschuldigen, und kletterte mit einer Kiste feiner Zigarren den Hügel zu seinem Anwesen hoch. Dabei überlegte ich, ob mir wohl ein englischer Butler öffnen und ich den Martini geschüttelt oder gerührt nehmen würde. Stattdessen stand Pierce in kurzen Hosen hinter der offenen Terrassentür und klaubte ein Kleinkind von einem Kletterturm, der mitten im Wohnzimmer aufgebaut war. Ein Riesen-Pizzakarton stand auf dem Tisch, und ein Butler war weit und breit nicht in Sicht. Der Schauspieler mit dem Baby unter dem Arm bemerkte meine Erstarrung und wusste wohl auch, woran die lag. Zumindest erinnerte er mich an etwas, das ich völlig vergessen hatte: »Thomas, I'm a f★★★ing actor!« In der Tat, ich sehe in ihm immer noch den Agenten ihrer Majestät, dabei ist er längst ein entspannter Mann, der sich anderen Dingen zugewandt hat. Dass er die Lizenz zum Töten abgeben musste, scheint ihn nicht im Mindesten zu bekümmern.

Das war ein weiterer Beweis dafür, dass es im Umgang mit Menschen, die man kennt und mag, nicht um den aktuellen Marktwert geht, sondern darum, was für Erinnerungen sie wecken. Und in dieser Hinsicht kann ich mich nun wirklich nicht beklagen.

Über die Preise, die ich in meiner Karriere nach Hause schleppte, habe ich den Überblick verloren; ich kann nicht einmal nachzählen, weil mir der eine oder andere abhandengekommen ist. Auf die Preise für das sogenannte »Lebenswerk«, die mich so langsam einholen, würde ich am liebsten verzichten, weil ich mir bei den entsprechenden Verleihungen immer den eigenen Nachruf anhören muss. Natürlich ist auch das ein Ausdruck der Zuneigung des Publikums, aber bei mancher dieser Festreden sitzt man etwas verzweifelt in der ersten Reihe und denkt: »Was, das war's schon? Ging doch gerade erst los!« Und dann sinniert man schon mal, wie das war, als es richtig losging. Gott sei Dank noch nicht so wie heute.

Ich erinnere mich an meine erste Goldene Kamera; die war aus Bronze, und ich gewann sie 1984 in der Kategorie »Bester Fernsehliebling«. Geschlagen geben musste ich mich Peter Alexander und Frank Elstner, und die Verleihung fand in der Eingangshalle des Springer-Hochhauses in Berlin statt. Ohne roten Teppich, der heute schon ausgerollt wird, wenn auch nur eine prominente Pappnase in der Stadt ist. Ende der Siebziger wurde das Bambi noch in der plüschigen Münchner Schwulenkneipe »Kai's Bistro« verliehen, später dann im Feinschmeckerrestaurant »Tantris«. Ich weiß das, weil ich dort Larry Hagman eins für seine Rolle des J. R. Ewing in *Dallas* überreichte.

Da sprangen zwar auch ein paar Fotografen herum, aber das war nichts im Vergleich zu dem, was heute abgeliefert wird. Damals hieß das »Verleihung«, und hinterher feierte man Party; heute ist schon jede Rasierwasserpräsentation ein »Event«. Zur Abholung fährt eine dunkle Sponsorenlimousine vor, von einem freundlichen Mann im gleichfarbigen Anzug gesteuert, der nicht so ganz genau weiß, wo's in Berlin langgeht, weil er eigentlich in München BWL studiert. Auf der Limo prangt das »Event-Logo«, damit auf dem Weg zu diesem Event die Leute schon mal durchs Fenster gucken können, wer da angekarrt wird. Dass man sich der »Event-Location« nähert, bemerkt man daran, dass sich zwei bleiche Scheinwerferstrahlen in den Nachthimmel bohren. Auch die schwankenden Gestalten, die sich dem Auto bei der Ankunft nahen, sehen meistens aus wie aus einem schlechten Film. Das ist die sogenannte Security, die verhindern soll, dass ein Autogrammsammler eine »Dschungel-Queen« mit seinem Filzschreiber anmalt. Die hat zwar Schlimmeres überstanden, aber Wachbataillone sind inzwischen Pflicht bei jeder Veranstaltung mit zweistelligen Besucherzahlen. Die ernsten Nussknacker sprechen fortwährend in ihre eigenen Manschetten und träumen wahrscheinlich davon, eines Tages beim Secret Service zu landen und dem US-Präsidenten das Leben zu retten – oder ihm wenigstens die Tür aufzuhalten. Und bis dahin tun sie das halt für die Wetterfee von Kabel eins. Die erstarrt zwar zur Salzsäule, wenn ihr der Teleprompter wegbricht, aber auf dem roten Teppich ist sie trittsicher: Sie ist glücklich, heute hier zu sein, »… weil dieser Event immer megageil ist, ich werd den Abend rocken und umheimlich süße Kolleginnen treffen, und das hammermäßige Kleid ist in der Tat von ›Juicy Couture‹«.

Ich bin ein freundlicher Gesell. Wenn es darum geht, meinem Publikum öffentlich zu begegnen, lass ich einiges mit mir machen. Mein einziger Ansatz von Herumgezicke ist die Vermeidung dieser »Vorfahrten«. Das ist weder Arroganz noch falsche Bescheidenheit, sondern schlicht die Erkenntnis, dass nichts Vernünftiges dabei herauskommen kann. Ein Problem ist meine Frisur: Egal, mit welchem Haarspray ich sie betoniere, sie ist nicht wetterfest. Auf den Fotos sieht man meistens auch deswegen dämlich aus, weil immer nur ein Fotograf gerade die richtige Perspektive hat, aber zwei Dutzend ihre Fotos trotzdem verkaufen. Dabei brüllen sie dir lautstark zu, irgendwelche Frauen in den Arm zu nehmen, die gerade ebenfalls am Start sind. Wenn ich Glück habe, ist es Veronica Ferres oder Iris Berben, und ich weiß, wo ich bin. Aber meistens ist es die Gewinnerin des »New Faces Award« oder wahlweise ein moderierendes Model oder eine modelnde Moderatorin. Mir fehlt der Name und ihr die Begeisterung. Die Fotos sehen entsprechend aus.

Dann kommt die Phalanx der Mikrofonstecher. Inzwischen gibt es pro Stadt ein Dutzend Radiosender und pro Sender ein Dutzend Mikrofone. Die Interviews sind ohne jeden Sinn, weil man durch die ständige Schieberei die Frage von Radio 29,3 ins Mikrofon von Welle 74,8 beantwortet und eigentlich niemand wirklich eine vernünftige Frage stellt, sondern schreit: »Alles super, Thommy?« Wenn man nicht sofort antwortet, wird gleich vermutet: »Nicht gut drauf heut, Thommy?«

Meine Event-Allergie könnte man mir auch als Undankbarkeit auslegen, immerhin habe ich mich über die Jahre vom Rang auf die vorderen Plätze vorgearbeitet, und nun habe ich vielleicht auch ein bisschen Angst, dass ich wieder auf dem Rückweg in Richtung Empore bin. Diese Unberechenbarkeit ist ein wesentlicher Teil einer Karriere, die vom Zuspruch des Publikums abhängt. Du funktionierst als Gesichtsvermieter nur dann, wenn dein Stern leuchtet. Ob er das tut, liegt nur teilweise in deiner Hand. Man kann zwar versuchen, Skandale zu verhindern und Ungeschicklichkeiten zu vermeiden, aber wer das schafft, der muss entweder schummeln oder zahlt mit seinem Privatleben. Denn jeder in unserem Gewerbe hat eine Leiche im Keller. Das kann der halbwüchsige Sohn sein, der in der Kneipe randaliert, oder die pubertierende Tochter, die im Jeansladen ein T-Shirt klaut. Oder man begeht medialen Selbstmord, indem man dem richtigen Wichtigtuer mit der falschen Frau im Arm vors Handy läuft.

Die Zeiten, wo man schon ein Riesenpech haben musste, um einem Illustrierten-Fotografen vor die Linse zu geraten, sind längst vorbei. Inzwischen weiß jeder, der ein Handy hat, dass er mit dem richtigen Schuss reich werden kann. Es ereignet sich weltweit kaum noch eine Katastrophe, ohne dass nicht irgendjemand gerade den Finger auf dem Auslöser hat. Die meisten Magazine in TV, Print und Internet leben heute von wackeligen Filmchen oder unscharfen Fotos, die einer geschossen hat, der gerade vorbeikam und statt Erster Hilfe erste Fotos liefert. Einer hält immer drauf.

Ich habe es schon vor der Erfindung des Amateurjournalismus als zweifelhaftes Glück empfunden, zu den möglichen Lieferanten solcher Geschichten zu gehören. Andere in meiner Situation leben gut damit, sie freiwillig abzuliefern. Man muss sich früh entscheiden, denn wenn man jedes Jahr ohne Not der Klatschpresse die glückliche Familie unter dem Weihnachtsbaum präsentiert, darf man sich nicht wundern, wenn einem dieses Foto um die Ohren fliegt, sobald die Ehefrau abhanden- oder ein Sohn in polizeilichen Gewahrsam kommt. Manche dealen auch mit Kräften, die sie im Griff zu haben glauben, aber das ging bisher meist daneben, vor allem, wenn man versucht, ein Geschäft daraus zu machen. Wer die Hochzeit der Tochter an eine Illustrierte verscherbelt, darf sich nicht beschweren, wenn die Fotografen desselben Blattes zur Beerdigung der Mutter ungebeten am Grab erscheinen. Der Vorstandsvorsitzende des Springer-Konzerns hat es in klarer Kenntnis der Sachlage so formuliert: »Wer mit der *Bild*-Zeitung im Aufzug nach oben fährt, der fährt auch mit ihr im Aufzug nach unten.«

Ich war über diesen Mechanismus nie glücklich, habe ihn aber akzeptiert, weil er zu unserem Geschäft gehört und weil wir, ob uns das nun passt oder nicht, gemeinsam mit *Bild* und *Bunte* Teil einer noch größeren Karawane sind, die von weit her kommt und ewig weiterziehen wird. Könige und Gaukler haben immer besser gelebt als der Rest der Gesellschaft. Dafür wurden sie aber auch öfter vertrieben, verlacht und verprügelt. Öffentlich zu lachen ist keine große Kunst. Öffentlich zu leiden, ist die doppelte Strafe. Dass zum Schaden auch noch Spott kommt, ist schon ärgerlich genug, wenn nur der Nachbar feixt. Wenn die ganze Nation sich das Maul zerreißt und mit dem Finger auf dich zeigt, brauchst du schon ein gesundes Maß an Selbstbewusstsein, um psychisch nicht unter die Räder zu kommen.

An dieser Stelle muss ich mich fragen, ob Klagen dieser Art überhaupt von irgendjemandem nachvollzogen werden können. Immerhin ist unser Schicksal ja selbst gewählt, und für Prominente gibt es keinen Feierabend. Mir wurde das zum ersten Mal bewusst, als ich mir von den frühen Früchten meiner Popularität ein Häuschen am Weßlinger See leisten konnte.

Bei der Bayerischen Vereinsbank hatte man mich zwar milde lächelnd nach Hause geschickt, als ich nach einem Kredit fragte, aber ein rühriger Vertreter der Wüstenrot-Bausparkasse reiste mit mir nicht nur in die schwäbische Zentrale, um mich seinem Direktor vorzustellen, sondern ließ mich auch gleich mehrere Discopartys für potenzielle junge Bausparer moderieren.

Von der Bausparkasse kriegte ich tatsächlich die Kohle, aber das reichte gerade mal für den Kaufpreis des Altbaus. Die Renovierung schafften wir mit Eigeneinsatz und einer Baukolonne aus meiner Kulmbacher Heimat. Ich machte alles, was Geld brachte, und bewarb sogar Singer-Nähmaschinen auf einer Kaufhaustour. Die knappe Finanzdecke war auch der Grund, weswegen ich mir für die Einfahrt nur ein billiges Tor aus Metallstangen leisten konnte. Meine Popularität war aber bereits größer als die damit erzielten Einkünfte. Immer mehr Spaziergänger blieben vor dem Gitter stehen und beobachteten interessiert, wie meine Frau mit der Schubkarre unterwegs war. Zu Fütterungen kam es nicht, aber Thea empfand diese Zoobesichtigungen zunehmend als lästig, weshalb ich mich dazu durchrang, das Tor mit Blech zu verkleiden.

An dem Tag, als ich uns mithilfe des Weßlinger Schmieds den Blicken des Publikums mutwillig entzog, protestierten die Zaungäste lautstark gegen die Isolation. Thea zitiert noch heute gern die Entrüstung einer älteren Dame, die einer gewissen Logik nicht entbehrte: »Im Fernsehen müssen wir Sie auch anschauen, und hier wollen Sie uns den Einblick verwehren!« Ich wollte der Frau gerade in meiner verbindlichen Art erklären, dass weder sie mich anschauen müsse noch ich mir von ihr in meinem eigenen Garten … Aber Thea kürzte die Diskussion auf eine Weise ab, die mich zumindest diese Zuschauerin gekostet haben dürfte. Andere habe ich in ähnlichen Situationen verloren: Auf dem Frankfurter Flughafen lotste mich einmal eine freundliche Flughafenmitarbeiterin an einer Warteschlange vorbei, worauf eine erboste Frau, die weiterhin im Stau steckte, ihren Mann mit Blick auf mich anwies: »Den schaun wir uns nicht mehr an!« Seitdem habe ich in solchen Situationen immer nach Länge der Schlange entschieden, was sich besser rechnet: das Flugzeug zu verpassen oder Zuschauer zu verlieren, die sich von mir ausgebremst sehen.

Das sind Schattenseiten unseres Gewerbes, und es ist nicht immer einfach, den Mittelweg zu finden. Zwischen Selbstbewusstsein und Arroganz verläuft ein schmaler Grat. Auf dem stehe ich, rudere mit den Armen und versuche, die Balance zu halten. Das Verhalten prominenter Gäste, die mir bei *Wetten, dass..?* das Leben schwer gemacht haben, hatte auf mich zum Glück ein gewisses Abschreckungspotenzial. Andere fallen relativ schnell dem Realitätsverlust, gepaart mit Allmachtsfantasien, zum Opfer. Die Reihe der Stars und Sternchen, die während meiner Karriere an mir vorbeigezogen sind, reicht mindestens einmal bis zum Mond und zurück. Ich bin oft erschrocken, wie schnell sich das Schicksal dreht, wie gnadenlos sich das Publikum von jemandem abwendet, dem es gestern noch zugejubelt hat.

Wie oft sind wir bei *Wetten, dass..?* erfolglos Stars regelrecht nachgelaufen, um sie als Gäste zu rekrutieren, und wie oft wurden mir dieselben Künstler ein paar Jahre später wie sauer Bier angeboten, und wir schüttelten nur dankend den Kopf. Die Zeitspannen werden kürzer, und die Karrieren reichen oft nicht mehr für den Aufbau einer festen Anbindung ans Publikum. Trotzdem stellen manche Tagesberühmtheiten heute Forderungen, die sich langgediente Spitzenkräfte nie erlauben würden. Und die hätten noch einen Treuerabatt verdient.

Einige wenige haben mich mein ganzes Leben mit ihrer Kunst begleitet. Zum Beispiel die Bee Gees: Ich habe mit siebzehn bei »Massachusetts« versucht, eine gewisse Dagmar davon zu überzeugen, dass ich die bessere Wahl war als der hübschere Gerhard Bauer. Dagmar ging danach mit Gerhard, aber mir blieben wenigstens die Bee Gees. In den Siebzigern habe ich mich im Radio über Barry Gibbs Falsett bei »Stayin' Alive« lustig gemacht. In den Achtzigern war ich glücklich, die Gruppe live in *Wetten, dass..?* zu haben. Nach der Jahrtausendwende hatte ich Robin Gibb mit einem Medley in der phänomenal erfolgreichen ZDF-Show *50 Jahre Rock* zu Gast, denn seine Stimme hat sich in der Erinnerung von zwei Generationen eingenistet. Da sitzt sie bei mir und vielen anderen heute noch.

Werden sich meine Söhne, wenn sie in meinem Alter sind, noch Eminem oder 50 Cent anhören? Werden Green Day und Linkin Park noch als ältere Herren auf Tour sein wie die Scorpions oder Deep Purple? Wird Justin Bieber auch noch in ferner Zukunft Hallen ausverkaufen wie 2014 Charles Aznavour mit seinen gesegneten Neunzig? Eher nicht. Selbst Bands wie Guns N' Roses kriegen heute schon kaum mehr den Arsch hoch. Axl Rose hat sich mopsig gefuttert und hängt gelangweilt in Malibu rum; und eine Welttournee ohne den Gitarristen Slash brachte nichts vom früheren Glanz zurück. Und die deutsche Kultgruppe Tokio Hotel, die sogar international überzeugen konnte, bastelte jahrelang an einem Comeback. Ob ein entsprechender Versuch im Oktober 2014 von Dauer sein wird, muss sich noch zeigen. Ich sehe also, wie flüchtig der Ruhm ist, und betrachte es eher als wunderbaren Zufall denn als Verdienst, dass er mir so lange treu blieb.

Mit seinen Talenten im richtigen Moment am richtigen Platz zu landen, ist für sehr gläubige Menschen der Beweis für das Wirken Gottes. Nun glaube ich aber, dass der sich um die musikalischen Defizite bayerischer Pop- und Rockfans keine Gedanken gemacht hat und dass nicht er es war, der mich als himmlischen Gesandten zum Bayerischen Rundfunk geschickt hat. Ich hatte einfach Glück, dass das verkrustete öffentlich-rechtliche Radiosystem gerade in dem Moment vor einer neuen Kundschaft kapitulieren musste, die sich eben nicht mehr für Hörspielserien à la *Dickie Dick Dickens – der gefährlichste Mann Chicagos* interessierte, sondern ein neues, modernes Programm mit der Musik forderte, die ihren Alltag bestimmte. Das biedere Fernsehen der Nachkriegsära mit rundlichen Herren in grauen Anzügen verabschiedete sich genau dann, als ich so weit war, dort anzutreten, und Frank Elstner kam zu seiner riskanten Entscheidung, *Wetten, dass..?* aufzugeben, in dem Moment, in dem ich als Nachfolger die einzige logische Wahl zu sein schien.

Mein »Ruhm« ist mir also mehr oder weniger in den Schoß gefallen, ich bin sorgsam damit umgegangen, und die Fehler, die ich gemacht habe, hat mir mein Publikum gnädig vergeben. Jetzt mache ich mich so langsam für den Nachruhm fertig. Günther Jauch hat mir kürzlich gesteckt, dass der Bayerische Rundfunk von ihm den Ausschnitt angefordert hat, der zeigt, wie ich in seiner *Wer wird Millionär?*-Show mit Marcel Reich-Ranicki als Joker die Million abgeräumt habe. Er hat dem BR den Schnipsel geschickt, wollte aber wissen, wozu sie ihn brauchten. Antwort: »Für seinen Nachruf.« Na prima. Bis es so weit ist, pflege ich meine Preise mit Rostschutzmitteln und mich mit Feuchtigkeitscreme.

Dem Größenwahn werde ich nicht mehr anheimfallen, denn ich habe immer wieder erfahren, dass stimmt, was mir meine

Mutter sehr früh mit auf den Weg gegeben hat: »Für niemanden wachsen die Bäume in den Himmel.« Auch für mich nicht, und irgendjemand hat immer dafür gesorgt, dass das so bleibt. Zum Beispiel Regine Kayser, Referatsleiterin Protokoll in der Berliner Senatskanzlei.

»Röschen«, mein treuer Fan, wollte wohl mein Schaffen krönen, indem sie mich für das Bundesverdienstkreuz vorschlug. Sie hat mir den Schriftverkehr ihres Scheiterns für mein Archiv geschickt.

Die Bayerische Staatskanzlei in Gestalt von Ministerialrat Dr. Rührmair wies Röschen zwar schon vorsorglich drauf hin, »dass bis zur abschließenden Beurteilung eines Ordensvorganges erfahrungsgemäß ein längerer, nicht eingrenzbarer Zeitraum vergehen kann«. Die Bayern wussten mich außerdem bereits im Besitz des Bayerischen Verdienstordens (auf den lege ich auch allergrößten Wert, denn mit ihm darf ich die Schiffsflotte auf den bayerischen Seen gratis nutzen) und reichten mich ordnungsgemäß nach Berlin weiter. Dort wurde »nach sorgfältiger und umfassender Prüfung« entschieden, »dem Herrn Bundespräsidenten keinen Ordensvorschlag zugunsten von Herrn Gottschalk zu unterbreiten, weil die notwendigen Voraussetzungen nicht erfüllt sind«.

FAMILY MAN

Fleetwood Mac

Ich habe über weite Strecken meines Lebens lächelnd und blondgelockt im Schaufenster gesessen. Der öffentlichen Neugier bin ich dabei so weit entgegengekommen, wie es sein musste, und habe nur ungern Dinge von mir preisgegeben, die nichts mit meinem Beruf zu tun hatten. Vor allem, wenn sich Profis dafür interessierten. Manchem Taxifahrer, der mit seinen halbwüchsigen Söhnen die gleichen Probleme hatte wie ich, habe ich einen Einblick in mein Familienleben gegönnt, den ich einem Redakteur der Zeitschrift *Eltern* nie und nimmer gewährt hätte. Von Mensch zu Mensch habe ich mich völlig Fremden immer wieder ohne Vorbehalt geöffnet und bin in meiner Zutraulichkeit nie enttäuscht worden.

Ich habe es aber vermieden, öffentlich von der Kanzel der Selbstgerechtigkeit zu predigen. Was auch? Ich bin nicht schlauer als die meisten meiner Zuschauer, und es gibt wenig, was ich besser weiß als sie. Aber eines weiß ich sicher: Wer nicht fröhlich ist, kann andere nicht erheitern. In diesem Kapitel, vor dem ich mich lange gedrückt habe, versuche ich einen Spagat: Einerseits ist meine Autobiographie ohne Erwähnung meiner Familie nicht denkbar, denn sie ist ein Teil von mir; andererseits verstoße ich damit gegen meinen Vorsatz, das Private privat zu halten.

Mein sterbender Vater hat mir die Familie mit seinem »Haltet alle fest zusammen« ausdrücklich und für alle Zeit ans Herz gelegt. Das klappte nicht immer so, wie er sich das vorgestellt hatte. Mein Bruder Christoph versuchte sich im Gegensatz zu mir als Geschäftsmann. Er kann nichts dafür, dass er am Telefon von mir kaum zu unterscheiden ist, selbst meine Frau konnte unsere Stimmen anfangs kaum auseinanderhalten. Aber seine Geschäftspartner hatten deshalb oft das Gefühl, dass ich bei allen Deals irgendwie mit im Boot saß, was nicht immer der Fall war. Dafür saß ich immer mit im Boot, wenn die Geschäfte meines Bruders irgendwo Anstoß erregten, denn mit meinem Gesicht ließen sich solche Geschichten besser verkaufen. Wir haben uns deshalb ein paarmal in die Haare gekriegt, haben uns aber immer wieder schnell versöhnt und wissen, dass wir im Notfall füreinander da sind.

Das gilt auch für meine Schwester Raphaela, die zwar Gott sei Dank nicht meine Stimme hat, aber leider meine Nase – für eine Frau nicht unbedingt ein Geschenk des Himmels. Ich rechne es ihr hoch an, dass sie damit bis heute durchs Leben gegangen ist, die Korrektur hätte ich ihr sogar bezahlt. Anders als mein Bruder hält sich meine Schwester durchaus für bühnentauglich. Dass ich das nicht so euphorisch sehe, hat schon zu Dissonanzen zwischen uns geführt. Meine Skepsis mag in einem gewissen Futterneid begründet sein, und ich habe da vielleicht das Recht des Erstgeborenen schnöde für mich in Anspruch genommen. Aber auch kleinere Verwerfungen zu diesem Thema können uns nicht wirklich auseinanderbringen. Wir haben inzwischen alle eigene Familien, und jeder von uns Geschwistern betreut seine eigene Baustelle.

Ich übertreibe nicht, wenn ich sage, dass ich ohne meine Frau und meine Söhne nicht der wäre, der ich bin. Hätte ich in den letzten vierzig Jahren dauernd um meine Beziehung kämpfen müssen, wäre mir woanders die Puste ausgegangen. Wenn Thea Kinder, Haus und Hof nicht im Griff gehabt hätte, wäre es mir nicht möglich gewesen, fröhlich pfeifend durch die Lande zu ziehen.

Aber was geht das die Öffentlichkeit an? Als der erste Boulevardreporter mich fragte: »Was bedeutet für Sie privates Glück?«, habe ich noch geblödelt: »Mit der erlaubten Geschwindigkeit an einer Radarfalle vorbeizufahren.« Inzwischen sage ich patzig: »Nächste Frage!« Es ist sinnlos, Sinnfragen in zwei markigen Sätzen erklären zu wollen, und sich damit in der *Frau mit Herz* zwischen der Bikini-Notfall-Diät und dem Scheidungsdrama von XY wiederzufinden.

In diesem Buch habe ich genügend Platz für eine Antwort: Privates Glück schließt für mich Öffentlichkeit aus. Deshalb habe ich immer abgewinkt, wenn man mich aufgefordert hat, die Tür zu meinem Haus zu öffnen, um den Rest der Welt an diesem Glück teilhaben zu lassen. Das hätte bedeutet, dass ein Journalist samt Fotograf eine Woche bei mir einzieht, die Kartoffelsuppe meiner Frau der Geschichte als Rezept beiheftet und an der Mehrlagigkeit des Toilettenpapiers unseren Wohlstand bemisst. Ich leite solche Anfragen gar nicht erst an meine Frau weiter, weil sie mit der ihr eigenen Beharrlichkeit immer das sagt, womit sie vor zehn Jahren schon meinen Biographen Gert Heidenreich verschreckt hat: »Was hab ich damit zu tun?«

Natürlich hat sie was damit zu tun. Wenn der Ehemann allen gehört, kann seine Frau sich nicht so einfach ausblenden. Im Fall von Thea kommt von interessierter Seite noch ein leicht vorwurfsvolles »Wenn sie schon so rumläuft!« hinzu. Einer grauen Maus neben mir würde man eventuell noch das Recht zugestehen, öffentlich nicht zu existieren. Aber weder habe ich jemals daran gedacht, meine Frau zu verstecken, noch hat sie sich in Sack und Asche gehüllt, um nicht wahrgenommen zu werden. Das hätte ich auch sehr bedauert. Oft wird ihre Art, sich mindestens so kreativ zu kleiden wie ich, als Versuch missdeutet, um jeden Preis auffallen zu wollen. Dass uns das Spiel mit der Mode, völlig unabhängig von unserem öffentlichen Auftreten, einfach nur Spaß macht, will man uns nicht glauben. Wer mit schrillen Klamotten unterwegs ist, der soll gefälligst auch schrille Töne von sich geben.

Dazu war meine Frau nie bereit. Um Mikrofone macht sie einen weiten Bogen, und Talkshowanfragen lehnt sie ab, weil sie im Unterschied zu mir kein »Gemeinschaftswesen« ist, sondern das Gegenteil: Sie ist ein sehr privater Mensch, der eben nicht wie ich mit jedem ins Gespräch kommen will und alles niederduzt, was sich ihm in den Weg stellt. Sie nimmt die Tatsache, dass wir nie ganz ungestört unterwegs sein können, ebenso billigend in Kauf wie die Frau des Hautarztes, der bei jedem Grillabend die Warzen seiner Nachbarn begutachten muss. Sie gönnt mir die Zuneigung des Publikums, auch wenn diese sich manchmal im falschen Moment und in unpassender Form Luft macht.

Dass ich schon mal gebeten werde, mit dickem Filzer in einem Dekolleté zu unterschreiben, oder dass bei Ikea der Zettel mit den Maßen für die neue Eckbank weg ist, weil ich jemandem ein Autogramm darauf gegeben habe, steckt sie locker weg. Aber sie hasst es, wenn ihr jemand ein Handy in die Hand drückt und sich mit den Worten: »Könnse mal schnell, aber bitte hochkant« zum Foto neben mir aufbaut. Sie hasst es, wenn wir im Taxi sitzen und der Fahrer mal eben seine Frau anruft, um mir das Handy weiterzureichen: »Sag mal was, Thommy!« Besonders beliebt sind bei Thea auch Handwerker, die ihre Ehefrauen mitbringen, wenn sie den Teppich verlegen, oder Fahrer, deren Kinder auf der Rückbank sitzen, wenn sie uns abholen. Alles mehrfach passiert. Die lapidare Erklärung lautet dann: »Mei, die Neugier. Sie wissen schon!«

Und sie hasst es, in jeder Form von Menschenmenge durch die Gegend geschoben zu werden. In solchen Situationen ist sie mir schon ein paarmal abhandengekommen, weil Autogrammjäger gewohnt sind, sich notfalls mit Brachialgewalt zum Objekt der Begierde durchzukämpfen. Da wird die Ehefrau einfach mit dem Ellenbogen zur Seite geräumt, sie hat mich ja schließlich immer.

Aber das sind seltenere Nahkampferfahrungen, die nicht zum Alltag gehören. Schon häufiger sind Medienanfragen für gemeinsame Interviews oder Showauftritte. So etwas haben wir immer vermieden und die oft gewünschten Harmoniefotos letztmals termingemäß zu unserer Silbernen Hochzeit abgeliefert. Immerhin lag meine Frau dabei nicht in einem Himmelbett, sondern saß auf dem Rücksitz meiner Harley-Davidson Softail Heritage Classic. Der Impuls, dem Publikum aus dem Privatbereich Glück und Harmonie zu signalisieren, ist durchaus da – man möchte das positive Bild, das man im Fernsehen von sich zeichnet, auch durch sein Privatleben bestätigen. Aber lässt man sich einmal zu Kuschelauftritten und Schmusefotos überreden, dann fliegen sie einem sofort um die Ohren, wenn es in der Beziehung wackelt. All das in Redaktionen archivierte Glück wird in der Stunde der Not garantiert zum Bumerang. »Eine Erinnerung an bessere Zeiten«, heißt es dann, oder: »Hier strahlen sie noch.« Solange die weiße Kutsche des Glücks in die richtige Richtung fährt, ist alles in Ordnung. Erst wenn sie umkippt, wird's gefährlich. Die gesammelten Liebesschwüre, von einfühlsamen Redakteurinnen zusätzlich mit Zuckerguss überzogen, klingen dann plötzlich verlogen.

Wir haben es über Jahrzehnte weitgehend verhindert, dass ein solches Depot angelegt werden konnte. Das »Geheimnis unserer Beziehung« sollte uns verschiedentlich entlockt werden, aber auch wenn wir entgegenkommender gewesen wären: Wir kennen es selber nicht. Ältere Damen tätscheln mir gern den Rücken, während sie mir zu den vielen Jahren »mit derselben Frau« gratulieren. Meist mit dem Zusatz: »Und das in Ihrem Geschäft!« Ich habe nie ganz begriffen, was mein »Geschäft« damit zu tun haben soll. Weibliche Fans, die sich mir jubelnd in den Weg werfen, meinen selten mich persönlich. Und die Diven, die mir beruflich zuliefen, kamen nie meinetwegen. Sie hatten immer irgendwas zu verkaufen, einen Film, ein Album, eine Tournee. Während sie dicht neben mir saßen und ich kokett mit ihnen flirtete, haben wir diese Grundvereinbarung nie aus den Augen verloren, und wenn das doch mal passierte, hat sich spätestens hinter den Kulissen von Paris die Liebe schnell gelegt.

Vor allem in meiner Late-Night-Phase gab es einen Vorbeimarsch schöner Frauen, die aber nicht zu meiner persönlichen Erbauung, sondern zur Förderung der Quote eingeladen worden waren. Ich neige zur Eifersucht und hätte unruhig zu Hause gesessen, wäre meine Frau beruflich in einer vergleichbaren Situation gewesen. Fremde Kerle, die in ihr Leben traten, behielt ich immer argwöhnisch im Blick, und die Kollektion ihrer früheren Bekanntschaften habe ich perfide unbrauchbar gemacht. Sie besaß, als wir uns kennenlernten, ein verdächtiges kleines Telefonbuch, das sie aber für meinen Geschmack nicht schnell genug entsorgte. Ich wusste, dass sie sich keine Telefonnummern merken konnte, also machte ich das verdammte Ding wertlos, indem ich bei jedem männlichen Vornamen eine Ziffer kunstvoll veränderte. Aus der 3 wurde eine 8 und aus der 1 eine 4. Keiner der Herren hat je wieder von Thea gehört. Die war da wesentlich entspannter und sagte bei Konkurrentinnen, die ihr hätten gefährlich werden können, höchstens: »Was hätte ich denn machen sollen?« Na ja, um mich kämpfen natürlich, aber dazu hatte sie keinen Anlass. Wir wurden schon sehr früh als Paar wahrgenommen, ich war also nie solo auf der öffentlichen Piste unterwegs. Ein allgemein begehrter Junggeselle war ich nicht und anfangs auch alles andere als eine gute Partie.

Mikrofone, Kameras, rote Teppiche und Paparazzi waren in den ersten zwei Jahrzehnten meines Aufstiegs kein Thema. Zu Beginn meiner Laufbahn ging es im Mediengeschäft noch ziemlich überschaubar zu. Ich lebte damals in München, und Michael Graeter kümmerte sich in seiner »Leute«-Kolumne bei der *Abendzeitung* um wichtigeres Personal. Damals interessierte sich das Fernsehen weder für die eigenen Leute noch für andere prominente Nasen. In der *Tagesschau* ging es um Politik, und in den Kulturabteilungen der TV-Anstalten blickte man höchstens einmal im Jahr nach Cannes und natürlich auf den Oscar in Hollywood. Eine eigene »Society-Redaktion« gab es nicht. Der Deutsche Filmball bekam drei Minuten Sendezeit in der *ZDF Drehscheibe* und eineinhalb in *Fox Tönende Wochenschau* im Kino. Da sah man Lilo Pulver mit Horst Buchholz tanzen, und der Produzent der *Winnetou*-Filme, Horst Wendlandt, hielt Uschi Glas im Arm und paffte eine Zigarre.

Als Thea und ich zum ersten Mal Karten für den Filmball im Bayerischen Hof in München ergattern konnten, saßen wir auf der Empore. Weil ich in dieser Zeit noch zum Nachwuchs zählte, waren die Fotos von uns, die nach Preisverleihungen und ähnlichen Galas erschienen, immer ziemlich klein, obwohl wir damals mehr hermachten als heute. Meine Frau war mit dem Ergebnis selten zufrieden. Mal kam die Taille nicht richtig raus, mal hatte ich sie beim Tanzen ungeschickt in die Linse geschoben. Und die Fotografen freuen sich ohnehin immer über die Motive am meisten, mit denen man selbst am wenigsten glücklich ist.

Also gaben wir den Versuch auf, medial vorne mitzuspielen, und konzentrierten uns auf ein halbwegs vernünftiges Familienleben ohne allzu großen Rummel. Das war nicht schwierig. Bei unserer Hochzeit 1976 war ich noch ein Nobody. Die zwei Fotos, die von dem Event übrig geblieben sind, hat ein Freund von mir gemacht. Nach der standesamtlichen Trauung in Schwabing gab es ein kleines Mittagessen bei »Dallmayr« am Marienplatz, was für mich damals im absoluten Luxusbereich lag. Am Hochzeitsabend musste ich das amerikanische Popduo The Carpenters für den Rundfunk interviewen und war froh, dass ich aus dem blauen Anzug rauskam. Meine Frischvermählte hat mir nie Vorwürfe gemacht, dass der »schönste Tag unseres Lebens« nur bis kurz nach dem Mittagessen dauerte. Dafür hat unsere Verbindung länger gehalten als die von Paaren, die mehrere Tage feiern mussten, um ihr Glück zu fassen. Nur ihren Kindheitstraum vom weißen Hochzeitskleid mit langer Schleppe konnte sie sich an meiner Seite nicht erfüllen; ich erinnere mich an eine leichte Klage in diese Richtung.

Auch eine Hochzeitsreise gab es nicht, allerdings später eine verregnete Tour durch Südeuropa, was mich umso mehr schmerzte, als ich mir endlich mein Traumauto, ein Käfer-Cabriolet, hatte leisten können. Wo wir auch hinkamen: Das Dach musste zubleiben, weil es regnete. In Südfrankreich wären wir von den Fluten beinahe weggeschwemmt worden, wenn ich nicht auf das dringende Flehen meiner Frau gehört hätte und rechtzeitig auf einen Hügel am Straßenrand gefahren wäre. Damals hat sie mich zum ersten Mal dafür beschimpft, dass mir angesichts von drohender Lebensgefahr nichts Besseres einfällt, als dumme Witze zu machen. Auf der Flucht vor dem Dauerregen gerieten wir über Korsika nach Sizilien, wo uns die Kohle ausging. Mein gesamtes Vermögen steckte in meinem Käfer-Cabrio, und meine Frau kam als Texterin gerade so über die Runden. Wir hatten bis Südfrankreich geplant und bemerkten in Sizilien, dass wir uns nicht nur streckentechnisch, sondern auch finanztechnisch verhoben hatten.

Fürs Hotel reichte es gerade noch, aber Frühstück war nicht mehr drin. Meine Frau war schon damals der attraktivere Teil unserer Verbindung und erweckte deswegen keinen Argwohn, als sie in ihren Wallegewändern souverän das Frühstücksbüfett abschritt und in den Falten der Toga diverse Wurstwaren plus Brötchen und Besteck aufs Zimmer lieferte. Ich musste mir von meinen Eltern Schauerberichte vom Kriegswinter 1944 anhören, konnte meinen Kindern später aber kaum noch Respekt mit der Geschichte abnötigen, dass ihre Eltern im Urlaub in Sizilien fast verhungert wären. So ändert sich das innerhalb von zwei Generationen. Und auch die kalabrische Mafia hatte wohl genügend Käfer-Cabrios in ihrem Fuhrpark; ich musste das Prachtstück an keiner Stelle mit dem Stilett gegen angreifende Räuberbanden verteidigen, die meine Frau hinter jeder Straßenecke vermutete. Diese Geschichte belegt hoffentlich in sympathischer Weise, dass wir zu Beginn unserer Beziehung nicht nur kleine Brötchen backten, sondern selbst die noch klauen mussten.

Unser erster gemeinsamer Urlaub fand in Irland statt. Ich träumte von der Romantik des irischen Frühlings, aber der hatte im April, als wir anreisten, offensichtlich noch nicht begonnen. Ich hatte es für eine großartige Idee gehalten, eine Tour in einem Zigeunerwagen zu buchen, aber wir waren wohl die ersten und einzigen Kunden nach einem langen und feuchten irischen Winter. Sowohl der Wagen als auch das

Pferd waren meiner Frau zu schmuddelig. Also machten wir erst mal Frühjahrsputz. Während Thea in eisiger Kälte fluchend die Karre schrubbte, mühte ich mich damit ab, den störrischen Gaul sauber zu kriegen. Der trottete dann im Schneckentempo von einem verregneten irischen Kaff zum nächsten. Abends versuchten wir mit einer Flasche Propangas, den Wagen warm zu kriegen, aber die Betten blieben feucht und die Stimmung frostig. Sie wurde auch nicht besser, als ich auf der Strecke erst nach einem halben Tag bemerkte, dass ich früh das falsche Pferd von der Weide geholt hatte und wir den ganzen Weg zurückfahren mussten. Immerhin bekamen wir ein paarmal Trinkgeld von amerikanischen Touristen, die uns für echte Hippies hielten und als Fotomotiv ablichteten.

Übrigens, das Pferd hieß Philipp.

Obwohl wir in solchen Dingen und in der Art, uns zu kleiden, eher unkonventionell daherkamen, folgte ich als Ehemann den starren Denkstrukturen, die ich von zu Hause mitbekommen hatte. Ich brachte die Kohle heim, und meine Frau verzichtete darauf, berufstätig zu sein. In meiner persönlichen Situation erschien mir das auch vernünftig, weil ich sehr schnell gut verdiente und durch meinen Radiojob dermaßen unregelmäßige Arbeitszeiten hatte, dass ich meine Frau kaum gesehen hätte, wenn sie weiter ihrem Job in einer Münchner Werbeagentur nachgegangen wäre.

Sie hat mir dies auch nie als »Karriereverzicht« vorgeworfen und sich mit einer solchen Begeisterung und Begabung darauf konzentriert, unsere schnell wechselnden Wohnungen und später Häuser einzurichten, dass mir die entsprechende Diskussion erspart blieb. Sie tapezierte selbst, pinselte lebensgroße Comics an die Wand und pimpte die damals noch sehr drögen Möbelklötze aus schwedischer Produktion durch Bemalung oder kunstvolle Verschalung zu bewunderten Kreationen auf. Einmal kam ich von einem Auftritt zurück und fand meine Frau völlig entkräftet in unserer Mansardentoilette, die sie am Wochenende selber tapezieren wollte. Leider war ihr entgangen, dass die Tür noch keine Klinke hatte, und so verbrachte sie die Nacht eingeschlossen auf dem winzigen Klo, nachdem sie es immerhin fertig tapeziert hatte.

Ihrer Begabung zum »Nestbau« war es dann aber auch zu verdanken, dass ich immer gern nach Hause kam, auch wenn manchmal das Bett am Abend nicht mehr dort stand, wo ich es am Morgen verlassen hatte. Ein späterer Versuch meiner Frau, eine Karriere als Modedesignerin zu starten, scheiterte an der Tatsache, dass die meisten Journalisten, die über ihre Schwabinger Boutique berichten wollten, auch gleich anfragten, ob ich mich für die Fotos nicht ins Schaufenster setzen würde. Das nervte, genauso wie die Tatsache, dass die meist prominenten Kundinnen ihre Klamotten zwar gern trugen, aber ungern bezahlten. Das Modegeschäft ist hart, und als Einzelkämpferin kommt man da nicht weit.

Ich kann nicht behaupten, dass ich sonderlich unglücklich gewesen wäre, als sie den Versuch nach ein paar Jahren wieder einstellte und sich nur noch ihre eigenen Modelle auf den Leib schneiderte. Hätte sie es zu einer zweiten Vivienne Westwood gebracht, wären wir heute nicht mehr zusammen. Das ist nicht die arrogante Behauptung eines Mannes, dessen Frau ihm zuliebe auf eigenen Erfolg verzichten musste, sondern eine schlichte Erkenntnis aus meinem persönlichen Umfeld. Wir wären uns gegenseitig auf unterschiedlichen Wegen zum Erfolg irgendwo still und leise abhandengekommen. Ich habe genügend Paare aus dem kreativen Bereich kennengelernt, die sich beide eine Karriere teils in gleichen, teils in unterschiedlichen Disziplinen durchaus zugetraut hatten und denen genau das passiert ist. Bei einem Verzicht auf Kinder ist dieses Modell denkbar, aber deswegen nicht einfacher, denn Geltungsdrang, Futterneid und Eifersucht sind auch unter kongenialen Partnern immer ein Teil der Gleichung. Kommen dann noch die Probleme dazu, die Kinder mental und logistisch mit sich bringen, wird das Konstrukt zu einem Jongleursakt, bei dem es nur eine Frage der Zeit ist, wann der erste Teller runterfällt und zerbricht. Ich habe keinen Fall in meiner Umgebung erlebt, der gegen diese pessimistische Einschätzung spricht. Zwei Erfolgsmenschen in einer Familie, das kriegen nur Angelina Jolie und Brad Pitt mustergültig hin, die gerade geheiratet haben, während ich an diesem Buch schreibe. Ich wünsche ihnen, dass sie noch verheiratet sind, während Sie es lesen.

Dass ich es mit dieser spießigen Einstellung nicht aufs Cover der *Emma* schaffe, ist mir klar, aber ich würde in aller Demut für mich in Anspruch nehmen, trotzdem ein Verfechter der Emanzipation zu sein, weil ich mein persönliches Lebensmodell genauso auch andersherum hätte leben können, und zwar mit großer Begeisterung: Wäre meine Frau Bestsellerautorin geworden, hätte ich klaglos den Hausmann gegeben und mich um Küche und Kinder gekümmert. Die Fähigkeit dazu besitze ich durchaus.

Nun lebt der Großteil der Menschheit nicht in einer Seifenoper, in der Frauen Erfolgsautorinnen, Modeschöpferinnen oder Blumengroßhändlerinnen sind und die Männer Architekten, Reitstallbesitzer oder Werbetexter. Ich weiß das. Und mir ist auch klar, dass man mir straflos einen gewissen Realitätsverlust unterstellen kann. Die Mehrzahl junger Familien kommt heute gerade so über die Runden und hat überhaupt keine Wahl, was ihr Lebensmodell betrifft; beide Elternteile müssen arbeiten. Die Frage, ob sie es wollen, steht gar nicht zur Diskussion.

Ich habe immer groß getönt, dass Kinder an die Seite ihrer Mutter gehören und diese an den häuslichen Herd. Damit mache ich mich heute lächerlich, und es hilft mir wenig, meine eigenen Erfahrungen als Beweis anzuführen. Meine Überzeugung hat das letzte halbe Jahrhundert nicht überlebt. Jedes Mal, wenn ich meinen Enkel − er lebt bei seiner Mutter in Berlin − von der Kita abhole, leuchtet mir ein, dass die Dinge sich zum Besseren geändert haben. Die bunte Meute, die da im Garten durcheinanderkugelt, ist ein Glücksfall für die Kinder. Da wird soziales Verhalten trainiert, da werden Rabauken eingebremst und Schüchterlinge motiviert. Ich habe größten Respekt vor den jungen Müttern, die da atemlos durch Berlin radeln, ein Kind vor dem Lenker, das zweite auf dem Gepäckträger. Ich solidarisiere mich mit den jungen Vätern, die in letzter Minute aus dem Büro angehetzt kommen, um ihren Nachwuchs aus dem Sandkasten zu graben. Ich bin inzwischen davon überzeugt, dass man auch ein normaler Mensch werden kann, wenn man nicht mit seiner Mutter Blaubeeren gesammelt hat.

Ein Macho war ich nie; Machoverhalten ist mir zuwider, was umso komischer ist, als man es mir immer wieder vorgeworfen hat. Vielleicht habe ich diesen sanften Zug von meinem Vater geerbt, der schon in der Mitte des vorigen Jahrhunderts sensibler war als seine Zeitgenossen. Zu einer Zeit, als das noch niemandem eingefallen wäre, legte er Wert darauf, bei meiner Geburt dabei zu sein, und schnitt zur Begeisterung meiner Mutter sogar die Nabelschnur durch, ohne mich oder sie dabei ernsthaft zu gefährden. Ich war zweiunddreißig Jahre danach etwas weniger forsch.

Mein ältester Sohn kam per Kaiserschnitt zur Welt, und als das Fruchtwasser aus meiner Frau rauschte, fiel ich vor Panik

fast in Ohnmacht. Dafür habe ich aber dann bei der Baby-
pflege meinen Mann gestanden, und beide Söhne haben mir
nach dem Fläschchen genauso oft das Bäuerchen auf die Schulter gerülpst wie meiner Frau.

In der Aufzucht von Kindern macht mir keiner was vor.
Ich bin zu Hause sehr früh dazu verdonnert worden, mich
um meine kleine Schwester zu kümmern; ich schob sie im
Kinderwagen rum oder trug sie auf dem Rücken durch die
Gegend. Kinderkacke und Babykotze sind für mich kein Flucht-
grund.

Einmal musste ich mit unserem Sohn Tristan allein in die
USA reisen, als er gerade ein paar Wochen alt war: eine fünf-
zehnstündige Odyssee mit mehrfachem Umsteigen und einem
längeren Aufenthalt im Flughafen von Atlanta. Mit einer Baby-
tasche voller Fläschchen, Windeln und Schnullern absolvierte
ich den Solo-Trip mit einem schreienden Säugling im Gepäck absolut unfallfrei. Ich bin übrigens nie wieder in so kurzer Zeit von so vielen Frauen angeschmachtet worden wie
auf dieser Reise und erwähne sie auch nur, um es so auf meine
alten Tage vielleicht doch noch auf den Titel der *Emma* zu
schaffen. Meine Frau würde als Kronzeugin sicher für mich
aussagen. Sie hat mir immer bescheinigt, dass ich meine Vater-
pflichten ernst genommen habe. Und nicht nur das, ich habe
sie auch genossen. Allerdings verliert ein Zoobesuch für einen
Sohn erheblich an Attraktivität, wenn der eigene Vater für andere Kinder interessanter ist als die Elefanten.

Erzieherische Maßnahmen in der Öffentlichkeit wurden
gewissenhaft dokumentiert. Als ich meinem Sohn Roman
unbeherrscht eine knallte, weil er drei Kugeln Vanilleeis vor
die Eistheke fallen ließ, drohte ein Fremder, der den Vorgang
mitgefilmt hatte, mich bei der Presse als Rabenvater bloßzu-
stellen. Ein anderes Mal musste ich mich selbst zur Ordnung

rufen, weil mir die Hand wegen eines Sakrilegs ausrutschte, mit dem Tristan mich bis heute aufzieht: In einer Boutique lief auf einem altmodischen Plattenspieler das Album *Rubber Soul* von den Beatles. Während ich mich nach einem Anzug in meiner Größe erkundigte, tat mein gelangweilter Sohn das Einzige, wozu aus seiner Sicht ein Plattenspieler gut war: Mitten in »Norwegian wood« fing er an, auf dem Teil zu scratchen, und als Paul McCartney jaulend den Geist aufgab, hatte mein armes Kind schon eine gefangen. Ich musste mir schwere Vorwürfe von meiner Frau anhören, denn natürlich hat mich das Kerlchen bei ihr verpetzt, und meine Fingerabdrücke hielten sich ziemlich gut auf seiner Backe. Ich kann mich nicht erinnern, als Kind eine ähnlich zarte Haut gehabt zu haben.

Erziehungsmaßnahmen an meinem Nachwuchs in der Öffentlichkeit kamen seltener vor, Gunstbezeugungen wohlmeinender Mitmenschen schon häufiger. Wir haben Geschenke wie Spielzeug, Süßigkeiten und anderen Unsinn für unsere Kinder nicht immer verhindern können, was die begeisterte und uns in ein pädagogisches Dilemma brachte. Eben sagt man noch: »Nein, du brauchst jetzt keine Game-Konsole«, da kriegt der Bengel auch schon eine vom Werbechef feierlich überreicht.

Gleichzeitig stehen Promi-Sprösslinge unter verschärfter Beobachtung. Roman, den ein eher ruhiges Wesen auszeichnet, sah sich als mein Sohn stets einer gewissen Erwartungshaltung ausgesetzt. Ich erinnere mich, wie er mir einmal von einer enttäuschten Betreuerin nach einem Ausflug mit der Bemerkung zurückgegeben wurde: »Ist das wirklich Ihrer? Der sagt ja nix!« Ja, es ist meiner, und warum soll er dauernd was sagen, nur weil sein Vater es ständig tut? Wir haben ihn zu Snowboardkursen und anderen Gemeinschaftsunternehmungen dann meist unter falschem Namen angemeldet.

Ich war viel weg, aber ich war auch viel da. Anders als bei anderen Vätern gab es bei mir ja keinen Büroalltag. Wenn ich nicht irgendwo in Deutschland über die Dörfer zog, war ich in Malibu als Hausmeister und Herbergsvater im Einsatz. Ich fuhr meine Söhne morgens in die Schule. Sie kurbelten mir sofort nach dem Einsteigen meinen Oldiesender weg und quälten mich auf nüchternen Magen mit Rap und Techno. Ich war Mitglied im Elternbeirat ihrer Schule und verbesserte mein Englisch, indem ich ihnen bei den Hausaufgaben half. Als Tristans Klasse Elie Wiesels KZ-Erinnerungen *Die Nacht* besprach, war ich von der Lektüre dieses Buches so aufgewühlt, dass ich mich anbot, mit den Schülern den Holocaust aus deutscher Sicht zu diskutieren. Die Jugendlichen nahmen mich nicht als bekannten Fernsehmoderator wahr, sondern als einen Deutschen der Nachkriegsgeneration, und befragten mich auch als solchen.

An die Tatsache, dass mich Halbwüchsige nicht mit meinem Beruf in Verbindung brachten, musste ich mich in den USA erst gewöhnen. In der täglichen Schlange des *car pools* vor der Schule erzählte mir eine Mutter, die mit mir auf das Unterrichtsende wartete, vom Englandtrip ihrer Familie. Sie hatten in London das Wachsmuseum von *Madame Tussaud* besucht, und ihr Sohn war wie vom Donner gerührt, als er plötzlich vor meinem wächsernen Abbild stand. Zur besonderen Freude seiner Eltern brüllte er durch die Halle: »What the f★★★ is Tristan's dad doing here?!«

Meine Söhne haben nach der Schule beide in den USA studiert, der eine in Miami, und der andere hat sein Master's Degree an der Universität von San Francisco gemacht. Beide leben in den USA, der eine ist Vater meines Enkels Jamie, und der andere ist mit einer Kalifornierin verheiratet, die meinen und den Segen meiner Frau hat. Die beste Note, die Thea in solchen Fällen zu vergeben hat, lautet: »Sie könnte glatt eine Deutsche sein!«

Ich bin ein Familienmensch und versuche im Sinne des »Pater familias« keines meiner Schäfchen aus den Augen zu verlieren. Ich weiß nicht, ob ich die Gelegenheit haben werde, in meiner letzten Stunde eine Ansprache an meine Familie zu halten. Für meinen Vater war das damals sicher nur ein schwacher Trost. Dennoch waren seine Worte gut gewählt, und falls ich das nicht so hinkriegen sollte, können meine Hinterbliebenen gern an dieser Stelle nachlesen: »Haltet alle fest zusammen.«

CALIFORNIA DREAMIN'

Mamas & Papas

Ich bin in Malibu nicht der einzige komische Alte, der in der milden Abendsonne herumstolpert. Nick Nolte radelt unrasiert und mit wehendem Haar zum Biogärtner, Martin Sheen kniet in Our Lady of Malibu in der Sonntagsmesse, und Mel Gibson muss beim Malibu Car Wash damit fertigwerden, dass sein Auto mittlerweile heller glänzt als sein Ruhm.

Als ich mir Mitte der Achtzigerjahre mein erstes Häuschen in den Hollywood Hills zulegte, war das Altern in Würde noch kein Teil meiner Überlegungen. Ich hatte mit den USA nie was am Hut gehabt und war in meiner Jugend geradezu religiös anglophil. Mit maskulinen Cowboy-Raubeinen nach Art des Marlboro-Mannes konnte ich genauso wenig anfangen wie mit den kiffenden Hippies der Woodstock-Ära in ihren Jesuslatschen und Wallegewändern. Die Rüschenhemden der Carnaby Street und die dandyhaften, taillierten Cord- und Samtanzüge der King's Road in London waren schon eher mein Ding. Musikalisch lagen mir die Kinks, The Who und die Small Faces näher als die Doors oder Grateful Dead, die zauselige Mannschaft um Jerry Garcia. Im Fernsehen fand ich amerikanische Serien wie *Die Straßen von San Francisco* blöd, und dem glatzköpfigen Kojak mit seinen Lutschern konnte ich auch nichts abgewinnen.

Roger Moore dagegen kleidete sich als Privatdetektiv Simon Templar genau so, wie ich es gern getan hätte, und es ist kein Zufall, dass mein erstes cooles Auto viele Jahre später exakt

der sportliche Volvo war, den Templar einst vor seinem englischen Landgut geparkt hatte. Während ich meinen ersten
Englandtrip, dem viele folgen sollten, schon mit sechzehn
machte, musste ich erst Anfang dreißig werden, bis ich Amerika entdeckte – immerhin zwanzig Jahre jünger als Christoph
Kolumbus.

Mit Freunden hatten wir den Klassiker geplant: über New
York nach L.A., dann mit dem Auto auf dem obligatorischen
Highway Number One über Carmel nach San Francisco; Las
Vegas und Disneyland natürlich im Beiprogramm. Durch meine
Jerry-Cotton-Lektüre war ich vorgewarnt und wusste, dass meine
Chancen, San Francisco zu erreichen, eher gering waren. Wenn
ich den Kugelhagel der Mafiakämpfe in New York überleben
sollte, würde ich spätestens dem Drogenkrieg in L.A. zum
Opfer fallen.

Es klingt nicht besonders glaubhaft, aber ich habe mehrere
Zeugen dafür, dass die erste Leiche bereits auf dem Weg vom
JFK-Airport nach Manhattan auf mich wartete. In einem Auto
mit zersplitterter Frontscheibe saß ein Mann reglos auf dem
Fahrersitz. Es kann ein Verkehrsunfall gewesen sein, aber ich
war mir sicher, das Einschussloch auf seiner Stirn gesehen zu
haben. Die Polizei erschien gerade am Tatort, und dieser auf-
und abschwellende Sirenenton konnte nur eins bedeuten: Das
wird böse enden!

Wider Erwarten habe ich den ersten Trip durch die USA
nicht nur überlebt, sondern mich auch von dem Fieber an-
stecken lassen, das deutsche Touristen vor allem in Kalifornien überfällt. Der Erkenntnis, dass dort nicht nur das Wetter besser ist als bei uns, folgt meist relativ schnell der Wunsch,
in Deutschland alle Zelte abzubrechen und »irgendwie hier
was zu machen«. Ganz so dringend war das bei uns nicht,
aber immerhin nahm ich kurze Zeit später das Angebot des

Winnetou-Produzenten Horst Wendlandt an, ein paar Wochen in seinem Haus in Beverly Hills in der Nähe des Coldwater Canyon zu wohnen.

Ich hatte gerade den Vertrag mit McDonald's abgeschlossen und zum ersten Mal im Leben Geld auf dem Konto. Anlagestrategien und wundersame Geldvermehrung durch Aktien waren nie mein Ding; ich glaubte an Immobilien, und zwar immer an solche, in die ich selbst einziehen konnte. Ich wollte »nur mal schauen« und machte hinter dem Rücken meiner Frau eine Tour mit einem Real-Estate-Agenten. Diesen Beruf übt offenbar jeder Kalifornier aus, der nicht *actor* oder *writer* ist, und ich bekam schnell den Eindruck, dass in L.A. vor so ziemlich jedem zweiten Haus ein Schild mit der Aufschrift »For Sale« steht. Schon am ersten Tag sah ich fünf Objekte, die ich gern haben wollte, und zwei, die ich unbedingt haben musste.

Eines davon war eine etwas wackelige Hütte auf dem Mount Olympus, was mir als Hollywoodadresse angemessen erschien. Das Haus war in den Felsen gebaut, das Wohnzimmer eher eine Tropfsteinhöhle und deshalb »nice and always cool«. Die kleine Dachterrasse, von der man einen Blick auf den Felsen hatte, war »great for entertaining«, also wie für mich geschaffen. Für 350 000 Dollar schien mir das Haus außerdem ein absolutes Schnäppchen zu sein. Das sah meine Frau leider völlig anders, und wahrscheinlich hatte sie recht, als sie dem romantischen Häuschen unterstellte, nur von der riesigen Bougainvillea, einer schlingpflanzenähnlichen grell blühenden Kletterblume, zusammengehalten zu werden. Ich konnte mich mit meiner Idee, im kalifornischen Olymp einzuziehen, natürlich nicht durchsetzen.

Es ging auch nicht um einen Umzug ins Gelobte Land des Showbusiness, sondern um ein »Getaway« für jeweils ein paar

Wochen des Jahres und, wie ich Thea und mir immer wieder nachdrücklich versicherte, auch um eine großartige Geldanlage. Der Wert von Privatimmobilien in den USA ging, zumindest noch zu diesem Zeitpunkt, stetig nach oben. In den Staaten gibt es die schöne Einrichtung des *open house*, das heißt, man kann am Sonntagnachmittag plan- und ziellos durch die Gegend kurven und unangemeldet durch Häuser marschieren, die zum Verkauf stehen. Wir taten das mit wachsender Begeisterung und entschieden uns tatsächlich für ein kleines Haus hoch oben in den Hollywood Hills, ganz in der Nähe des berühmten Mulholland Drive. Wenn man den Hügel hochkrabbelte, der das Grundstück nach hinten abschloss, sah man nachts die Lichter von Los Angeles funkeln, und am Tag war man in ein paar Minuten auf dem Sunset Boulevard. Auf dem hatte ich zwar nichts zu suchen, aber zu wissen, dass man es konnte, war einfach ein gutes Gefühl. Wir kauften das Haus.

Mein neuer Nachbar war Peter Frampton. Der war als Sänger von The Herd ein britisches Teenageridol und mit *Frampton Comes Alive* der Produzent eines der erfolgreichsten Livealben aller Zeiten. Wenn abends die Bässe aus seinem Heimstudio zu mir herüberwummerten, fühlte ich mich im Zentrum des Showgeschäfts angekommen, und das, obwohl dort keiner auf mich gewartet hatte. Es wurde immer wieder mal vermutet, ich hätte eine Hollywoodkarriere im Auge gehabt – völlig absurde Idee. Eine schauspielerische Begabung hat außer dem bereits zitierten *Spiegel*-Kritiker niemand je an mir entdeckt. Meine Fähigkeit, zügig aus vielen Wörtern einen langen Satz bilden zu können, ist in der englischen Sprache offensichtlich sehr viel weiter verbreitet. Auf jeden Fall können es dort mehr Leute, doch die wenigsten davon landen im Rundfunk und kaum einer im Fernsehen.

Ich war auch nicht zu Lernzwecken angereist, denn ich hatte schnell bemerkt, dass das US-Publikum völlig anders funktioniert als das deutsche. Es will unterhalten werden und kommt dem Entertainer auf halbem Wege entgegen, weil es schon lacht, wenn es einen Witz nur vermutet, und Beifall schon als Vorauszahlung anbietet. Allein die Tatsache, dass man mich in den USA immer als »German entertainer« vorstellt, garantiert mir dort heute noch skeptische Blicke, weil »deutsch« und »unterhaltsam« sich für viele Amerikaner ausschließt. Nein, auf die internationale Bühne hat es mich nie gezogen. Ich wollte auch nicht riskieren, mir die Chance, in Deutschland ganz vorn mitspielen zu dürfen, dadurch zu versauen, dass ich irgendwo anders auf der Welt unter »Ferner liefen« herumhampelte. Der Wunsch, in Kalifornien ein zweites Heim zu haben, kam woanders her.

Meine Bekanntheit hatte angefangen, auf mein Privatleben abzufärben. Meine Lebenswirklichkeit drohte mir wegzurutschen, ich begann mich auf die Wirkung meines Namens zu verlassen. Wenn ich irgendwo anrief, fand sich immer noch ein Platz, egal, ob in einer ausverkauften Veranstaltung, einem ausgebuchten Hotel oder einem überfüllten Restaurant. In einem Moment pries ich die Vorteile meiner Beliebtheit, im nächsten beschwerte ich mich darüber. Mir war klar, dass mich dieses Denken irgendwann in die Bredouille bringen würde und dass die Vorzugsbehandlung nur so lange gültig war, bis aktuellere Größen an die Tische drängten, die man jetzt noch für mich freihielt. Alldem wollte ich in Kalifornien vorbeugen, wo ich meinen Namen immer zweimal buchstabieren musste, um dann die Reservierung im angesagten Beverly-Hills-Restaurant doch nicht zu kriegen.

Ich war dem leicht nomadenhaften Zug meiner Frau nie ganz gewachsen und ebenso wenig ihrer Eigenart, jedes Haus erst komplett und perfekt einzurichten, um es dann doch wieder gegen ein anderes einzutauschen. Aber ich machte diese Rochaden gerne mit und war zufrieden, dass sie nur das Haus, aber nicht den Mann wechseln wollte. Wie viele andere *Angelinos* — so nennen sich die Bewohner von Los Angeles — fuhren wir am Wochenende oft ans Meer, ein mühsamer Trip über den verstopften Pacific Coast Highway. Kaum hatte Thea die vage Vorstellung geäußert, notfalls auch direkt in Malibu leben zu können, was im Übrigen kein besonderes Opfer ist, war ich auch schon wieder mit der Maklerin unterwegs. Die Immobilienpreise waren gerade ziemlich gesunken und der Wechselkurs zur D-Mark günstig. Zumindest behaupte ich das heute, denn ich habe mir alle Immobilienkäufe meines Lebens immer im Nachhinein finanziell schönreden müssen. Alles in allem habe ich bisher insgesamt draufgezahlt, aber die Endabrechnung liegt ja noch nicht vor. Außerdem waren mir Zahlen immer egal, wenn ich das subjektive Gefühl hatte, mich zu verbessern. Von unserem neuen Domizil auf dem Point Dume sah man in der Tat einen Streifen des ewig blauen Pazifiks. Das war schon was anderes als die Betonwüste meiner Münchener Anfänge.

Obwohl ich in Hollywood nicht als Klinkenputzer unterwegs war, entwickelten sich über die deutsche Schiene Verbindungen zur *industry*, wie sich das Showgewerbe in L.A. gern selbst nennt. Vor allem Disney zeigte Interesse, denn ein Vergnügungspark in der Nähe von Paris war geplant, und das deutsche Publikum war ein wichtiger Faktor in den zukünftigen Bilanzen des amerikanischen Unterhaltungskonzerns. Als bereits erfolgreicher Entertainer stieg ich gleich ganz oben ein und hatte meinen ersten Termin bei Disney direkt in der Chefetage. Die Herren der Zwerge sitzen in Burbank in einem riesigen Komplex von Studios und Verwaltungsgebäuden. Die Kommandozentrale liegt direkt unterm Dach, das in der Tat von den sieben Wichteln aus *Schneewittchen* gestemmt wird. Ein deutscher Architekt wäre für derartige Baukunst öffentlich hingerichtet worden.

Regiert wurde Disney damals von Michael Eisner als CEO und Jeffrey Katzenberg als Boss der Disney-Filmstudios. Viele *corporations* in den USA funktionieren eher wie eine Religionsgemeinschaft, deren Mitglieder sich ganz den Geboten des Gründers unterwerfen. Walt Disney war ein kreativer und geschäftstüchtiger Visionär, seine Nachfolger müssen nur noch versuchen, die Kohle zusammenzuhalten, die er verdient hat, und die Ideen des Meisters jeweils auf den aktuellen Zeitgeschmack zu hieven. Ich war natürlich gebauchpinselt, gleich von der doppelten Speerspitze des Weltimperiums empfangen zu werden. Der Einzug an der Security vorbei und durch diverse Hallen bis ins Zentrum der Macht tat sein Übriges, mich zu beeindrucken. Dort stellte mich der Büroleiter den versammelten Assistenten und Sekretärinnen so vor: »Ladies and gentlemen, we are in the presence of Mr. Thomas Gottschalk, a wonderful entertainer from Europe.« Das war doch mal 'ne Ansage!

Hilfreich war auch das Charisma, das man bei allen Managern voraussetzen kann, die es an die Spitze amerikanischer Unternehmen schaffen. Vor allem Michael Eisner, ein freundlicher Hüne mit weichen Gesichtszügen und lustigen Äuglein, gab mir das Gefühl, als hätte er seit Jahren in seinem Zwergenbüro gesessen und nur auf mich gewartet. Er fasste zusammen, ich sei im deutschen Entertainment die Nummer eins, Disney sei das weltweit, insofern seien wir wie füreinander geschaffen. Der Deal war klar: Ich sollte Disney in Deutschland bekannter machen, und im Gegenzug würde ich mit der Hilfe des amerikanischen Unterhaltungsriesen demnächst im Handumdrehen weltberühmt sein, der *sky* sei das Limit, nur an Mickey Mouse sollte ich mich freundlicherweise nicht vorbeidrängen.

Eisner wollte mich gleich Katzenberg vorstellen, der aus dem Nachbarbüro herbeieilte. Auch er fand es »great«, mich kennenzulernen, brachte ein paar Filmprojekte ins Spiel, die »in der Pipeline« waren, und erwähnte gleich eine Neuverfilmung der *Drei Musketiere*, für die ich wie geboren sei. Er notierte sich eifrig, dass ich auch reiten könne – immerhin hatte ich unfallfrei einen Ferienreitkurs im Kulmbacher Reit- und Fahrverein absolviert –, und ich sah mich bereits als d'Artagnan in den Armen von Julia Roberts liegen.

Bis heute treffe ich immer wieder deutsche Filmschaffende in Hollywood, die beseelt aus ähnlichen Meetings kommen. Der Himmel scheint ihnen offenzustehen – wen immer sie getroffen haben, er hat sie als Glücksfall für den internationalen Film bezeichnet. Alles Bullshit. Es ist nicht so, dass man da belogen wird; die freundlichen Damen und Herren meinen das genauso, wie sie es sagen. Nur sagen sie es den ganzen Tag, und zwar jedem, der reinkommt. Die x-te Musketierverfilmung wurde irgendwann tatsächlich produziert, und wer auch immer aufs Pferd stieg, es war nicht ich, und in wessen Armen er auch immer landete, es waren nicht die von Julia Roberts.

Aber ich ging nicht leer aus. An der Seite von Whoopi Goldberg bin ich in *Sister Act 2* als überzeugender Küchenmönch zu sehen, der eine Salami schwingend mehrfach durchs Bild eilt. Man muss den Film in Zeitlupe anschauen, um mich zu erkennen, deswegen sage ich es Ihnen jetzt. Ich erinnere mich noch, wie begeistert Regisseur Bill Duke die Tatsache zur Kenntnis nahm, dass ich ihm als »great German actor« vorgestellt wurde. Er brauchte nicht lange, um herauszufinden, dass ich keiner war. Offenbar beschloss er daraufhin, mich textarm zu führen. Meine Zeilen im Drehbuch wurden immer kürzer, und was immer ich an schauspielerischer Einzelleistung erbrachte, war offenbar unnütz, denn es fiel weitgehend der Schere zum Opfer. Dafür habe ich erlebt, was es bedeutet, in einem großen Filmset auf einem Klappstuhl zu sitzen, auf dessen Rückenlehne mein Namen steht; und wenn der Aufnahmeleiter ins Studio rief: »First team walking in«, dann war auch ich damit gemeint. Hollywood im Schnelldurchlauf.

Im Gegenzug präsentierte ich im deutschen Fernsehen über mehrere Jahre die *Disney Filmparade*, eine Show, die in den USA Michael Eisner persönlich moderierte. Auch deswegen begegneten wir uns häufig. Wir hatten ein freundschaftliches Verhältnis, und er lud mich beim Skifahren zum *Christmas dinner* auf seine riesige Ranch in Aspen ein. Inzwischen ist er bei Disney ausgeschieden, hat ein traumhaftes Haus am Beach von Malibu und gibt ab und zu private Filmabende in seinem Heimkino. Auch Jeffrey Katzenberg hat Disney den Rücken gekehrt und ist mittlerweile als Mitbesitzer von Dreamworks einer der schärfsten Konkurrenten des Entertainment-Riesen.

Ich hatte durch meine Arbeit dort das Vergnügen, diesen Konzern und damit die Vorzüge und Nachteile des amerikanischen Managements aus nächster Nähe kennenzulernen, dazu den leichten Irrsinn, der sich dahinter verbirgt. Es ist schon etwas Besonderes, hinter den Kulissen einem kopflosen Goofy zu begegnen oder in einer Drehpause auf einem antiken Segelschiff mit einem Peter-Pan-Darsteller Brotzeit zu machen, der in der Wahnvorstellung lebt, wirklich Peter Pan zu sein; jedenfalls stemmte er dauernd die Hände in die Hüften und hielt ständig den Kopf neckisch schief. Fast hätte ich den Kerl ertränkt. Wer einmal unter glühender Sonne auf einem heißen Teerdach im kalifornischen Anaheim in Winterklamotten eine Weihnachtsshow moderiert hat, der weiß, da liegen irgendwann die Nerven blank.

Ich weiß, dass ich da auf hohem Niveau jammere, und ich habe nicht den geringsten Anlass, mich über meine Arbeit für Disney zu beklagen, denn sie brachte mir auch einen entscheidenden Vorteil. Das Schlimmste beim Besuch der Vergnügungsparks sind die Warteschlangen vor den einzelnen Attraktionen. In Orlando oder Anaheim kann man noch damit leben, dass man sich im Sonnenschein mit zwei maulenden Kindern im Schlepptau Meter für Meter einer Achterbahnfahrt entgegenschieben lassen muss, die keine drei Minuten dauert. Aber sich in Paris bei kaltem Wetter zwischen einer chaotischen spanischen Familie und einer angetrunkenen irischen Junggesellentruppe die Beine in den Bauch zu stehen stellt eine gewisse Herausforderung dar. Der konnte ich aus dem Weg gehen, weil ich als »Disney-Star« weltweit als VIP behandelt wurde. Statt in der Schlange warten zu müssen, konnten wir mit unseren Kindern durch den Hintereingang in alle Attraktionen rutschen.

Das hat mir Stunden an Lebenszeit geschenkt, aber bei meinen Kindern genau jenen Effekt ausgelöst, zu dessen Vermeidung wir nach Amerika gegangen waren: Es sollte für sie keine Extrawurst geben. Das blieb auch vorerst die einzige, denn unser Feriendomizil hatte sich mittlerweile tatsächlich zum festen Wohnsitz entwickelt. Wir waren inzwischen ein weiteres Mal und wieder ohne größere Gegenwehr in die Immobilienfalle getappt. Katie, meine Maklerin, hatte angerufen: Sie hätte ein Haus für mich, auf dem bereits mein Name stehe. So formuliert es der geschickte Verkäufer in den USA, wenn Ware und Käufer füreinander wie geschaffen sind. »Thomas, it's a beautiful place. Thea will love it and it has your name on it!« Na, wenn das so war! In der Tat besichtigten wir ein Haus direkt am Meer, aber nicht im Sand, sondern auf einer kleinen Felsgruppe, schon etwas am Ende von Malibu, wo die Badelustigen ihr Auto nicht mehr unmittelbar am Beach parken konnten und ein Stück laufen mussten. Das verdirbt den Amerikanern die Freude an jedem Vergnügen. Ein kleines Privatparadies also!

Unsere Nachbarn waren der schnauzbärtige Western-Typ Sam Elliott und seine immer noch bildschöne Frau Katharine Ross, in die sich Dustin Hoffman in *Die Reifeprüfung* verliebt hatte. Die beiden Hollywoodstars waren gezwungen, über meine Felsen zu krabbeln, wenn sie schwimmen gehen wollten, während der deutsche Entertainer nicht mal ein Handtuch zur Reservierung in den Sand legen musste, sondern das öffentlich-rechtliche Motto »Bei uns sitzen Sie in der ersten Reihe« auf seine Art in Malibu auslebte. Zwar nur während der Sommermonate und in den Schulferien, aber wieder einmal in einem Domizil, das wir »bis zu unserem Lebensende nicht mehr hergeben« wollten. Es war nicht das erste und nicht das letzte, aber es hätte es sein können, wenn die Sache mit der Mühle nicht passiert wäre.

Eigentlich handelte es sich um eine Windmühle, die uns in einem malerischen Canyon in Laufnähe zum Strand schon einige Male aufgefallen war. Wir hatten uns dabei jedes Mal kopfschüttelnd gefragt, welcher Idiot diese europäische Erfindung mit ihren riesigen Flügeln auf einen kalifornischen Hügel gestellt hatte, auf den bestenfalls eine leichte Brise vom Pazifik herüberweht. Neben dieser Windmühle gab es einen Teich mit Brücke, die zum Haus führte – ein Stilmix zwischen englischer Kunstscheune und deutscher Miniburg. Also war der

Bauherr eher ein Vollidiot. Das war uns aber schnell egal, als Katie anrief, um zu fragen ob wir »just for fun« ebendiese Mühle besichtigen wollten. Sie stand gerade zum Verkauf und wurde für uns zur Liebe auf den zweiten Blick.

Einige Fragen, die sich uns bei der ersten Besichtigung stellten, sind bis heute nicht geklärt. Zum Beispiel die, ob der Bauherr ein englischer Antiquitäten- oder ein Gebraucht-warenhändler war und ob der kleine Raum, den man durch eine »Geheimtür« vom Schlafzimmer aus erreicht, wirklich einst das Waffenarsenal von Hermann Göring beherbergt hat. Für einen amerikanischen Kunden war das vielleicht ein Kauf-argument, mich faszinierten andere Aspekte. Zum einen der wirtschaftliche: Das Konzept des wahnsinnigen Engländers, der die Windmühle in den englischen Cotswolds abgetragen und in Malibu Stein für Stein und Flügel für Flügel wieder zu-sammengebaut hatte, war offensichtlich nicht aufgegangen. Der Mann hatte sich mit seinen Spinnereien völlig verkalku-liert. Es gibt Fotos, auf denen man sehen kann, wie ein Baum per Hubschrauber auf die kleine Insel gesenkt wird, die er im Mühlteich errichtet hatte. Zudem hatte er wohl auch noch andere, nicht ganz koschere Geschäfte gemacht und auf der Flucht vor der amerikanischen Steuerbehörde, in deren Be-sitz sich die Mühle nun befand, das Land verlassen müssen. Amerikanische Interessenten waren von dem Objekt über-fordert. Es war nicht wie üblich möbliert, sondern stand völlig leer, und es musste schon jemand wie meine Frau da-herkommen, um eine Vision zu entwickeln, wie man einen 15 Meter hohen Raum mit Deckengebälk auch nur halbwegs gemütlich einrichtet oder es für sinnvoll hält, ein Haus zu be-ziehen, das im Wesentlichen aus drei großen Hallen besteht, deren letzte man durch das Absenken einer Wand in eine Thea-terbühne verwandeln kann.

Wer das Haus besichtigte, sah ein paar leere Eimer in den Hallen stehen, in die bei Regen das Wasser tropfen konnte, das durchs Dach lief, weil irgendein Schuldner die teuren Dachplatten aus Oregon-Schiefer entfernt und durch Schrott ersetzt hatte. Die Küche sah aus wie das Filmset von Downton Abbey, und auf den Kühlschranktüren klebte das Gütesiegel englischer Hoflieferanten »By Appointment to Her Majesty the Queen«. Anstelle eines begehbaren Kleiderschranks gab es im ersten Stock einen orientalischen »Sultan's Room«, den man offensichtlich dem Herrscher von »Goare«, wo immer das sein mag, mit oder ohne dessen Wissen ausgebaut hatte. Sein Namensschildchen hängt immer noch neben der kunstvoll geschnitzten Tür, aber in der kleinen Geheimschublade zur Drogenaufbewahrung hat er nichts hinterlassen.

Das ganze Haus wirkte dunkel und *spooky*, als sei die Addams-Family erst vor Kurzem und ziemlich überstürzt ausgezogen. Kein Wunder, dass die US-Steuerbehörde das gigantomanische Teil zügig loswerden wollte, und zwar für einen lächerlichen Preis. Uns verschlug es den Atem, als wir das Marmorbadezimmer sahen, das die Maklerin als das ehemalige Boudoir von Coco Chanel aus dem Pariser Hotel Ritz präsentierte. Trotz des doppelten Cs im Marmorboden bezweifele ich, dass Coco ihren Alabasterleib jemals in meiner Badewanne versenkt hat, aber das war egal. Mit der Bude würde ich nicht nur den Einrichtungshunger meiner Frau final stillen, sondern auch ein Schnäppchen machen, davon war ich überzeugt. Als kleine Dreingabe gab es noch zwei Warhols. Der Vorbesitzer hatte seine unverkäufliche Immobilie wohl auch als Galerie genutzt und 1986 Andy Warhol und seiner New Yorker »Factory« als Ausstellungsraum zur Verfügung gestellt. Der exzentrische Künstler zeigte sich dankbar und ließ ein Mickey-Mouse-Poster und ein Selbstporträt zurück. Auf den

Rand des einen kritzelte er die Windmühle und bedankte sich mit seiner Signatur artig für die Gastfreundschaft. Mein Sohn Tristan nervt mich heute ständig mit dem Vorschlag, die beiden signierten Poster bei Sotheby's schätzen zu lassen, weil er glaubt, sie seien wertvoller als die Mühle.

Peter Schmalisch, mein Rechts- und Steuerbeistand, reiste also extra aus Deutschland an, um mit den Immobilienspezialisten der Steuerbehörde IRS zu verhandeln. Was wie eine Geheimdienstabteilung klingt, steht für »Internal Revenue Service«, aber die Beamten sehen, wie die meisten Staatsbeamten in den USA, mit ihren Einheitsanzügen und -frisuren sowieso alle wie Agenten aus. Trotzdem waren diese Nussknacker meinem Anwalt nicht gewachsen, was entweder an seinem Verhandlungsgeschick oder an seinem holprigen Englisch lag. Ich wusste selbst nicht genau, ob er die Zahlen, die da über den Tisch geschoben wurden, nicht verstand oder nicht verstehen wollte. Der Wille, das Problemobjekt loszuwerden, schien bei den Steuerleuten allerdings größer zu sein als der Wunsch, damit Geld zu verdienen. Ich erhielt den Zuschlag und war Großgrundbesitzer in Malibu.

Dieses Anwesen konnte man auch mit viel gutem Willen nicht mehr »Feriendomizil« nennen, wir mussten also grundsätzlich denken. Unsere Söhne gingen in Starnberg auf die Internationale Schule, waren von einem Umzug also zumindest sprachlich nicht überfordert. Der Kleinere, Tristan, stand gerade vor dem Wechsel vom Kindergarten in die erste Klasse, und ich war mit meiner Late-Night-Show am Ende meiner Kunst angekommen. Wir entschlossen uns also, das Wagnis einzugehen und mittelfristig einen Umzug nach Kalifornien ins Auge zu fassen. In der Zwischenzeit mussten wir das Haus bewohnbar machen.

Ich wollte mir etwas gönnen, was ich bei Gunter Sachs in Palm Springs gesehen hatte: einen künstlichen Wasserfall, von dem man in den eigenen Pool springen konnte. Das Schwimmbecken war schon da, und ich gab den Katarakt bei einem Fachmann in Auftrag, der schon die Wasserfälle von Johnny Carson und Barbra Streisand gebaut und Fotos davon in einer Klarsichthülle mitgebracht hatte. Danach reisten wir zurück nach Deutschland, wo ich mich hochmotiviert in die Arbeit stürzte. Jetzt musste ich Kohle ranschaffen, und immer, wenn mir der Stress zu viel wurde, hörte ich im Traum das Rauschen meines Wasserfalls. Als wir nach ein paar Monaten wieder in Malibu waren, wuchs ein Bärengehege aus dem Wasser. So was hatte ich nicht bestellt.

Meine Frau sagte nur einen Satz: »Das Ding muss wieder weg.«

Sie hatte recht, aber der Abbruch des Gebirges würde fast so teuer werden wie sein Aufbau, und der beleidigte Wasserfallkünstler zeigte mir glühende Dankesbriefe von Barbra Streisand und Johnny Carson. Ich schlug meiner Frau vor, den Betonklumpen durch eine hübsche Bepflanzung unsichtbar zu machen, aber weder sie noch das Monstrum ließen sich erweichen, und als wir abreisten, kam die kalifornische Version von Presslufthammer-B-B-B-B-Bernhard. Von diesem Desaster und einigen kleineren, die ich verdrängt habe, abgesehen, lief das Unternehmen planmäßig. Die gesamte Renovierung der Mühle würde mindestens ein Jahr in Anspruch nehmen; das Strandhaus musste verkauft werden, mit dem Erlös des alten würde ich den Kredit für das neue tilgen. Und wenn die Kinder den Sprung in die neue Heimat nicht schafften, dann würde die Mühle sich unter den gestalterischen Händen meiner Frau zumindest in ein Objekt verwandelt haben, das sich mit Gewinn verkaufen ließe.

So weit der Plan, der aber wie alle Pläne nicht ganz aufging. Das lag auch daran, dass es ausgerechnet der Hollywoodsonderling Nicolas Cage war, der sich für mein Strandhaus interessierte, aber immer neue Gründe fand, den Preis zu drücken. Mal hatte er Angst, das Mäuerchen, das ich auf Anweisung meiner Frau hatte bauen müssen, damit unsere Kinder nicht ins Meer fielen, würde nun statt meines Nachwuchses in den Ozean stürzen; dann entdeckte sein Business-Manager wieder eine andere Petitesse, mit der der Mann sich bei seinem Chef wichtig und bei mir unbeliebt machte. Die Tatsache, dass alle, die im Filmgeschäft wichtig sind oder sich dafür halten, eine Entourage von Wichtigtuern um sich haben, macht es fast unmöglich, mit ihnen normal zu verhandeln. Aber weil die Stadt weitgehend von dieser Industrie lebt, lässt man ihnen vieles durchgehen, und sie sind entsprechend verwöhnt. Ich dagegen musste beginnen, mich in meinem neuen Nobody-Dasein durchzusetzen.

Es war zum Beispiel eine Herausforderung, mit der ich nicht gerechnet hatte, eine vernünftige Schule für meine Kinder zu finden. Meiner Mutter gegenüber stand ich unter Erfolgsdruck. Damit, dass sie mir vorwarf, nach Malibu verschwunden zu sein, bevor ich die »Schönheit der masurischen Alleen« kennengelernt hatte, konnte ich leben; aber ihre Vorhaltungen, die Zukunft meiner Kinder in der kalifornischen Bildungswüste aufs Spiel zu setzen, nahm ich ernst.

Das US-amerikanische Denken ist durchgehend kapitalistisch ausgerichtet. Es gibt in Bildung, Medizin und Kultur großartige Angebote, aber eben nur für die, die sich das auch leisten können. Im Bildungsbereich gibt es zusätzlich die Chance, etwas zu werden, wenn man überdurchschnittlich begabt ist. Unser deutsches Sozialsystem dagegen ist so organisiert, dass ein Starker verpflichtet ist, auf seinen Schultern einen Schwachen mitzuschleppen. In dieser Sichtweise bin ich erzogen, und ich halte das für eine faire Lösung. In den USA rennt jeder, unbeschwert von sozialer Rücksichtnahme, so schnell er kann, die anderen hinken nach, bleiben zurück oder kommen erst gar nicht in die Hufe. Da muss jeder selber sehen, wo er bleibt. Die amerikanischen Politiker haben zwar die Glücksfindung ihrer Bürger (»the pursuit of happiness«) in die Verfassung aufgenommen, aber sie sind bei der Suche danach wenig hilfreich. Wo der Deutsche nach »dem Staat« ruft, weiß der Amerikaner, dass sich bei einem entsprechenden Hilferuf sowieso niemand melden würde.

Ich habe erschreckende Beispiele von Ungerechtigkeit in einem Land erlebt, das sich selbst gern »God's own country« nennt und sich auch in Anfällen von Bescheidenheit zumindest für »great« hält. Als ich einen Studienfreund meines Sohnes einmal über längere Zeit nicht sah und nach ihm fragte, bekam ich eine Erklärung, die mich schockierte: Er hatte die Universität verlassen müssen, weil sein Bruder schwer erkrankt war und sich die Eltern zwischen der medizinischen Versorgung des einen und der Ausbildung des anderen Sohnes entscheiden mussten. Später habe ich erfahren, dass der eine Junge gestorben war und der andere nun im Supermarkt Kisten stapelte, um gemeinsam mit den Eltern die aufgelaufenen Krankenhauskosten für den toten Bruder begleichen zu können.

Vor diesem Hintergrund erscheinen mir die erbitterten Diskussionen um Obamas Gesundheitsreform genauso realitätsfern wie viele andere gesellschaftliche Phänomene in den USA, mit denen ich mich trotz meiner ausgeprägten Kompromissfähigkeit nur schwer und meine Frau sich überhaupt nicht abfinden kann. Von ihr höre ich immer wieder die typisch deutsche, verständliche und dennoch sinnlose Frage: »Warum beschwert sich da niemand?« Dass sie dazu neigt, beim Dinner ihre Tischnachbarn mit den Vorzügen des deutschen Sozialsystems vertraut zu machen oder ihnen die amerikanische Waffengesetzgebung um die Ohren zu hauen, trägt auch nicht immer zur Stimmungsaufhellung bei.

Zu diesen Erkenntnissen waren wir aber noch nicht gelangt, als wir uns adrett gekleidet im *admission office* einer Privatschule einfanden, die man uns empfohlen hatte; *public schools* sind in den USA das notwendige Übel für all diejenigen, die sich eine Privatschule nicht leisten können. Wann immer ich später in Deutschland erwähnte, dass meine Kinder eine dieser Privatschulen besuchten, verkniffen sich meine Gesprächspartner höflich, aber erkennbar die Nachfrage, ob das denn an ihrer Schwererziehbarkeit oder am geistigen Defizit meiner Sprösslinge lag.

Dabei habe ich selten so um mein Leben moderiert wie in diesem Bewerbungsgespräch vor der Leiterin der Zulassungsabteilung. Artig hatte ich die geforderten Empfehlungsschreiben vorgelegt und hoffte, mit Michael Eisner und Michael Douglas zwei glaubwürdige Zeugen meiner Unbescholtenheit gefunden zu haben. Die geforderten monatlichen Beträge würde ich selbstverständlich aufbringen, auch wenn ich in Deutschland damit meinen eigenen Lehrbetrieb hätte starten können. Ebenso selbstverständlich konnte ich garantieren, dass sich meine Söhne von Alkohol und Drogen fernhalten und dass sich meine Frau aktiv am Schulgeschehen beteiligen würde. Man kann das als *soccer mom* tun, indem man kalte Getränke bei Sportveranstaltungen abliefert, oder als Kostümschneiderin im Dienst der schulischen Theatergruppe.

Wir beantworteten alle Fragen mit »Ja« und nur diejenigen mit »Nein«, bei denen es um Vorstrafen oder Geschäftspleiten ging, und begossen die Zulassung unserer Söhne wie einen Lotteriegewinn mit Champagner. Meine Frau war in der Folge oft am Rande der Erschöpfung. Es gab ein Handbuch mit Regeln wie bei einer preußischen Kadettenanstalt. Die Schuluniform musste in bestimmten Geschäften erworben und nach bestimmten Regeln getragen werden: kurze Hosen bis zum Stichtag X, danach lange. Einmal in der Woche *assembly dress* mit Blazer, Krawatte und Umzugsalternative nach der Vollversammlung mit Gebet und Nationalhymne. Bei Nichteinhaltung des Dresscodes gab es Minuspunkte. Tägliche *after-school activities* machten einen komplizierten Shuttleservice notwendig, erst durch einen schluchtartigen Canyon und dann über den kurvigen Mulholland Drive, der jedes Wochenende einen Motorradfahrer das Leben kostet. Der tägliche Schulweg war so weit wie der jährliche Schulausflug einer deutschen Schule und musste oft mehrfach am Tag zurückgelegt werden, weil der eine Sohn gerade mit der Schule fertig war, wenn das Fußballtraining des anderen begann.

Trotzdem waren wir happy, dass wir die Aufnahme in diese Schule geschafft hatten. In der Tat stellte ich schnell fest, dass meine Investition in die Zukunft der Kinder durchaus sinnvoll war. Die Lehrer waren eben nicht Staatsbeamte, die längst vor dem Desinteresse der Schüler oder den unrealistischen Forderungen eines rigiden Lehrplans kapituliert hatten. Sie betrachteten es als »Privileg«, an einer Schule wie dieser unterrichten zu dürfen, und fühlten sich uns Eltern gegenüber in der Pflicht. Meine Söhne, die unisono geschworen hatten, »nie im Leben« eine Schuluniform zu tragen, und die Einmischung der Schule in Frisur- und Verhaltensfragen als Angriff auf ihre Menschenwürde betrachteten, fügten sich relativ schnell, wenn auch widerwillig der pädagogischen Kompetenz dieser Lehranstalt. Als Roman, der ältere, uns nach wenigen Monaten mit der Erkenntnis beglückte: »Ich will hier nie wieder weg!«, fiel uns ein Stein vom Herzen. Wenn unsere Kinder den Preis dafür hätten zahlen müssen, wäre unser kalifornisches Experiment schnell zu Ende gewesen.

Ich hingegen zahlte das horrende Schulgeld gerne. Binnen kurzer Zeit wurde ich von der Schulleitung in den *board of trustees* berufen und erkannte zu spät, dass die vermeintliche Ehre, diesem Elterngremium anzugehören, mit einer zusätzlichen Spendenverpflichtung verbunden war. Immerhin gehörte ich jetzt dem *leadership circle* an und musste einsehen, dass es die Aufgabe von Führungspersönlichkeiten ist, mit gutem Beispiel voranzugehen. Das befreite mich allerdings nicht davon, bei den jährlichen *school benefits* noch einmal mildtätig zu werden. Beim ersten Mal tat's noch nicht so weh – da lieferte ich nur unser vierundzwanzigteiliges Versace-Geschirr zur Auktion ab. Das war ohnehin kitschig, und ich hatte es in der Oberpfalz direkt ab Werk bei Rosenthal in der Zweite-Wahl-Abteilung günstig erstanden. Dann fuhr ich meine fast neue Harley-Davidson zur Versteigerung, zwei Jahre später lieferte ich meinen wunderschönen cremefarbenen BMW-Chopper mit braunen Ledersitzen und farblich passendem Gucci-Helm ab.

Für diese Großherzigkeit wurde ich öffentlich gefeiert. Unter den Gästen befand sich auch der eine oder andere Prominente, denn auch Hollywoodstars müssen ihren Nachwuchs irgendwann mit dem Ernst des Lebens konfrontieren. Schon komisch, wenn man denkt, es kommt einem auf dem Schulhof Magnum entgegen, dabei ist es nur der Vater Tom Selleck mit seinem Kind an der Hand. Durch die *celebrity*-Dichte sind solche Versteigerungen, abgesehen von meinen Porzellan- oder Motorradbeiträgen, echte Fundgruben. Bestsellerautor Michael Crichton zum Beispiel erklärte sich für eine entsprechende Spende an die Schule bereit, einer Hauptperson in seinem nächsten Buch den Namen des Spenders zu geben. Aber anstatt irgendwann einem literarischen Drogenbaron begegnen zu müssen, der Gottschalk heißt, ersteigerte ich lieber die Countrygranate Dolly Parton zum Dinner. Leider gab es einen hartnäckigen Mitbieter, der ihr wohl auch mal ins Dekolleté schielen wollte. Bevor wir beide an Dolly bankrottgingen, beschlossen wir, sie uns zu teilen. Selbstverständlich brachten wir zum Dinner im »Spago« unsere Frauen mit und taten taktvoll so, als hielten wir Dollys Busen, der vor uns auf dem Tisch lag, für ihre Handtasche.

Das »Spago« ist das einzige Nobelrestaurant in Beverly Hills, wo ich immer meine Reservierung kriege und vom Besitzer Wolfgang Puck genauso freundlich begrüßt werde wie Tom Cruise oder George Clooney. Das liegt nicht daran, dass Puck aus Österreich kommt, denn er war bereits Spitzenkoch in New York, als meine Karriere in Deutschland gerade erst begann. Aber ich hatte Glück, dass ich gerade in seinem Laden saß, als seine Schwester aus Kärnten zu Besuch war. Puck stellte ihr Kirk Douglas und Sidney Poitier vor, die gerade bei ihm speisten, aber sie kannte keinen der beiden und war entsprechend wenig beeindruckt. Erst, als sie mich sah, stieß sie kleine, spitze Schreie der Begeisterung aus. Puck hatte mich bis dahin nicht wahrgenommen und keine Ahnung, was er da für einen tollen Typen in seinem Laden sitzen hatte. Die Geschichte haben wir beide nicht vergessen, und Wolfgang, inzwischen selbst ein Star, erzählt sie immer wieder gern, wenn er an unseren Tisch kommt. So baut in Hollywood immer einer den anderen auf.

Ob als finanzieller Sponsor für die Schule meiner Söhne oder als *board member* der Los Angeles Opera, ich machte überall dieselben Erfahrungen. Künstlerischer Leiter der Oper ist Placido Domingo, und selbst er muss neben seinem Heldentenor auch seine Persönlichkeit einsetzen, um den Laden am Laufen zu halten. Es gibt in Beverly Hills eine betuchte Damenriege, die sich »Domingo's Angels« nennen darf, solange sie regelmäßig eine entsprechende Summe entrichtet. Die einzige Oper dieser riesigen Stadt lebt ausschließlich von Ticketverkäufen und privaten Spenden. In Berlin gibt es gleich drei Opernhäuser, die nur mit staatlichen Subventionen überleben können. Ich habe entsprechenden Diskussionen, welches Modell segensreicher ist, oft beigewohnt. Die kreative Seite mag unter der Tatsache leiden, dass der Hauptsponsor für seine Dollarmillionen (und um solche Summen geht es da durchaus) die Carmen im roten Tango-Outfit sehen will, aber wäre der Tannhäuser, der in Bayreuth durch die Biogasanlage irrt, so verhindert worden, wäre es auch kein Unglück gewesen.

Wagner hätte der L.A. Opera übrigens beinahe das Genick gebrochen: Zu Zeiten voller Kassen und finanzkräftiger Sponsoren war man dort kurz vor der Jahrtausendwende auf die Idee gekommen, Wagners *Ring* als Weltenbrand mit der kreativen Hilfe von George Lucas als *Star Wars* aus dem Hollywoodfundus zu inszenieren. Eine Idee, die damals faszinierende Perspektiven erlaubte. Wo deutsche Kulturschaffende sofort allergische Abwehrreaktionen entwickeln würden, arbeitet man in Kalifornien konstruktiv miteinander. Da inszeniert der *Exorzist*-Regisseur William Friedkin schon mal Bartóks *Herzog Blaubarts Burg*, und Woody Allen knöpft sich Puccinis *Gianni Schicchi* vor. Dass ich bei dieser Konkurrenz das Angebot ablehnte, am selben Haus die Humperdinck-Oper *Hänsel und Gretel* ins Bild zu setzen, wird man verstehen. Ich sah bereits den Opernkritiker der *FAZ* ätzen: »Gottschalk als Märchenonkel in L.A. gescheitert.«

Die Arglosigkeit, mit der man mir das anbot, beschreibt die Leichtigkeit, mit der man in der amerikanischen Kulturszene ans Werk geht. Aus der Zusammenarbeit mit George Lucas und der Ehe zwischen der Nibelungenbrut und den Jedis wurde allerdings nichts. Es gab aber kein Zurück mehr, die Sänger waren gebucht, die Termine geblockt. Der deutsche Maler und Filmregisseur Achim Freyer wurde als Retter engagiert. Mir waren seine singenden Pappköpfe, die auf der Bühne hin und her taumelten, nicht ganz geheuer und dem kalifornischen Publikum wohl auch nicht, denn die Oper von Los Angeles ging an dieser Unternehmung praktisch pleite.

Das bereitete keinem Kultusminister auch nur eine schlaflose Nacht, stattdessen bekamen wir Aufsichtsräte einen Brandbrief, in dem wir wieder einmal an unsere *leadership*-Pflichten erinnert wurden. Ich ging zwar auf Tauchstation, aber die meisten anderen duckten sich nicht weg. Statt die Kulturstätte mangels finanzieller Masse zur Musik von Wagner den Heldentod sterben zu lassen, griffen einige Herren tief in die Taschen ihrer grauen Anzüge und machten die Oper mit ein paar Millionen aus ihrem Privatvermögen wieder flott. Ich saß mit am Tisch und hörte flammende und emotionale Plädoyers, die ich diesen knallharten Geschäftsmännern und scharf kalkulierenden Unternehmern nie zugetraut hätte. Es ging darin um den drohenden Kulturverlust für eine Weltstadt wie Los Angeles, den man nur mit persönlichem Engagement aufhalten könne und müsse. Da hätte sich mancher deutsche Kulturreferent verwundert die Augen gerieben. Auch das ist Amerika, und das ist der Teil davon, der mir imponiert.

Mein Aufenthalt dort hat verhindert, dass mir in Deutschland irgendetwas zu Kopf gestiegen wäre, das im Vergleich zu den

USA ohnehin popelig ausgesehen hätte. Gagen zum Beispiel. Amis reden gern über Geld. Sie sagen dir, was sie für ihr Haus bezahlt haben, was sie für Schulden darauf haben und was sie verdienen. So etwas gibt ein Deutscher nur unter Folter preis, sowohl vor Schlechter- als auch vor Besserverdienenden.

Manche Verhaltensweisen der Amerikaner sind für uns einfach nicht nachvollziehbar. Die Idee des »Valet Parking« zum Beispiel. Stellen Sie sich vor, Sie fahren mit Ihrer Frau an einem Restaurant vor, und am Eingang steht ein kleiner Mexikaner und will den Schlüssel Ihres Autos, um es aus Ihrem Blickfeld heraus auf einen Parkplatz drei Ecken weiter zu fahren. Ein Amerikaner hat damit kein Problem. Das gibt es dort in jedem guten Restaurant, und allein für die Kosten dieses Service könnte man die gesamte Familie mit Hamburgern abfüttern. So einen Unsinn macht ein deutscher Autobesitzer nicht mit. Dem schießt schon bei dem Gedanken an einen Fremden in seinem Wagen der Blutdruck in den roten Bereich! »Wenn er mir keine Delle reinfährt, macht er zumindest einen Fleck auf das Sitzpolster und schaut auf jeden Fall in mein Handschuhfach, so sind die doch, die Ausländer. Wenn er sich nicht auch noch die Jacke anzieht, die auf dem Rücksitz liegt, oder seinen Kumpel mit meinem Auto zum Drogenhändler fährt, während ich ahnungslos mein Steak esse. Kommt ja gar nicht infrage ...« Kaum ein Deutscher würde sich – und sei es aus praktischen Gründen und nur kurzfristig – freiwillig von seinem Auto trennen. Soll seine Frau doch vom Parkplatz drei Straßen durch den Regen stöckeln, Hauptsache, er weiß den Autoschlüssel in der eigenen und nicht in der Tasche eines Fremden. Und dann auch noch ein paar Dollar für so was rausschmeißen, plus Trinkgeld! Das versäuft man dann doch lieber und fährt die eigene Karre anschließend persönlich an den Baum.

Überhaupt gibt es im automobilen Bereich eine Menge eklatanter Unterschiede. Es beginnt mit dem Unsinn, dass in Kalifornien mehr Bentleys, Ferraris und Lamborghinis als anderswo auf der Welt verkauft werden, dabei gibt es dort kaum Ecken, in denen man schneller als 90 Stundenkilometer fahren darf. Auf Highways sind es maximal 65 Meilen pro Stunde (zirka 105 km/h), und auf denen ist man oft schon froh, wenn es im Kriechtempo vorangeht. Wenn es mal läuft auf den vier bis sechs Spuren, sollte man seine Augen rechts und links haben, denn an die Regel, dass langsamere Fahrer sich rechts halten und links überholt werden, hält sich dort kaum jemand.

Es mag statistisch nicht haltbar sein, aber nach meiner Beobachtung sind die meisten Schleicher weibliche Obama-Fans. Man hat nämlich immer genügend Zeit, ihre demokratischen Sticker zu lesen oder ihnen dabei zuzusehen, wie sie sich im Rückspiegel die Lippen nachziehen, während sie mit den Knien steuern. In den Morgenstunden ist an diesem Manöver noch ein Pappbecher mit heißem Kaffee beteiligt.

Auch wenn es sehr pauschal klingt: Autofahren können in Kalifornien die wenigsten, die es tun. Einparken ist ohnehin kein Thema, weil es überall genügend Parkplätze gibt. Deshalb gehört es auch nicht zum Programm der Führerscheinprüfung, die ein paar Dollar kostet und deren theoretischen Teil man eben so oft macht, bis man unterhalb der erlaubten Fehlergrenze liegt. Dabei steht man in so einem DMV-Büro (Department of Motor Vehicles) an kleinen Stehpulten und sieht zu, wie der Nachbar aus dem Übungsheft abschreibt. Sobald man aber erst mal auf Kaliforniens Straßen unterwegs ist, ist es aus mit dieser Laxheit. Im ehemals Wilden Westen gilt zwar noch das Prinzip einer gewissen Ehrenhaftigkeit – die Tücke versteckter Radarfallen, wie man sie bei uns kennt, muss man dort nicht fürchten. Dafür herrscht noch das alte Aug-um-Aug-Prinzip: Der Officer sitzt irgendwo am Pacific Coast Highway auf seinem Motorrad und richtet seine *radar gun* gnadenlos auf alles, was ihm im zweistelligen Bereich entgegenkommt. In diesem Tempo fahren wir in Deutschland durch die Waschanlage, in Kalifornien landest du damit in der *traffic school*.

Das ist eine üble Einrichtung, die ich mehrfach durchlitten habe. Es beginnt damit, dass man plötzlich dieses Sirenengeräusch im Nacken hat, das man aus jedem Gangsterfilm kennt, aber diesmal gehört es einem ganz allein. Im Rückspiegel sieht man ein Motorrad, an dem alles, was rot und blau leuchten kann, rot und blau leuchtet. Sobald einen dieses heulende Monster an den Straßenrand getrieben hat, nähert sich eine bedrohliche Figur in Reitstiefeln, weißem Helm und Sonnenbrille. Sich mit erhobenen Händen zu ergeben empfiehlt sich nicht. Das Fenster muss offen sein, die Hände sichtbar auf dem Steuer liegen. Anbiedernde Begrüßungen wie »Hello, officer, great outfit!« sind ebenso zu vermeiden wie dumme Fragen im Stil von »What can I do for you?«.

Die Tatsache, dass der Polizist seitlich stehen bleibt, um keine unnötige Schussfläche zu bieten, empfinde ich persönlich als beleidigend, denn ich bin kein potenzieller Polizistenkiller mit entsicherter Knarre im Handschuhfach. Damit gehöre ich in Los Angeles aber offenbar einer Minderheit an. Entsprechend misstrauisch und trotzdem amtlich-korrekt, bezeichnet mich der Cop mehrfach als »Sir« und fordert mich auf, mit einer Hand und ohne ruckartige Bewegung Führerschein und Fahrzeugpapiere zu präsentieren. Der eine oder andere Cop hat mich schon mit dem Hinweis laufen lassen: »This is not the autobahn«, wenn ich ihm in extraschlechtem Englisch vorgestammelt hatte, dass ich immer noch gedanklich auf deutschen Straßen unterwegs bin. Ein paar Meilen auf dem Tacho ist man als Deutscher dort immer zu schnell, und ein Unrechtsbewusstsein will sich bei 90 Kilometer pro Stunde, allein auf einer 80 Meter breiten Straße, auch nur schwer einstellen. Diskussionen sind aber unsinnig, ebenso freundliche Ahnungslosigkeit oder der Hinweis, dass man schon mehrfach für Polizei und Feuerwehr gespendet habe. Die Strafe für zu schnelles Fahren ist entweder eine brutale Anhebung der Kfz-Versicherung (aber diesen Bonus gibt's nur einmal im Jahr, sonst hagelt es Strafpunkte) oder eben die *traffic school*.

Es gibt die Online-Version, die Comedy-Version und die klassische. In jedem Fall sitzt man gnadenlose sechs Stunden seines Lebens da drin und wird in der Comedy-Version bösartig bespaßt oder muss in der Online-Fassung den ganzen Tag vor dem Computer hocken. So schlau, den Opa als Vertretung hinzusetzen, waren andere auch schon, aber zwischendurch werden immer persönliche Fragen abgefeuert, und dann ist man geliefert: Betrugsversuche wie dieser gelten in den USA gleich als terroristischer Akt, und dafür gibt es schon gar kein Pardon. Also marschierte ich mehrfach in die klassische *traffic school*, die in Klassenzimmern abgehalten wird, die sich die Amerikaner als Kriegsbeute aus dem Irak oder Afghanistan mitgebracht haben müssen. Da sitzt man dann in illustrer Gesellschaft, und als Erstes nehmen sie einem die Hoffnung auf einen Gnadenerlass nach fünf Stunden. No way, José! Einmal war der Ausbilder ein ehemaliger Lehrer an einer Gefängnisschule. Der hatte vielleicht einen Ton drauf! In Deutschland hätte ich mich über ihn bei Amnesty International beschwert. Oder ihn zur Erziehung meiner Kinder engagiert.

Autorität ist etwas, womit die Amerikaner viel weniger Probleme haben als wir. Sie infrage zu stellen, ist Teil der europäischen Grunderziehung zum Demokraten. Die Amerikaner, die wir immer für die freiesten Wesen auf Erden halten, werden zur Anerkennung von Autorität erzogen. Es gibt Regeln, und die hat jemand aufgestellt, der es besser wusste. That's the way it works. Das gilt in der Schule und am Arbeitsplatz, und wem das nicht passt, der kann ja gehen. Bei Disney gibt es die Regel, dass man die Krawatte erst ab einer bestimmten Temperatur lockern darf, und bei Delta Airways ist der Durchsichtigkeitsgrad der Damenstrümpfe geregelt. In Restaurants werden mindestens fünf verschiedene Soßen für den Salat angeboten, aber wehe, einer will den Salat ohne Dressing! Dann kommt der Kellner schnell ins Schleudern. Der Satz, den man in den USA in solchen Fällen hört, heißt im Allgemeinen: »Let me talk to my supervisor.« Bevor man ins Risiko geht, indem man den eigenen Verstand einschaltet, soll sich lieber der Vorgesetzte die Finger verbrennen. Der wird dafür bezahlt, und im Notfall hat er ja auch einen Supervisor, den er fragen kann … Wenn der Amerikaner gewisse Mechanismen akzeptiert hat, folgt er ihnen, ohne sie jemals zu hinterfragen. Er bewegt sich gern in einem überlieferten Schema, aus dem auszubrechen ihm höchst suspekt ist. Wo wir Individualität schätzen, braucht er eine klare Linie.

Die gilt auch für den Aufzug von Nachwuchs. Der wird relativ gut auf die beruflichen und gesellschaftlichen Anforderungen des Lebens vorbereitet, aber im emotionalen Bereich hängt es etwas. Was die mögliche Erfolgskurve des Kindes betrifft, machen sich die Eltern, die ich in Kalifornien kennengelernt habe, viele Gedanken. Der Ausbildungsweg wird so früh wie möglich geplant, und das Kind hat diesem vorgezeichneten Pfad gefälligst zu folgen. Dem geistig schlichten Habenichts bleibt eigentlich nur die Hoffnung, einen zukünftigen Athleten oder Rapper hervorzubringen. Der Athlet wird

im schulischen Bereich in den USA immer einen Sonder-
status genießen: Wer beim Basketball zehn Körbe pro Minute
wirft, muss nicht bis zehn zählen können, um zum Ruhm
seiner Schule oder Universität beizutragen. Er kann sie sich
aussuchen, und sie wird sich glücklich schätzen, ihr Logo auf
seinem Sporthemd zu sehen. Der Rapper kommt auch ohne
schulische Ausbildung zu Geld, muss aber parallel eine halbwegs glaubwürdige Gangsta-Karriere hinlegen, und es ist nicht
unbedingt gewährleistet, dass er noch lange lebt, wenn er es
zu Ruhm und Reichtum gebracht hat.

Der kluge, aber mittellose US-Bürger kann nur darauf setzen, dass sein Kind in der *public school* durch überragende
Leistungen auffällt, denn es ist eine amerikanische Eigenschaft, Talent nicht nur schnell zu erkennen, sondern auch
nachdrücklich zu fördern. Banken oder andere Institutio-
nen sponsern besonders begabte Schüler, um sie später in
ihre Dienste zu holen. Geschieht das nicht, haben junge
Menschen, deren Eltern ihre Ausbildung nicht finanzieren
können, einen Druck, der für uns Deutsche unvorstellbar
ist und den ich nur als grausam bezeichnen kann – vor
allem vor dem Hintergrund des komfortablen Sozialnetzes,
in dem ich es mir im Überfluss der Siebzigerjahre unverdient
gemütlich machen durfte. Ich war ein fauler Student, der
weder wusste, was er studieren, noch, was er werden wollte,
und dem trotzdem das BAföG hinterhergeworfen wurde. Ein
Grund mehr, später meine Steuerschuld ohne großes Murren
zu entrichten.

Der amerikanische Student muss sich den Eintritt in die
Universität erkaufen und benötigt dafür in der Regel einen
Kredit, den *student loan*. Mit entsprechenden Mitteln für die
Studiengebühren und überdurchschnittlichen Schulnoten ge-
lingt eventuell der Sprung an eine Eliteuniversität, was ein ent-

scheidendes Kriterium für die spätere Berufskarriere ist. Aber selbst eine Universität mittlerer Qualität (es gibt da eine verbindliche Bestenliste) wie die von Miami, die einer meiner Söhne besucht hat, kostet pro Semester eine Stange Geld. Mich fasziniert es immer wieder, mit welchem Gleichmut junge Amerikaner hinnehmen, während des Studiums hart zu arbeiten, um dann beim Übergang in den Arbeitsprozess mit dem Abzahlen ihrer sechsstelligen Schulden zu beginnen. Die wohlhabenden Schichten haben diese Probleme nicht, aber ihr Standesdünkel erzeugt einen Ehrgeiz, den es bei uns im akademischen Bereich so nicht gibt. Es ist das größte Glück für erfolgsbewusste Amerikaner, ihre Kinder in Harvard oder Yale untergebracht zu haben. Mit so was macht man bei uns keine Punkte. Man missgönnt dem Nachbarn vielleicht das größere Auto, aber nicht den Studienplatz der Tochter.

In New York bemühen sich Eltern schon in den ersten Schwangerschaftswochen um Plätze in einem *kindergarten*, indem sie anfangen, schon mal tüchtig zu spenden und Beziehungen anzuknüpfen oder abzurufen. Anwälte, Ärzte, Filmproduzenten und Banker unterhalten in den USA meist ein dichtes Beziehungsgeflecht nach dem Motto: »Ich kann deinem Nachwuchs einen Platz in der Schule X besorgen, wenn du meiner Schwiegermutter zu einem Bett in der Klinik Y verhilfst.« Immer, wenn mir so etwas danebenging, haben hinterher drei Leute gesagt: »You should have called me!«

Ich habe immer Angst, in einer amerikanischen Notaufnahme zu landen. Während man verblutet, checken die erst mal die Kreditkarte. Ohne Moos geht dort nix los. Die Panik der Amerikaner, nicht an ihr Geld zu kommen, vereint in diesem Land Chefärzte mit Putzfrauen – die allerdings eher selten einen US-Pass haben. Die klassenlose Gesellschaft, von der wir alle mit sechzehn geträumt haben, ist zwar inzwischen weltweit zur Utopie verkommen, aber in dem Amerika, das ich kenne, gibt es nur noch Oben und Unten.

Meine Sicht auf diese Dinge ist vielleicht ungerecht, weil ich meine Beobachtungen der amerikanischen Wirklichkeit fast nur in Los Angeles oder New York gemacht habe und dort wiederum in Enklaven, die mit dem restlichen Land wenig zu tun haben. Malibu und Manhattan umweht ein Hauch der Unwirklichkeit, weshalb ich mich nach diesem Ausflug in die amerikanische Sozialpolitik wieder demütig dorthin zurückbegebe, wo ich weiß, was gespielt wird.

In der bunten Welt des Showbusiness gelten in den USA die gleichen Gesetze wie bei uns, auch wenn dort höhere Gagen gezahlt werden. Wichtig ist, dass man irgendwas hat, mit dem man auf den Putz hauen kann. Gute Verbindungen funktionieren immer. In meiner Diele hängen drei Fotos untereinander, die mich mit den drei letzten US-Präsidenten zeigen. Das beeindruckt den Durchschnittsamerikaner enorm, wenngleich ich bei Clinton etwas schummele, denn der war schon kein Präsident mehr, als ich ihn in Baden-Baden zum ersten Mal traf, als er sich dort den Deutschen Medienpreis abholte. Ich habe ihn seither öfter in kleiner Runde erlebt und bin jedes Mal fasziniert von dem Charisma, das von diesem Mann ausgeht. Er redet brillant, analysiert klug und ist dabei charmant und witzig. Kein Wunder, dass ihn die Amerikaner auch nach Monica Lewinsky nicht fallen gelassen haben. George W. Bush habe ich bei seinem Deutschlandbesuch in Mainz getroffen. Das entsprechende Beweisfoto ist eher ein Zufallstreffer, denn es sieht aus, als wären George und ich dicke Buddys. Wir halten Händchen, und Gerhard Schröder lacht mit uns als Dritter im Bunde, als hätten wir gerade die Gazprom geerbt.

Hintergrund für diese Heiterkeit war ein Missverständnis. Bush war ein ebenso freundlicher Charmeur wie Clinton, wählte aber seine Themen nicht nur mir gegenüber etwas schlichter. Wie alle kommunikativen Amerikaner suchte er sofort den kleinsten gemeinsamen Nenner zwischen uns und fand ihn in meinen Stiefeln. In seiner präsidialen Entscheidungsbefugnis stellte Bush fest, dass sie aus seiner Heimat Texas stammten, womit er genau wie später bei den Gründen für den Irak-Krieg nachweislich falschlag. Auf den Sohlen meiner Treter stand nämlich »Gucci«, und der war nun mal Italiener. Aber wer widerspricht schon einem US-Präsidenten? Ich genauso wenig wie damals sein Außenminister Colin Powell, nur gab es in meinem Fall nirgendwo einen Einmarsch. Was die Unfehlbarkeit des amerikanischen *Commander in Chief* betrifft, war ich, zumindest in Schuhfragen, geheilt und stelle sie spätestens seitdem auch insgesamt eher infrage.

Das hat mich aber nicht daran gehindert, dankbar Angela Merkels Einladung anzunehmen, sie nach Washington zu begleiten, wo ihr Präsident Obama bei einem Dinner im *Rosegarden* des Weißen Hauses die *Medal of Honor* überreichen wollte. Als einige Journalisten wissen wollten, wie ich in die Reisegruppe gerutscht war, nannte mich die Kanzlerin einen fröhlichen Botschafter ihres Landes. Damit habe ich diplomatischen Status. Die Wagenkolonne aus schwarzen SUVs, die uns blinkend und heulend vom Flughafen abholte und uns unter Missachtung aller roten Ampeln in die Stadt eskortierte, war schon beachtlich, aber der Aufmarsch aller Waffengruppen mit Tschingderassabum und dem dazugehörigen Trallala am nächsten Tag vor dem Weißen Haus war noch besser. Die Queen macht das ja auch gut, aber die Bärenfellmützen schottischer Regimenter gehören eher in die Folkloreabteilung. Wenn hingegen die *marines* und die *seals* im Stampfschritt vorbeidefilieren, dann denkt der Freund des Verschwörungsthrillers an *black ops* und *special commands*, also an undurchsichtige Geheimkommandos. Die Burschen, die da fahnenschwenkend und säbelrasselnd vorbeiziehen, sehen wirklich alle so aus, als hätten sie nach heldenhaftem Kommandoeinsatz in der feindlichen Welt nur kurz geduscht und die Bürstenfrisur nachgetrimmt, bevor sie vor dem Weißen Haus mit eiserner Miene salutieren.

»The few, the proud, the brave« steht auf den Bannern dieser stolzen und durchtrainierten Marines – und ich habe nicht mal eine Siegerurkunde bei den Bundesjugendspielen vorzuweisen. Da spürt ein Mann schon ein bitteres Defizit.

Als ich aber beim Dinner im Rosengarten am Tisch von Hillary Clinton landete, war ich wieder obenauf. Bei den Drinks zuvor hatte Vizepräsident Joe Biden ein paar Sprüche geklopft, die ich lustig fand, aber die Dame vom *Stern*, der Herr Brüderle ins Dekolleté gelinst hatte, hätte sich ein paar strenge Notizen gemacht. Das sieht der Amerikaner entspannter.

Ach so, das Foto. Da hatte ich erst meine allergrößten Bedenken. Es war zwar zu einem Grußdefilee gekommen, Michelle und Barack schüttelten die Hände der deutschen Delegation auch artig durch, aber ich hielt, kurz bevor ich an der Reihe war, erfolglos nach dem Fotografen Ausschau. Ich fand ihn nicht, aber er muss da gewesen sein, denn ein paar Wochen später erhielt ich tatsächlich aus dem Kanzleramt ein schönes Foto, auf dem der amerikanische Präsident freundlich mit mir Shakehands macht und mir dabei aufmerksam ins Gesicht schaut. Frau Merkel verdeckt er dabei bis auf die Nasenspitze, was aber eher den Eindruck verstärkt, als hätten Mr. President und ich einen vertraulichen Kameradschaftsabend zu zweit am Kamin des Oval Office verbracht, womit ich gut leben kann. Nur deutsche Gäste weise ich in der mir eigenen Bescheidenheit auf die Nasenspitze der Kanzlerin hin.

Bei allem Respekt vor der unbestrittenen Kraft der US-Außenpolitik und der innenpolitischen Leistung, dieses zutiefst heterogene Ungetüm, das sich Vereinigte Staaten von Amerika nennt, überhaupt regierbar zu machen: Ich stehe dem Politikverständnis der Amerikaner ratlos gegenüber, zumal es nur einen ganz geringen Teil der Bevölkerung zu betreffen scheint. Die Pflicht, sich politisch zu informieren, ist nicht weit verbreitet. In der *Los Angeles Times* und der *Washington Post* gibt es zwar durchaus scharfsinnige Kommentare und hellsichtige Politanalysen, aber die Spiele der Yankees oder Lakers sind auch den Lesern dieser Blätter wichtiger. Die Beliebtheit des News Channels CNN ist verglichen mit der des Sportsenders ESPN mickrig, und der konservative Nachrichtensender Fox, dessen Zuschauerzahlen den liberaleren CNN weit hinter sich lassen, zeichnet ein eher holzschnittartiges Bild von der amerikanischen Wirklichkeit. Dazu passt der Miesepeter Bill O'Reilly wie die sprichwörtliche Faust aufs Auge: In seinem *O'Reilly Factor* posaunt der Moderator alltäglich seine Opposition gegen alles, was »liberal« ist, in die Welt hinaus. Soziale Ansätze wie die Gesundheitsreform oder die Subventionierung von so etwas Überflüssigem wie Kultur- oder Bildungspolitik driften bei ihm sofort ins Sozialistische und damit in den roten Bereich. Er glaubt fest an das *Trickle-down*-Prinzip der Republikaner, nach dem die Wohltaten von oben nach unten durchsickern. Der gut situierte Reiche lässt dann immerhin ein paar arme Tröpfe als Gärtner, Pizzakellner und Kindermädchen die Krümchen naschen, die vom Tisch des Herrn fallen.

Ein Wirtschaftssystem, das zum übermäßigen Teil auf den Konsum im eigenen Land ausgerichtet ist und das eine riesige

Serviceindustrie ständig am Laufen halten muss, macht mich konstant nervös. Gleichzeitig versuche ich aber auch, mir mithilfe dieser unterbezahlten, aber willigen Dienstleister meinen amerikanischen Alltag so angenehm wie möglich zu gestalten. Das tun dort alle, die sich das leisten können. Ich habe wenigstens zwischendurch ein schlechtes Gewissen, denn die Gedanken, die ich mir zum Lauf der Welt mache, sind für alle Zeit »made in Germany«.

DIRTY LAUNDRY

Don Henley

m Jahr 2002 erschien Martin Walsers Mediensatire *Tod eines Kritikers*. Darin wünscht ein Autor seinen Kritikern die Pest an den Hals. Ich habe das Werk mit Vergnügen gelesen und mich gegrämt, dass mir die Wortgewalt fehlt, den Verfassern meiner Verrisse mit ähnlicher Hingabe an die Gurgel zu gehen. Mit Rücksicht auf das literarische Gefälle zwischen dem Geistesriesen Marcel Reich-Ranicki, den Walser in seinem Roman verhackstückt, und einem schlecht bezahlten Fernsehredakteur habe ich mich zurückgehalten. Dabei kam es mir oft so vor, als wäre es die einzige Aufgabe von TV-Kritikern, mich meinen Zuschauern madig zu machen. Zuneigung entsteht da kaum.

Nun sitze ich an meinem Laptop und wundere mich, wo meine Rachegelüste geblieben sind.

Im Lauf meiner Karriere wurde ich für so ziemlich alles beschimpft: für meine Art, mich zu kleiden, für meinen Umgang mit Frauen, für meinen schlechten Interviewstil, für meine Schnodderigkeit, für meine mangelhafte Vorbereitung. Aber insgesamt betrachtet, musste ich, abgesehen von dem Dauergenörgel meiner Rezensenten, nie unter »schlechter Presse« leiden. Warum auch sollte man mit einem freundlichen Menschen wie mir unfreundlich umgehen? Ich hatte am Journalismus schon deshalb großes Interesse gehabt, weil er eigentlich mein Berufsziel war. Gerade deswegen war mein Blick auf die Menschen, die meine Kollegen hätten sein können, von besonderer Schärfe. Dass ich auf der anderen Seite gelandet war, sehe ich eher als Zufall.

Meinen Blick auf die Presse versuche ich mir auch durch die Tatsache nicht trüben zu lassen, dass einige ihrer Vertreter davon leben, sich über mich und meinesgleichen das Maul zu zerreißen. Die einen über meine dienstlichen, die anderen über meine privaten Verfehlungen. Ich habe Freude an guter Sprache und oft mehr Spaß an einem geschliffenen Verriss als an den Verneigungen eines schlichten Gemüts. Für mich war die Aufgabe der Medien in Print und Bild immer die Erklärung der Wirklichkeit; meinen Reim wollte ich mir allerdings schon selber darauf machen. Heute werde ich mit Meinungen, Vermutungen, Verdächtigungen und Vorwürfen gegen alles und jeden zugeballert. Es gibt weniger kluge, gut formulierte und abwägende Erläuterungen komplizierter Zusammenhänge als Ich-Geschichten zorniger Verfasser, die vom verschreckten Leser verlangen, ihnen zu folgen.

Journalisten beschreiben den Lauf der Dinge kaum noch, sondern sie bejammern ihn. Das mag verständlich sein, denn nicht nur die Welt, sondern auch die Medien selbst sind in einem beklagenswerten Zustand. Die guten Zeiten des großen Geldes und der großen Reportagen sind vorbei. Die Edelfeder fliegt heute Economy und wohnt im Motel One.

Nun war ich immer Teil des Unterhaltungsjournalismus – im besten Fall wurde ich kurz ins Feuilleton gehoben –, aber ich habe keinen Grund zu der Annahme, dass es im politischen oder Wirtschaftsjournalismus anders zugeht. Jeder Journalist wird zum Beispiel reflexhaft bestreiten, dass ihm eine negative Berichterstattung leichter von der Feder ginge als eine positive. Es ist dennoch so. Ich war oft genug imstande, von einem Ereignis oder über einen Sachverhalt aus völlig unterschiedlichen Blickwinkeln berichten zu können, ohne lügen zu müssen. Der kritisch-ironische war immer der, den ich gewählt habe, denn mit ihm eröffnet sich ein weites Feld scharfsinniger Bonmots und hintergründiger Erkenntnisse. Es gibt ihn natürlich, den Fall der grenzenlosen Begeisterung, der »Schockliebe« für das Sujet. Den nimmt der Journalist mit leichtem Erschrecken zur Kenntnis, bringt er ihn doch vor Kollegen und Chefredaktion schnell in den Ruch des distanzlosen Dünnbrettbohrers, der, berauscht vom Wein des Gastgebers, dessen bucklige Gattin zur Schönheit hochschreibt. Unabhängigkeit beweist er dagegen, wenn er sich zuerst die Schnittchen einverleibt und dann die Alte fertigmacht.

Ein Beispiel: Zur Eröffnung seiner New Yorker Dependance flog der FC Bayern im Sommer 2014 eine Reihe von Gästen und Journalisten in die US-Metropole. Kaum ein Redakteur dürfte sich hinter die Säule geworfen haben, als der Job in der Redaktionskonferenz vergeben wurde. Ich habe die Gewinner dieser Lotterie bei ihrer Recherche getroffen, denn ich moderierte den Event und erlebte nur gutgelaunte Menschen in heiterer Stimmung. Die US-Filiale der bayerischen Paulaner-Brauerei hatte fürs Catering gesorgt, der Ausblick auf die Dächer Manhattans faszinierte, und Paul Breitner stand im Hawaiihemd in der Menge und trank ein Weißbier. »Dahoam is dahoam« schien die Stimmung gut zu beschreiben. Und warum soll man dem Paradebeispiel deutscher Erfolgskickerei, den »Bayern«, nach dem ganzen Hickhack um ihren Präsidenten nicht auch eine internationale Präsenz zutrauen und ihnen dazu ein paar freundliche Worte mit auf den Weg geben?

Beim Rückflug ins graue Deutschland muss sich die gute Laune rasch wieder verflüchtigt haben. Dass man den internationalen Auftritt eines deutschen Fußballclubs auch für überflüssig halten oder skeptisch sehen kann, ist mir verständlich; dass man aber erst in Manhattan Weißbier und Fingerfood schnorren muss, um zu dieser Erkenntnis zu kommen, bezweifle ich. Einem der Reporter war beim Futtern aufgefallen, dass bei den Fotos der Bayernstars, mit denen man das Büro geschmückt hatte, ein Lapsus passiert war. Ein amerikanischer Grafiker hatte – in Gedanken wohl schon beim Italiener – aus dem Bayernprofi Claudio Pizarro einen Pizzaro gemacht. Dem ist sicher schon Schlimmeres widerfahren als ein »z« zu viel und ein »r« zu wenig, aber just diese Lappalie wurde im Artikel des Journalisten zum schlagenden Beweis dafür, dass der Bayernausflug in die USA von vornherein zum Scheitern verurteilt sei.

Ich habe dieser Geschichte so viel Platz eingeräumt, weil sie bei all ihrer Harmlosigkeit ein generelles Problem des Journalismus zeigt. Der sieht sich zwar gern als unabhängige »vierte Gewalt«, ist aber anders als die Jurisdiktion, an der er sich misst, weder an strenge Gesetze gebunden, noch spielt sich sein Wirken in der Anonymität der Gerichtssäle ab. Er ist öffentliches Gut. Aber Öffentlichkeit – ich weiß, wovon ich rede – gebiert Eitelkeiten, und wer seinen Namen unter einen Artikel setzt, demonstriert Macht.

Damit hier kein falscher Eindruck entsteht: Ich habe unter den Journalisten, die mir in meiner beruflichen Laufbahn begegnet sind, großartige und hochanständige Menschen kennengelernt. Mit einigen bin ich befreundet, mit anderen habe ich meinen Frieden gemacht. In der Theorie fühlten sie sich alle jenen ethischen Gesetzen der Unabhängigkeit und Fairness verpflichtet, die in den Büros ihrer Verleger an der Wand hängen. In der Praxis kriegen das aber die wenigsten hin. Warum? Weil ihr Beruf eben erst in zweiter Linie demokratische Instanz ist und zuallererst Geschäft. Zeitungen müssen verkauft werden, Chefredakteure werden nach ihren Bilanzen angeheuert oder gefeuert. Was für mich die Quote ist, ist für sie die Auflage. An dieser messen mich die Journalisten, an jener werden sie selbst gemessen. Was bringt die Geschichte? Das ist eine Frage, an der sich kein Schreiber vorbeimogeln kann, denn sie wird spätestens vom Chefredakteur gestellt. Der setzt die Geschichte ins Blatt, und sein Kopf rollt, wenn die Auflage sinkt.

Also rinnt der Angstschweiß dem Verfasser schon in den Kragen, wenn er sich an die Arbeit macht. Die Frage »Kaufen mir die Leser das ab?« stellt sich eher im wirtschaftlichen als im übertragenen Sinne. Ich habe das schon bei meinen ersten journalistischen Gehversuchen bemerkt. Der Autor bemerkt schnell, dass die Wirklichkeit meist an Dramatik zu wünschen übrig lässt. Sie zeichnet exakt die Welt nach, in der der Leser bereits zu Hause ist – aber wozu soll ich ihm noch einmal vorbeten, was er ohnehin schon weiß? Hier beginnt der schwierige Kampf, die Fakten der eigenen Ambition unterzuordnen, und nicht jeder gewinnt ihn.

Ich hatte schon als Schüler unter »Berufsziel« angegeben, dass ich eines Tages London-Korrespondent der *Süddeutschen Zeitung* werden wollte. Darin erkennt man meine Überzeugung, dass der Journalist die Chance hat, seine persönliche Vorliebe zum Teil seines Berufs zu machen. Es wäre nicht zu erwarten gewesen, dass ich in London als neutraler deutscher Beobachter bei Moselwein und Weißwürsten die Position eines nüchternen, unabhängigen Berichterstatters eingenommen hätte. In einem Anzug aus der Savile Row hätte ich zwischen *tea-time* und *supper* Loblieder auf die *British isolation* geschrieben und die besten *Bed-and-Breakfast*-Locations in Yorkshire angepriesen, nachdem ich sie auf Kosten der *SZ* ausprobiert hätte. Natürlich hätte ich dem Leser in Nürnberg und dem Kollegen in München zwischendurch mal zu verstehen gegeben, dass sie da, wo sie sind, glücklich sein sollten, weil der Londoner Herbst Gift für Asthmatiker ist und das englische Essen eine Zumutung. Schließlich mutet einem so ein Korrespondentenjob auch einiges zu.

Die Balance zwischen Klage- und Lobliedern muss im Journalismus fein abgestimmt sein. Keiner, der sein Leben lang davon geträumt hat, Autojournalist zu werden, wird gleich in seinem ersten Artikel die Abschaffung dieser Umweltverpester fordern, er wird erst mal gern die Schnittchen verputzen, die ihm die Hersteller zur Automesse servieren, und frohen Herzens den Schleudertest im finnischen Winter genießen. Aber ebenso verbindlich wird er in seinem Bericht darüber am Fahrzeug eine Macke finden, irgendwo, irgendwie, um nicht beim Leser oder in der eigenen Redaktion den Eindruck zu erwecken, er wäre käuflich. Ist er natürlich nicht.

Der Beruf des Journalisten ist ein Selbstbedienungsladen. Einige wenige können schreiben, was und wie sie wollen, die meisten schreiben, was und wie sie müssen. Jeder aber, der über andere schreibt, reklamiert für sich selbst und vor sich selbst Unabhängigkeit und ethische Lauterkeit. Ein frommer Wunsch des Einzelnen, aber kein Abbild medialer Wirklichkeit, wahrscheinlich genauso wenig, wie mein Blick auf die Medien, trotz aller gegenteiliger Beteuerungen, ein ungetrübter sein kann.

Während in den Ressorts Wissenschaft und Politik eine gewisse Nüchternheit die Materie beherrscht und damit den Ton vorgibt, eröffnet sich auf dem Feld der Unterhaltung für den Journalisten die Büchse der Pandora. Das Personal ist bunt, die Themen sind leicht, die Grenzen zwischen Fakten und Fiktion verschwimmen. Gerecht sein ist nicht einfach:

Die Münchner *Abendzeitung* ist eben erst selbst am Rande der Pleite vorbeigeschrammt, aber als ich dort lebte, war sie für mich das Maß aller Dinge. Gerade hatte sie eine meiner Sendungen in Grund und Boden gestampft; Tage später veranstaltete das Blatt seine jährliche *Gala der Stars* im Circus Krone. Da führte Senta Berger eine halb blinde Ziege durch die Arena, und eine Fernsehansagerin hüpfte leicht bekleidet durch einen Reifen. Derselbe Journalist, der mich gerade für etwas zusammengefaltet hatte, was sicher nicht schlechter war als dieses zirzensische Kaspertheater, konnte gar nicht genug schmückende Beiworte für das »glamouröse Feuerwerk der guten Laune« finden, das die eigene Zeitung da veranstaltete, aber sicher nicht, weil er wollte, sondern weil er musste.

Anderes Beispiel: Wenn sich in schöner Regelmäßigkeit deutsche Zeitungsredakteure darüber Gedanken machen, dass die falschen Leute zu viel Geld haben, und entsprechende Listen herumreichen, dann taucht in den Aufzählungen des Springer-Verlags deren milde, aber ausgesprochen wohlhabende Königin Friede Springer garantiert nicht auf. Und bei Burda wird mit derselben Diskretion der stinkreiche Herausgeber ebenfalls nicht auf einer solchen Liste der Missgunst seiner Leser und Käufer ausgesetzt. Die großen Verlagshäuser beschäftigen ganze Heerscharen von Steuerberatern und Juristen zur Minimierung der eigenen Abgabelast, verfolgen aber den prominenten Steuerflüchtling notfalls mit terrierhafter Verbissenheit im Namen des Volkes. Was habe ich mich mit Anwälten von Medienhäusern gestritten, denen ich Fotos aus und Einblicke in mein Privatleben verbieten wollte. »Moment mal«, sagten die Rechtsabteilungen der Verlage: Hier und dort hätte ich meine Kinder durchaus öffentlich herumgezeigt und da hätte ich nachweisbar Privates vor Dritten ausgeplaudert.

Und wedeln vor Gericht mit den Blättern der Konkurrenz. Da wird gezockt wie auf einem orientalischen Basar.

Dennoch erwecken »die Medien« bei jeder Gelegenheit unisono den Eindruck, Anstand und Sitte, Demokratie und öffentliche Ordnung wären ohne ihre mahnende Stimme wenn nicht gar völlig unmöglich, so doch in ständiger Gefahr. Das ist das Ideal, von dem der Leser ausgeht und mit dem der Journalist gut leben kann. Aber im entscheidenden Fall, und hier zitiere ich mit dem ehemaligen Chefredakteur der *Bild*-Zeitung, Hans-Hermann Tiedje, einen der Ihren, gilt auch für den Journalisten: »Es reduziert sich alles auf das Menschliche.« Der Magazinredakteur, der sich an seinem Laptop erbittert für die Geknechteten und Unterdrückten dieser Welt ins Zeug legt, wird sein Plädoyer sofort unterbrechen, wenn er hört, dass ihm ein Kollege den Platz in der Tiefgarage weggenommen hat. Da müssen die Entrechteten der Welt halt schnell mal warten.

Ich habe unbeirrt kleine Kriege gegen die Presse geführt, wenn ich mich ungerecht behandelt fühlte. Einige davon habe ich gewonnen, einige verloren. In zwei Fällen habe ich geradezu triumphiert: Die *Quick* war einst, neben dem *Stern*, ein durchaus ernst zu nehmendes Magazin, wenngleich, und das lag am Bauer-Verlag, in dem sie erschien, etwas schlüpfriger als die konkurrierende Hamburger Illustrierte. Ein Journalist der *Quick* hatte nach eingehender Beobachtung meines Wirkens in einem langen Artikel festgestellt, ich sei insgesamt ein Irrtum der Fernsehgeschichte, meine Interviews wirre Achterbahnfahrten, meine Klamotten ein Ausdruck unendlicher Eitelkeit – kurz, ich sei eigentlich bereits erledigt, es hätte außer ihm nur noch keiner bemerkt. Nach diesem Artikel wussten es nun aber alle, zumindest alle *Quick*-Leser, und um meine Karriere zu retten, verfasste ich einen zornigen Leserbrief. Als dieser in der nächsten Ausgabe nicht erschien, erkundigte ich mich in der Chefredaktion, ob er denn wenigstens in der Woche darauf zu lesen sein würde. Eher nicht, sagte die Sekretärin, man habe gerade erfahren, dass das Erscheinen der *Quick* ab sofort eingestellt werde. Ich bat sie, ihrem Chef auszurichten, dass das zwar nicht nötig gewesen wäre, aber dass ich mit der Entscheidung grundsätzlich einverstanden sei.

In einem anderen Fall ausgleichender Gerechtigkeit muss ich die Namen der Beteiligten verschweigen, denn sie sind teilweise noch in Amt und Würden, und ich will ihnen heute den Ärger nicht mehr machen, den sie damals verdient hätten. Es war ein anderes, aber durchaus wirkungsmächtiges Magazin, das mich, zwar auf hohem journalistischem Niveau, aber in meinen Augen natürlich zu Unrecht, pulverisiert hatte. Mit dem Schreiber bin ich heute befreundet; damals rief ich die Fatwa gegen ihn aus, was aber niemanden interessierte. Also musste ich selbst zum Schwert greifen. Ich kannte den Verleger des Blattes persönlich und konnte ihn auch ziemlich überzeugend imitieren. Ich brachte mich in einem furiosen Selbstgespräch zuerst in seine Stimmlage, dann in Rage, und rief nach dieser Einstimmung den Chefredakteur des Blattes an.

Seine Sekretärin zweifelte keine Sekunde daran, dass sie mit dem Herausgeber sprach, und stellte mich sofort durch. Ich gewann nochmals an Fahrt und faltete den Mann schonungslos zusammen. Nie hätte ich so mit einem Menschen reden können, wenn ich nicht in einer anderen Identität unterwegs gewesen wäre. Eine Unverschämtheit sei das, in einem derart kleinkarierten und noch dazu schlecht geschriebenen Meinungsstückchen einen Lichtblick der deutschen Fernsehunterhaltung wie diesen ... diesen ... Gottschalk ... einem missgünstigen und im Übrigen völlig überschätzten Kollegen zum Fraß vorzuwerfen ... da gäbe es doch nicht einmal den Ansatz einer journalistischen Recherche ... hier stehe die Arroganz des Verfassers der Eitelkeit, die er seinem Opfer unterstelle, in nichts nach ... Und so weiter und so fort.

Zu meiner Freude und Verwunderung fand der Geschurigelte kein einziges Wort der Entschuldigung für seinen Autor. Ganz im Gegenteil: Unglücklicherweise sei er im Urlaub gewesen, entschuldigte sich der Chefredakteur, sonst hätte der Artikel, den er im Übrigen auch nicht für gelungen halte, den Weg ins Blatt nie gefunden, und man könne ja den durchaus begabten Herrn Gottschalk, da stimme er dem Herausgeber völlig zu, an anderer Stelle demnächst wieder einmal hochleben lassen und somit die Gerechtigkeit wiederherstellen ... Ich warte bis heute auf die Einlösung dieses Versprechens und kann meine Hoffnungen deswegen begraben, weil der Chefredakteur gewechselt hat und der Verleger in Rente ist. Den Neuen kenne ich nicht und weiß deshalb auch nicht, ob ich ihn glaubwürdig imitieren könnte.

Bis auf diesen Ausrutscher, für den ich mich an dieser Stelle bei den Beteiligten entschuldige, habe ich immer zu unterscheiden versucht, ob ich aus gekränkter Eitelkeit aufjaulte oder wirklich ungerecht behandelt wurde. Da ist mir mein »Scientology-Skandal« von 1993 in nachhaltiger Erinnerung – der mir gezeigt hat, wie schnell der Ruf eines Menschen verspielt sein kann, wenn er ins Fadenkreuz einer Jagdmeute kommt, die zum großen Halali geblasen hat. Wenn die Reihen sich schließen und alle Jäger ihre Flinten gleichzeitig in einer Richtung abfeuern, dann ist der Hase mausetot. Ich denke da auch, und man möge dies nicht als Favoritenliste missdeuten, an Leute wie Christian Wulff, Bischof Tebartz-van Elst,

Uli Hoeneß und Karl-Theodor von und zu Guttenberg. Alle mehr oder weniger schuldig, hatten sie am öffentlichen Pranger irgendwann keine Überlebenschance mehr. Ich kann nachvollziehen, wie sich diese und viele andere Delinquenten gefühlt haben müssen, denn ich habe, in diesem Fall völlig schuldlos, diese brutale Art der öffentlichen Zurschaustellung kennengelernt.

Ich bemerkte, dass was im Busch war, als ich mehrere Anrufe von Journalisten zum Thema Scientology erhielt. Der erste kam von einem Redakteur des in Berlin weltberühmten Stadtmagazins *Zitty*, weswegen ich ihn nicht besonders ernst nahm. Hätte ich mal lieber. Ich hatte mich mit dem Gefasel des Ufologen Ron Hubbard nie beschäftigt und war deswegen auch nicht beunruhigt, als sich die Telefonanfragen häuften. Mehr aus Wichtigtuerei als aus anderen Gründen rief ich eine Fachkraft an, von der ich gelesen hatte, sie sei »Scientology-Expertin«, um mir von ihr Rat zu holen, wie man sich in so einer Situation verhalten solle. Ich dachte mir immer noch nichts Böses, als plötzlich Hubschrauber tief über meinem Haus in Malibu kreisten. Aus den Helikoptern richteten sich Kameras auf mich.

Was als Gerücht Fahrt aufgenommen hatte, war für einen TV-Journalisten, dessen Namen ich und die Welt vergessen haben, das vermeintliche Ticket für einen Scoop. Er hatte sich vom öffentlich-rechtlichen Fernsehen in Richtung Sat.1 verabschiedet und wollte mit seinem ersten »investigativen« Beitrag auf sich aufmerksam machen. Seine »Enthüllung«, ich sei ein Scientologe, hatte er mit folgenden Indizien untermauert: Ich war die deutsche Stimme für das Baby aus dem Film *Kuck mal, wer da spricht!* (eine Rolle, die im amerikanischen Original Bruce Willis übernommen hatte), und die Regisseurin des Films, Amy Heckerling, war bekennende Scientologin. Ich war besonders nett zu John Travolta gewesen, als er zu Gast in *Wetten, dass..?* war, sozusagen eine öffentliche Umarmung des Sektenbruders. Dass ich ein Haus in L.A. besaß, wo sich das Hauptquartier der Scientologen befindet, konnte ebenfalls kein Zufall sein.

Ich wollte gerade abwinken, aber dann erschrak ich doch: Die Kamera schwenkte im Ausriss einer Mitgliederliste der Sekte auch den Namen »Thomas Gottschalk« ab. Die *Bild* brachte den Scientology-Skandal um Gottschalk als Schlagzeile, und auch wenn es damals noch kein Wort dafür gab: Ich saß im Zentrum eines Shitstorms. Der *Stern* meldete sich und berichtete von einem Anruf ebenjener Sektenexpertin, die ich um Rat gefragt hatte. Ich glaubte, meinen Ohren nicht zu trauen. Die Frau behauptete, ich hätte ihr Geld geboten, wenn sie sich zu meiner Verbindung mit den Scientologen nicht äußern würde. Das war völlig irrsinnig, denn es gab überhaupt keine Verbindung zwischen mir und der Sekte, außer den Zufälligkeiten, die dieser Magazinheini aufgelistet hatte.

Wie sich dann herausstellte, handelte es sich bei jenem Thomas Gottschalk auf der Liste wohl um einen gleichnamigen Lehrer aus der Schweiz, aber welcher Sensationsjournalist lässt sich so eine schöne Story schon von Tatsachen kaputtmachen?

Scientologen meldeten sich bei mir und boten Beratung an, schließlich sei ich ja nun auch ein Verfolgter. Ich war kurz davor, an meinem eigenen Geisteszustand zu zweifeln, und es war mein Glück, dass ich den damaligen Chefredakteur des *Stern* aus seiner Zeit bei der Münchner *Abendzeitung* kannte. Ernst Fischer bewies seine Integrität, indem er nicht eben noch schnell auf der Welle ritt, die mich mitzureißen drohte, sondern mir eine Chance gab, mich zu äußern. Immerhin musste ich mir ein weißes T-Shirt anziehen, das Unschuld signalisierte, und mich mit Büßermiene vor der tristen Hauswand des Bordells aufbauen, das damals gegenüber meinem Büro im Münchner Norden lag. In einer dieser vermaledeiten »Jetzt rede ich!«-Geschichten distanzierte ich mich mit Entschiedenheit von den Sektierern, denen ich zugedichtet worden war.

Ich schaffte es mit dieser Story, die keine war, erstmals auf das Titelbild des *Stern*, und in seiner Wirkung als »Leitmedium« bewahrte er mich damit vor Schlimmerem. Hätte er damals in dieselbe Kerbe gehauen, wäre ich aus der Nummer nicht so schnell wieder rausgekommen. Das Gerücht klebte noch ein paar Jahre wie Hundekacke an meinen Schuhen, und ich musste höllisch aufpassen, nicht wieder in den Dunstkreis dieser Gruppe zu geraten, um es nicht erneut aufflammen zu lassen. Natürlich habe ich die nächste Geschichte, die der *Stern* mit mir machen wollte, zugesagt, denn ich musste mich ja revanchieren. In einer Position wie der meinen steht man im Umgang mit den Medien mal auf derselben, mal auf der Gegenseite. Meistens auf der Gegenseite.

Der *Spiegel* beeilte sich nach meinem Abschied von *Wetten, dass..?*, noch schnell eine Geschichte abzusetzen, die auf wackligen Füßen stand, sich mit meinem Rest-Gesicht aber besser verkaufen ließ. Es ging um den »Schleichwerbungsskandal«.

Die Möglichkeiten öffentlich-rechtlicher Anstalten, sich neben dem Einsammeln von Gebühren auch noch auf dem Werbemarkt zu versorgen, mag man zu Recht infrage stellen, aber alles, was bei *Wetten, dass..?* passierte, geschah auf Basis der gesetzlich festgelegten Grundlage. Im Nachhinein war es für meine Verteidigung allerdings nicht gerade hilfreich, dass ausgerechnet die Agentur meines Bruders Christoph (an der ich schon seit geraumer Zeit nicht mehr beteiligt war) für das ZDF das sensible Geschäft mit den Industriepartnern abwickelte. Christoph hatte dem Unternehmen Audi neben dem Fahrdienst für Produktion und Gäste der Sendung auch ein Gratisfahrzeug für meinen Wettkönig abgeschwatzt, das die Ingolstädter natürlich gern im Bild sehen wollten. Bei Raab und Jauch gab es eine Million zu holen; ich sah mich da in Konkurrenz. Mehrfach wurde ich für zu viel Enthusiasmus bei der Übergabe des Wagens gescholten, aber ich wollte meinem Wettkönig das Gefühl geben, dass sich die Mühe gelohnt hatte, und habe zudem immer bezweifelt, dass ein Mensch am Montagmorgen zum Audi-Händler stürzt, weil am Samstagabend einer mit einem blauen A4 aus der Halle gefahren ist. Die *Spiegel*-Redakteure sahen das natürlich anders, mutmaßten unverhohlen, es könne kein Zufall gewesen sein, dass Samuel Koch an einem Audi verunglückt war, und es fanden sich genügend Fotos von mir in diversen Fahrzeugen mit den vier Ringen, um das Ganze zu einer Titelstory anzurühren. Hätte ich im Interesse eines Promotionpartners Samuel Koch in sein Unglück laufen lassen, wäre ich für den Rest meines Lebens nicht mehr froh geworden. Es war nicht so, und allein schon die Unterstellung, dass es so gewesen sein könnte, brachte mich auf die Palme. Weitere finstere Verflechtungen mit anderen Partnern sollten laut *Spiegel* die Abhängigkeiten belegen, in die ich mich begeben hatte. Wo Licht ist, muss einfach auch Schatten sein.

Ich wusste in diesem Fall, dass ich kein fieser Abzocker war, der hintenrum die Hand dafür aufgehalten hatte, dass vorne Autos einer bestimmten Marke durchs Bild fuhren. Also versuchte mein Medienanwalt Christian Schertz, mich gegen diese Vorwürfe zu verteidigen. Es gibt weniges, das so frustrierend ist, wie eine Gegendarstellung in der deutschen Presse durchzusetzen. In den Wochen nach dem *Spiegel*-Titel bekam ich zwar tröstende Briefe, ein paar freundliche *Spiegel*-Mitarbeiter distanzierten sich von der Inquisition ihrer Kollegen, und mein Anwalt beruhigte mich, die Gegendarstellung sei auf einem guten Weg beziehungsweise bei Gericht angenommen worden.

Zuerst hatte ich eine zornige Rechtfertigung formuliert, die er gleich in den Müll geschmissen hatte. Eine Gegendarstellung bedarf einer vorgegebenen Form und muss so umständlich formuliert sein, dass man sie eigentlich schon vor Erscheinen für überflüssig hält. Trotzdem wird man juristisch dahingehend belehrt, dass die betroffenen Redakteure schon jetzt mit Schweißausbrüchen bei ihrer eigenen Rechtsabteilung säßen. Das tröstet nur halbwegs: Die kennt keiner, mich kennt jeder. Irgendwann, zu einem Zeitpunkt, an dem die Ausgabe mit der entsprechenden Veröffentlichung längst im Recyclingcontainer gelandet ist oder in die Winterschuhe gestopft wurde, kommt die Kunde vom Anwalt, dass »die Richter unserer Rechtsauffassung gefolgt« sind … Inzwischen eigentlich völlig egal, denn es wird längst die nächste Sau durchs Dorf getrieben. Mir wird immer wieder versichert, dass solche Exempel für die Hygiene ausgesprochen wichtig sind, selbst wenn sie beim Leser rein gar nichts mehr bewirken. Im besten Fall wird er noch mal an etwas erinnert, das er längst vergessen hat.

Nach einigen Monaten erschien also zu der Schleichwerbungsgeschichte eine »Gegendarstellung« im *Spiegel*, die rechtlich einen Sieg für mich bedeutet haben mag, denn sonst wäre sie dort nicht abgedruckt worden. Gebracht hat sie mir nichts. Keiner wusste mehr, worum es eigentlich ging, und ich selber kriegte es auch schon nicht mehr ganz auf die Reihe. Der *Spiegel* muss wohl Einspruch erhoben haben, und eben, fast zwei Jahre später, hat mir mein Anwalt begeistert mitgeteilt, dass ich kurz vor einem triumphalen Sieg des Rechtes stehe.

Ich traf inzwischen einen der beiden Chefredakteure, der längst nicht mehr beim *Spiegel* war. Er war freundlich und sprach vom »Versöhnungsbier«. Irgendwann verantwortet er bei einem anderen Blatt eine andere Geschichte, über die ich Anlass habe, mich zu freuen, und spätestens dann stoße ich wieder mit ihm an. Es gibt sie eben dann doch wieder nicht: die eine oder die andere Seite, Schwarz oder Weiß.

Bei meiner RTL-Late-Night-Show habe ich, selbst unter Druck stehend, vorübergehend einen Pakt mit einem Mann geschlossen, der mir zuvor jahrelang das öffentliche Leben schwer gemacht hatte und das private ebenfalls. Der bereits erwähnte Hans-Hermann Tiedje war *Bild*-Chefredakteur, als ich noch für Skandalüberschriften taugte. Einmal geisterte das Gerücht durch die Gegend, ich hätte nicht die nötige Distanz zu einer jungen Frau gehalten, die die Tochter einer berühmten Mutter war, was der Geschichte einen zusätzlichen Pfiff verlieh.

Tiedje hatte die Angewohnheit, sich in Momenten großer Erregung die Krawatte über die Schulter zu werfen, und hatte dies sicher bereits getan, als ich mich am Telefon wand wie eine Forelle. Er aber wollte mich nicht vom Haken lassen: »Hast du oder hast du nicht?«, brüllte er. Das war alles, was ihn interessierte. Zuspitzung auf das Wesentliche. Und wenn Sie sich jetzt fragen, ob ich hatte oder nicht, dann werde ich es Ihnen genauso wenig verraten wie damals Hans-Hermann.

Der öffentliche Umgang mit dem eigenen Privatleben ist vermintes Gelände. Jedes archivierte Foto, jeder unbedachte Satz kann einem irgendwann um die Ohren fliegen. Manchmal geht es auch ganz ohne eigene Beteiligung. Ich rede dabei gar nicht von diesen Herzschmerzblättern der Yellow Press, die völlig abgekoppelt von der Realität in einer Parallelwelt unterwegs sind. Mit Journalismus hat das überhaupt nichts mehr zu tun.

Bisweilen staune ich über meine eigenen »Schicksalsschläge«. Eine »Krebstragödie um Gottschalk« entpuppte sich als die Erkenntnis, dass mein Vater in einem Alter an Krebs verstorben war, das ich gerade selber erreicht hatte; ein »polnischer Cousin«, der barmte, ich hätte jeden Kontakt zu ihm abgebrochen, war am Ende gar keiner, und mir »brach« auch nicht »das Herz«, als sich mein Sohn von seiner Frau trennte. So etwas soll passieren.

Mit Gewäsch dieser Art halte ich mich nicht mehr auf, mein Anwalt klagt reflexhaft, wenn es darum geht, unverfrorene Eingriffe in mein Privatleben zu verhindern. Meine Ehe und das Leben meiner Kinder habe ich ebenfalls, so gut es ging, aus der Schusslinie gehalten. Das ist mir nicht immer ganz gelungen, denn der Boulevard wollte sich partout Gedanken zum Zustand meiner Beziehung machen. Wer oft fotografiert wird, manchmal, ohne es zu bemerken, schaut auch oft dumm in die Gegend. Man muss die Kreativität eines Chefredakteurs fast bewundern, der mehrere Fotos von meiner Frau und mir untereinandersetzte, auf denen wir nicht besonders glücklich dreinschauten, noch dazu jeder in eine andere Richtung. Wahrscheinlich hatten wir beim Pferderennen auf unterschiedliche Pferde gesetzt oder vermuteten unsere Söhne jeder in einer anderen Ecke. Egal, man fand in dem Pantomimen Samy Molcho einen Ausdrucksdeuter, der unserer Ehe nicht mehr den Hauch einer Chance gab. Zerrüttung wäre nach diesen Fotos noch seine optimistischste Einschätzung gewesen.

In diesem Zusammenhang eine Bitte: Geben Sie nie etwas auf das Geschwätz von Menschen, die man Ihnen unter dem Prädikat »Promi-Experten« präsentiert. Es gibt inzwischen für alles Experten. Und die klügsten unter ihnen sind die »Promi-Experten«. Ich weiß nicht, wo sie sich das entsprechende Zertifikat dazu geholt haben. Bei der Handelskammer sicher nicht, und auch sonst haben diese Herrschaften ihre Weisheiten aus genau denselben TV-Magazinen und Zeitungen, die dann ihre eingehenden Analysen veröffentlichen. Unsinnige Vermutungen über meist unwichtige Menschen von noch unwichtigeren Kommentatoren, die sich dabei aber wichtig vorkommen, werden auf eine Betriebstemperatur erhitzt, von der dann alle Beteiligten hektische Flecken bekommen. Ein Teufelskreis. Models trennen sich von Fußballern, Stars tragen im richtigen Moment falsche Kleider oder im falschen Moment keine Unterwäsche. Für alle diese Fälle gibt es Experten, und wenn kein »Experte« weiterweiß, muss der Psychologe ran. Die oft selbst halb prominenten Promi-Analysten können ja wenigstens noch auf Schlichtheit im Geiste oder finanziellen Notstand plädieren, aber akademisch gebildete Psychologen, die sich nicht zu schade sind, irrationales Verhalten von Menschen, denen sie nie begegnet sind, im Frühstücksfernsehen zu analysieren, sollte man mit Berufsverbot belegen.

Bei so viel unerwünschter Fremdanalyse habe ich es weitgehend vermieden, selbst Material zu liefern. Dafür gab es ein gewisses Unverständnis bei einigen Journalisten, die das Gefühl hatten, mich mit ihrer Berichterstattung immerhin »gemacht« zu haben. In der Tat erinnere ich mich daran, dass ich den ersten Nachfragen um Fotostorys geradezu widerspruchslos entsprach. Ich ruderte mit meiner Freundin weisungsgemäß in einem Teich im Englischen Garten herum, der Fotograf wälzte sich auf dem Boden des Kahns und kommandierte: »Jetzt beide mal lachen.« – »Lass mal die Thea rudern.« Oder: »Küsst euch mal, aber in meine Richtung.« Ich dachte damals, es wäre die verdammte Pflicht und Schuldigkeit von Menschen, die von ihrem Publikum leben, dieses auch an Freud und Leid im Privatleben zu beteiligen oder ihm zumindest aus jedem bunten Blatt entgegenzugrinsen.

Wo sich zu meiner Zeit nur die *Bunte* für Klatsch und Tratsch interessierte, drängt sich heute eine ganze Horde von dankbaren Verwertern: *Gala*, *Closer*, *InStyle* und ein Rattenschwanz von Oma-Blättern, die alles verwursten, was sich aus einer ewig dampfenden Gerüchteküche herbeischleifen lässt. Von den diversen »Internetmagazinen«, die sich nur von der Kommentierung und Bespiegelung prominenter Zeitgenossen ernähren, will ich gar nicht erst anfangen, die entstanden Gott sei Dank zu einem Zeitpunkt meiner Karriere, als ich für sie schon nicht mehr interessant war. Alles in allem habe ich meinen Frieden mit den Medien gemacht. Ich habe mich nie im Krieg mit ihnen gesehen, und die diversen Kämpfe haben mal sie, mal ich gewonnen. Am Ende steht ein für den Spielverlauf gerechtes Unentschieden.

REFLECTIONS
OF MY LIFE

Marmalade

ch bin fünfundsechzig Jahre alt, und mein Gedächtnis ist intakt. Mein Beruf brachte mich in viele Ecken dieses Lebens, und meine Natur machte es mir möglich, mich dort nie als Fremder zu fühlen. Ich habe im Weißen Haus diniert und einen Tag in den heiligen Hallen des Vatikans verbracht. Am Morgen ministrierte ich dem Papst in seiner Privatkapelle und scherzte abends in den Vatikanischen Gärten mit einem Dutzend violett gewandeter Kardinäle. Nach einer verlorenen Wette durchwachte ich eine schreckliche Nacht in einer Gefängniszelle im rot geklinkerten Knast von Bremen. Reinhold Messner zerrte mich am Seil auf den Ortler in Südtirol, wo ich auf einer Höhe von 3500 Metern in hysterische Schockstarre verfiel und weder vor noch zurück wollte. Ich saß mit der Bundeskanzlerin in ihrem Arbeitszimmer beim Tee und war der Nikolaus für kichernde Freudenmädchen in einem Wiener Bordell. Mit Heino als Knecht Ruprecht.

Von jedem dieser Einsätze habe ich etwas in den Rucksack des Lebens gepackt, ohne den Vorsatz, ihn vor fremden Augen wieder zu öffnen. Jetzt tue ich es doch, denn ich bin im richtigen Alter und in der entsprechenden Stimmung. Ich finde, ab einem bestimmten Punkt seines Lebens sollte jeder Mensch einen Denkrahmen entwickelt haben, in dem er sich bewegt und in dem es irgendwann mehr Überzeugungen gibt als Vermutungen.

In Ermangelung anderer sinnvoller Maßstäbe halte ich die christlichen Tugenden Glaube, Hoffnung und Liebe aus dem katholischen Katechismus durchaus als Maßstab für eine Gewissenserforschung geeignet.

GLAUBE

Ich bin oft gefragt worden, woher meine Sicherheit im Auftritt kommt, dieses Gefühl, dass mir auf einer Bühne nichts passieren kann, solange *irgendwas* passiert. Wenn ich es Talent nenne, dann nicht im eitlen Sinn des Begnadeten, der sich in der eigenen Begabung sonnt, sondern im Sinn des Bibelgleichnisses von den Talenten, die der Herr an seine Diener verteilt hat. Darin ist der Ängstliche, der seines vergräbt, am Ende der Dumme, und der Forsche, der damit wuchert, steht bei der Endabrechnung als Gewinner da. Vielleicht ist es Gottvertrauen. Ja, in Ermangelung anderer Sponsoren glaube ich daran, dass Gott mir eine Gabe mit auf den Weg gegeben hat, die er insgesamt sehr zögerlich verteilt hat.

Die Sache mit Gott. Es begann schon damit, dass ich an Christi Himmelfahrt geboren wurde. Ich würde nicht so weit gehen zu behaupten, dass mich Gott Vater als Ersatzmann eingewechselt hat, aber ich stand bereits im Kindesalter ständig in der Einflugschneise des Heiligen Geistes herum. Das Jesulein wachte über meine kindliche Unschuld, der Schutzengel holte mich als Sechsjährigen aus einem Kanalschacht, in den ich beim Spielen gefallen war, und der liebe Gott sieht sowieso alles. Ich stand mit ihm immer auf gutem Fuß, und wenn ich sündigen *musste*, wies ich ihn vorher explizit auf meine Notlage hin und ließ ihn sozusagen Schmiere stehen. In der Kulmbacher Pfarrkirche Zu Unserer Lieben Frau stand ein »Missionsnegerle«, das dankbar mit dem Kopf nickte, wenn man ein Zehnpfennigstück einwarf, aber aufgrund eines Konstruktionsfehlers die Münzen wieder ausspuckte, wenn man den Kerl in einem bestimmten Winkel auf den Kopf stellte. Ich gab meinem Schöpfer immer einen gewissen Vorlauf, in dem er mein Taschengeld auf wundersame Weise hätte vermehren können, und wenn er dies nicht tat, sah ich das als Genehmigung an, meinen kleinen Spendenfreund etwas in Schieflage zu bringen.

Ich war zu einer Zeit von frommen Menschen umgeben, als das Beten noch geholfen hat. Vielleicht lag es an der schlesisch-polnischen Frömmigkeit, dass meine Eltern ihren Katholizismus aktiv lebten, vielleicht war es auch die Dankbarkeit, den Zweiten Weltkrieg überlebt zu haben. Und es waren ja nicht nur die Eltern. Tante Hildegard, die Schwester meiner Mutter, war Nonne, und »Onkel Hans«, der beste Freund meines Vaters, war Priester.

Mein Onkel war von einer Lebenslust und Fröhlichkeit, die mir als Kind Ergebnis seines Berufs zu sein schien. Er rauchte, knatterte auf seinem Motorrad durch die Gegend, und seine Kommentare auf dem Fußballplatz des DJK (Deutsche Jugendkraft) Kulmbach waren alles andere als fromm. Als ein Panentheist sich vor dem Besuch des Gottesdienstes drücken wollte, indem er meinem Onkel erklärte: »Ich finde meinen Herrgott nicht in Ihrer Kirche, sondern überall in der Natur und im Wald«, schlug ihm Onkel Hans vor: »Dann lassen Sie sich doch auch gleich vom Förster beerdigen!«

Er hörte und sang gern Carl-Loewe-Balladen. In einer davon ging es um Franz von Assisi, der sein Bibelstudium in der Abendsonne abbricht, um dem Zirpen der Zikaden zu lauschen, denn: »Denn schöner, wollt's ihm scheinen, / ruft ihm das fromme Grillchen zu: / Wie groß ist Gott im Kleinen!« Dieser Weg, den unerklärbaren Makrokosmos der Gottesfrage im fassbaren Mikrokosmos zu finden, hat sich meinem kindlichen Hirn erschlossen.

Wir Kinder verbrachten die Ferien oft in Klöstern oder Pfarrhäusern. Das gerade anfallende Kirchenfest stand natürlich im Mittelpunkt dieser Besuche. Ich fand die Grablegung eines bleichen Gips-Jesus am Karfreitag genauso spannend wie die dunkle Kirche in der Osternacht, die sich mit dem Ruf »Lumen Christi« langsam erhellte. Mein Bruder und ich waren an diesen Locations auch hinter den Kulissen unterwegs. In einem Kloster der Steyler Missionare in Mödling bei Wien fassten wir eines Tages den wilden Entschluss, das Missionsmuseum auszurauben, das die frommen Botschafter dieses Ordens dort eingerichtet hatten. Das Amazonaskanu war etwas sperrig, bei den Giftpfeilen waren wir uns nicht sicher, ob das Curare noch wirksam war, aber der eine oder andere Schrumpfkopf hätte durchaus ins Gepäck gepasst. Auf unserem nächtlichen Beutezug durchs alte Gemäuer mussten wir allerdings an der geöffneten Klosterkirche vorbei. Der typische Geruch, den es nur in Gotteshäusern und Klöstern gibt – eine Mischung aus Bohnerwachs, Staub und Weihrauch –, lag schwer über dem diffusen Dunkel. Der rote Schein eines flackernden Ewigen Lichts fiel wie das glühende Auge Gottes auf uns. Wir versuchten es drei Nächte lang, aber brachten die Missetat nicht übers Herz. Es war, als bewache der Erzengel Gabriel mit seinem Schwert persönlich die Trophäen. Wer solche Kindheitserlebnisse hat, fragt nie mehr nach einem Gottesbeweis.

Andere schon. Gretchen zum Beispiel. Mit der Frage nach der »Religion« hat sie schon damals Faust in die Bredouille gebracht, und die Antwort darauf ist inzwischen nicht leichter geworden. Im Gegenteil. Ein Veganer hat heute wesentlich bessere Aussichten auf Verständnis für seinen Glauben als ein Katholik. Ich war nie als katholischer Missionar unterwegs und bin mit dem alten Preußenkönig Friedrich II. der Meinung, dass »jeder nach seiner Façon« selig werden soll. Was für ein Mensch aus mir geworden wäre, wenn meine Eltern mich nicht dem Schoß der römisch-katholischen Kirche anvertraut hätten, weiß ich nicht. Aber ich vermute mal stark, kein besserer.

Es begann damit, dass meinem Vater seine Heimatstadt Kulmbach nicht nur »zu rot« war, wie sich meine Mutter gerne erinnert hat, sondern auch »zu protestantisch«, weswegen sie mich im katholischen Bamberg zur Welt bringen musste. Dem Schlesier ist, ähnlich wie heute noch dem Polen, eine gewisse Grundfrömmigkeit zu eigen, von der er sich schwer und nur dann trennt, wenn er sich von Gott endgültig verlassen glaubt. Die Heilige Mutter Anna wird dort (»... am Annaberge«) ebenso in Ehren gehalten wie ihre Tochter Maria (nicht nur in Tschenstochau), und Karol Wojtyla hat sich schon als Erzbischof von Krakau, aber vor allem später als Papst Johannes Paul II., mit seinem »totus tuus« eindrucksvoll als Fanclubvorsitzender der Mutter Gottes geoutet.

Ich wuchs sehr ausschließlich in eine katholische Welt hinein, und zwar in den vorkonziliaren, prüden und staubigen Katholizismus der Fünfzigerjahre mit lateinischem Ritus und einem byzantinischen Pomp, der mich beeindruckte. Die verwandtschaftlichen Bande zu Onkel Hans, dem Priester, und Tante Hildegard, der Nonne, waren nur ein Faktor dieser Ausschließlichkeit. Als Messdiener war ich schon mit fünf Jahren liturgisch so text- und trittsicher, dass ich bereits in diesem zarten Alter zur »Frühkommunion« in Tante Hildegards Herz-Jesu-Kloster in Wien geschickt wurde. Auf den

Fotos von diesem Ereignis mache ich einen ziemlich entrückten Eindruck.

Literarisch wurde mein Weg von Druckerzeugnissen wie dem *Jesusknaben* und dem *Kommunionglöckchen* begleitet. Bei uns zu Hause lagen ein Magazin der Steyler Missionare, das sich *Stadt Gottes* nannte, und die *Königsteiner Rufe*, eine Monatsschrift für katholische Heimatvertriebene, was sich heute wie ein doppelt schweres Los anhört. Dazu kamen das *St. Heinrichsblatt* der Diözese Bamberg und der *Katholische Lesebogen*, den wir Ministranten lautstark nach den Gottesdiensten zum Verkauf anpriesen. In den Bücherschrank stellten mir fromme Tanten und andere Verwandte neben ein Buch für Messdiener, das *Die Lausbuben des lieben Gottes* hieß, früh eine bebilderte Kinderbibel, deren spurloses Verschwinden ich bis heute bedaure, und diverse Bücher mit Heiligenlegenden und Biographien frommer Menschen. Mich beeindruckten Figuren wie Niklaus von der Flüe, ein inzwischen vergessener Schweizer Asket, Einsiedler und Mystiker, und der heilige Benedikt von Nursia, der auch als Einsiedler anfing, aber es immerhin noch zu einer Ordensgründung brachte. Einsiedler waren in meinen Augen glückliche Sonderlinge, die in gemütlichen Höhlen lebten, die sie nie aufräumen mussten, und in den Himmel kamen, ohne vorher Klavier geübt und Mathearbeiten geschrieben zu haben.

Auch meine lebenden Vorbilder kamen aus dem kirchlichen Bereich. Da war zum Beispiel der »Speckpater« Werenfried van Straaten, der für die Heimatvertriebenen – da sind sie wieder – allen Ernstes Speck statt Geld sammelte und mit seiner »fahrbaren Kirche« auch in Kulmbach Station machte. Mein erstes Autogramm bekam ich von dem berühmten Wanderprediger Pater Leppich, der wegen seiner oberschlesischen

Schnauze auch das »Maschinengewehr Gottes« genannt wurde und der bei seinem Besuch in meiner Heimatstadt aus »landsmannschaftlicher Verbundenheit« bei uns übernachten durfte. Trotz der frommen Enge in Bücherschrank und Wirklichkeit und obwohl ich in der Pubertät die etwas schwülstigen Traktate des Jesuitenpaters Clemente Pereira las, bei dem es um furchtbare Strafgerichte für Onanie und vorehelichen Geschlechtsverkehr ging, hatte ich später nie das Gefühl, dadurch irgendwie verkorkst worden zu sein.

Ich war als Kind und Jugendlicher fast ständig im Dunstkreis irgendwelchen klerikalen Personals. Statistisch hätte ich das eigentlich nicht schadlos überstehen dürfen. Aber obwohl ich ein durchaus ansehnlicher Knabe war, habe ich alle Zeltlager, Fahrradausflüge und sonstigen Gemeinschaftsunternehmungen überlebt, ohne jemals von irgendjemandem befummelt, belästigt oder sonstwie in Verlegenheit gebracht worden zu sein. Ich habe da auch weder was verdrängt noch war ich so ahnungslos, dass ich irgendetwas in dieser Richtung gar nicht bemerkt hätte. Im Gegenteil, ich war durchaus auf dem Laufenden. In Pereiras schwurbeligen Werken hatte ich zwar gelesen, dass durch Onanieren nicht nur das ewige, sondern auch das irdische Leben schwer gefährdet sei, aber das bekümmerte mich wenig, und ich arbeitete mich im Beichtstuhl, nach kleinen Verstößen gegen das vierte Gebot (»Eltern und Vorgesetzte«) langsam an die Nummer sechs heran: »Schamhaftigkeit und Keuschheit«. Die Routinefrage des Beichtvaters »Allein oder mit anderen?« musste ich zu meinem Leidwesen lange mit »Allein« beantworten, aber es gab keine mildernden Umstände, also ratterte ich meine Buß-Vaterunser gehorsam herunter.

Die Ohrenbeichte ist eines der katholischen Rituale, über die der Rest der Welt den Kopf schüttelt. Skeptiker können zwar nicht begreifen, wie man sich in einen Schrank zwängen und einem unsichtbaren Fremden Intimes erzählen kann, legen sich aber mindestens genauso auskunftsfreudig auf die Couch des Therapeuten, um hinterher unter Zurücklassung eines größeren Geldbetrags unerlöst wieder nach Hause zu gehen. Ich habe die leise seufzenden Beichtväter im Halbdunkel immer als hilfreich empfunden. Ähnlich wie die Therapeuten servieren sie einem allerdings Fakten, die man eh schon kannte, und beklagen, was man selbst bereits beklagt hat. Aus dem »ego te absolvo« meiner Kindheit ist inzwischen ein »Ich spreche dich los von deinen Sünden« geworden, aber der Schlusssatz »Gehe hin und sündige nicht mehr« ist derselbe geblieben. Den Kreislauf aus Verfehlung, Reue und gutem Vorsatz gibt es in jedem Menschenleben. Man kann ihn als *circulus vitiosus* betrachten, als unerfreulichen Kreislauf also, oder als immer wiederkehrende Chance zum Neuanfang wie in dem Film *Und täglich grüßt das Murmeltier.* Je unbeschwerter der reuige Sünder sich diesem Lebensprinzip unterwirft, umso erfolgversprechender ist es.

Glaube ohne ein gewisses Maß an Naivität halte ich als Lebenskonzept für untauglich. Wann immer ich versucht habe, mich über Joseph Ratzinger, Karl Rahner, Thomas von Aquin oder meinetwegen auch Hegel dem Glauben intellektuell zu nähern, bin ich gescheitert – sowohl in meiner Auffassungsgabe als auch an meinem nicht vorhandenen Wunsch, mir ein unerklärbares Konzept erklären zu lassen. Am besten aufgehoben fand ich mich noch bei Søren Kierkegaard, der sich sowohl gegen das spekulative als auch das objektive Begreifenwollen von etwas ausspricht, das nicht begriffen werden will, sehr wohl aber gelebt werden kann.

Als ich noch Kind war, war mein Gottvertrauen unbegründet, heute folge ich Hans Küng in seiner Einschätzung, dass ein »in der Vernunft begründetes Gottvertrauen« wissenschaftlich und philosophisch durchaus zu rechtfertigen ist. Mein Verstand hat mit der Jungfrauengeburt Jesu dasselbe Problem wie der jedes anderen denkenden Menschen. Ich halte das theologische Konzept des Gottessohns, der von seinem Vater ans Kreuz geschickt wird, um für die Sünden der Menschheit zu büßen, für schwer nachvollziehbar, und die Hoffnung auf die ewige Seligkeit wackelt umso mehr, je näher ich ihr komme. Dennoch: In meiner Kindheit sind solch starke Pfeiler zementiert worden, dass die Zweifel, die sich mit den Jahren einstellten, sie nicht umwerfen konnten. Trotzdem kann ich die Wut derer gut verstehen, die gerade in den letzten Jahren, als die Eiterbeulen von Missbrauch und unsauberen Finanzgeschäften aufbrachen, der katholischen Kirche den Rücken gekehrt haben.

Meinen Glauben und meinen praktizierten Katholizismus habe ich immer als hilfreiches Moment in meinem Leben empfunden. Dabei habe ich ihn nie zur Schau getragen. Ich habe keine Erbauungsreferate am Katholikentag gehalten. Ich habe mich beim Papstbesuch in Deutschland nicht um einen Platz in der ersten Reihe bemüht, und ich gehe auch nicht jeden Sonntag in die Kirche. Ich habe in meiner Gottsuche auch die Zweifler zu Wort kommen lassen und war von den logischen Schlussfolgerungen des Evolutionsbiologen Richard Dawkins in seinem Buch *Der Gotteswahn* durchaus fasziniert. Aber seine Beweise für die Nichtexistenz Gottes sind nicht sehr viel stichhaltiger als die Versuche der Gegenseite, von Augustinus bis Descartes.

Mit diesen Themen hätte ich mich als Erwachsener nie beschäftigt, wenn bei mir nicht in der Kindheit die beschriebenen Fundamente gelegt worden wären, und ich befürchte, dass die Zeiten seitdem nie mehr so waren, dass die Chance dazu auch noch bei einer der nachfolgenden Generationen bestanden hätte. Eine Generation, die im Zweiten Weltkrieg den Glauben an alles Gute aufgeben musste, der man ihre Existenz unter dem Hintern weggeschossen hatte, wollte keinen Nihilismus. Sie wollte wieder an etwas glauben und hatte, anders als in der ideologischen Zange des Nationalsozialismus, wieder die Freiheit, es zu tun oder zu lassen. Meine Eltern entschieden sich für den Glauben und nahmen mich einfach mit hinein. Ich war als Kind von dem Heiligenbild mit dem aufgeklebten Stofffetzen aus der Soutane des heiligen Don Bosco im Gebetbuch meiner Mutter ähnlich fasziniert wie meine Söhne vom iPhone. Während mir die Namen der vier Evangelisten schon als Vierjährigem geläufig waren, fielen Roman und Tristan im entsprechenden Alter bestenfalls die der vier Ninja Turtles ein.

Was ich bedaure und wofür ich keinerlei Entschuldigung habe, ist die Tatsache, dass es mir nicht gelungen ist, das Weizenkorn, das bei mir aufgegangen ist und Früchte getragen hat, weiterzugeben und in die Seelen meiner Söhne einzupflanzen. Dabei mag das halbe Jahrhundert, das in der Zwischenzeit vergangen ist, eine wichtige Rolle gespielt haben. Unsere Kinder sind in eine andere Zeit hineingewachsen, die ihr Denken anders geprägt hat. Sie glauben an alles, was man sich aus dem Internet herunterladen kann, und vertrauen dem Airbag mehr als ihrem Schutzengel. Vielleicht liegen sie damit ja auch näher an der Realität als ich.

Wenn mir heute vergilbte Zeitschriften aus den Fünfzigern in die Hände fallen, bin ich fasziniert von der versunkenen Welt alter Männer und schicklicher Frauen, der ich entstamme. Priester waren damals angesehene, ja verehrte Respektspersonen in schwarzen Soutanen, denen wir mit einem gemurmelten »Gelobt sei Jesus Christus« auf der Straße begegneten. Giovannino Guareschis *Don Camillo und Peppone* oder G.K.

Chestertons *Pater Brown* waren literarische Figuren, die damals bei uns ähnlich populär waren wie bei meinen Söhnen heute Batman oder Spiderman. Die Ankunft des Bischofs zu meiner Firmung war der erste Auftritt eines Popstars, den ich erlebt habe, und selbst Lady Gaga hätte Probleme, ihn klamotten-technisch zu toppen. Da leuchtete der Brokat seines Rauch-mantels, da wehten Stola und Manipel. Mit Mitra passte er nicht durch die Sakristeitür – musste er auch nicht, sie wurde ihm ohnehin von einem Ministranten nachgetragen. Dazu läuteten die Glocken, und es jubilierte die Orgel.

Und sonst war nix. Kein Fernsehen, kein Youtube und schon gar kein Youporn. Ich musste mir das sündige Material unter Herzklopfen und nach mehrmaligen Anläufen im Kulmbacher Versehrtenkiosk besorgen. Dort gab es ein Heftchen namens *Eldorado*, in dem sich ein paar schlecht fotografierte Damen nackt in den Dünen herumtrieben. Die Mittelseite war in Farbe und zum Herausnehmen, aber die schöne Nackte hatte dann immer ein paar Falzlöcher im Bauch. Einmal erwischte meine Mutter das Schundblatt und schleifte mich an den Ohren zurück in den Laden, wo ich das Geld zurückbekam, nachdem ich unter ihrer Aufsicht das Heft wieder abgeliefert hatte. Ohne Mittelblatt selbstverständlich. Das ist dann unter »Du sollst nicht stehlen« beim siebten Gebot abgerechnet worden.

Ich habe mich in dieser von der Kirche geprägten Welt zwi-schen Messgewändern und Weihrauchfässern geborgen und wohlgefühlt. Das lateinische Gemurmel, die barocken Kirchen-fenster und die kitschigen Gipsheiligen waren zwar einfältig, aber mystisch wirksam und prägender, als es der aufgeklärte nachkonziliare Katholizismus mit seinen Aufräumungsarbei-ten für die nächste Generation sein konnte. Schon die neue Form der Handkommunion war mir suspekt. Hatte man vor-her Angst vor der Höllenfahrt, weil man zum »Tische des Herrn«

getreten war, obwohl man zwei Stunden vorher etwas gegessen oder eine Stunde vorher etwas getrunken hatte, spielte das auf einmal alles keine Rolle mehr. Wo früher eine goldene Patene, die wir Ministranten dem Kommunizierenden unter das Kinn hielten, ein Herunterfallen der Hostie verhindern sollte, durfte man diese plötzlich selbst in die Hand nehmen.

Ich gebe zu, dass ich mich auch an weitere Neuerungen wie weibliche Ministranten nur schlecht gewöhnen konnte. Zu tief hatte ich diese Rituale in meiner Psyche festgemacht, als dass ich mich ruckzuck davon hätte trennen können. Trotzdem empfinde ich mich nicht als rückwärtsgewandt. Der altkatholische Ritus der Ewiggestrigen hat mich genauso wenig angezogen wie die tümelnden Piusbrüder oder etwa das unsägliche Opus Dei, wo man Gott gefällig sein will, indem man sich den Rücken blutig schlägt. Welcher Gott sich über solche Ergebenheitsbeweise freuen soll, ist mir schleierhaft. Sicher nicht der, an den ich glaube. Der mich hoffentlich versteht und den ich nie verstehen werde. Ich habe auch keine Antwort auf die Frage, warum er all das Leid in der Welt zulässt. Ich weiß nicht, warum er meinen Vater so früh sterben und Samuel Koch in meiner Sendung schwer verunglücken ließ, deshalb kann ich die Frage danach nicht beantworten. Ich verabscheue kinderschändende Priester noch mehr als andere Triebtäter, die es auf Minderjährige abgesehen haben. Ich bin froh, dass Papst Franziskus endlich die Finanzgeschäfte des Vatikans durchleuchtet, und habe keinerlei Verständnis für kirchliche Intoleranz gegen verloren geglaubte Schafe, die nicht ins Bild eines rückwärts blickenden Katholizismus passen: Geschiedene und Schwule, Zweifelnde und Suchende.

Mein Glaube macht es mir aber leicht, mich von der Lehrmeinung der Kirche so weit zu entfernen, wie mir mein Gewissen die Leine lässt. Und ich habe mich nach den schlichten Regeln der Bergpredigt immer mit der Welt, in der ich lebe, arrangieren können. Dazu kommt, dass ich meinen Erfolg nicht harter Arbeit oder übertriebenem Fleiß verdanke. Ich betrachte ihn als Ergebnis eines Talents, das mir geschenkt wurde. Ich habe mit dem bisschen, das ich hatte, gewuchert und stehe heute mit dem Ergebnis nicht schlecht da. Zur Selbstbeweihräucherung habe ich deswegen keinen Grund. Mein Leben hat mir, ohne dass ich mir das verdient hätte, wenig Grund zu Zweifeln oder gar Verzweiflung beschert. Ich bin in einem Alter, wo mehr Anlass zu Dankgebeten besteht als zu unsinnigen Bitten für weiteres Wohlergehen. Ich glaube nicht, dass sich ein gütiger Gott um meine Quote kümmert oder die Pünktlichkeit meines transatlantischen Fluges. Ich ahne, dass mich am Ende meines Lebens kein alter Mann mit weißem Bart begrüßen wird.

Überhaupt: Das, was ich weiß, beunruhigt mich nicht mehr. Was ich nicht weiß, schon eher. So viele schlaue Menschen, alle klüger als ich, haben viele Stunden ihres Lebens damit verbracht, nach Gott zu suchen, haben vermutet, hochgerechnet und gehofft, aber im Grunde nichts gefunden. Manche von ihnen wissen bereits, ob sie richtig lagen, andere leben noch. Ich habe mir einige ihrer Argumente zu eigen gemacht und andere als hirnrissig abgetan. Man kann den katholischen Glauben mit ebenso schlichten Argumenten zu Science-Fiction erklären wie zu einer überzeugenden Lehre, der es sich zu folgen lohnt. Ich klage nicht über die Ungerechtigkeit der Kirchensteuer, solange ich mehr Geld für größeren Blödsinn ausgebe, und die Enzykliken aus Rom bringen mich ebenso wenig um den Schlaf wie die Fastenpredigten der Jesuiten in der Münchner Michaelskirche, die ich mir gleichwohl gern und in Demut anhöre.

Ich sehe meinen Platz in allen Winkeln seines Reiches, die mir Jesus in seiner Güte angeboten hat. Mal bei den verirrten Schafen (Matthäus 18), mal bei den Armen im Geiste (Bergpredigt), gern auch bei den Zöllnern (Lukas 18) und immer bei den Sündern. Ich will da auch gar nicht weg, denn dort ist meine Chance auf Gnade am größten. Und die werde ich in jedem Fall brauchen.

HOFFNUNG

Meine Mutter hat immer gehofft, der »Ernst der Lebens« würde mich schon irgendwann am Kragen packen. Manchmal habe ich ihn im Nacken gespürt, aber eingeholt hat er mich selten. Menschen wie ich nennen sich selbst gern »Glückspilze«, werden aber von denen, die sich aus einer Lebenskrise in die nächste retten, oft für oberflächliche Realtitätsverleugner gehalten, die mit Scheuklappen durchs Leben schreiten.

Aber ist es nicht das Recht jedes Menschen, sich seine Existenz so erfreulich wie möglich zu gestalten? Ohne die Fähigkeit zu portioniertem Selbstbetrug kann das kaum gelingen, und wer sich nur als Opfer fremder Kräfte sieht, wird hilflos in der Nussschale des Lebens dahintreiben. Ich habe immer versucht, wenigstens ein bisschen zu rudern. Nun habe ich gut reden, werden Sie sagen, denn von Schicksalsschlägen bin ich weitgehend verschont geblieben, vor der Wirklichkeit einer regulären Berufskarriere habe ich mich gedrückt, und jedes Mal, wenn mir das Leben eine Ohrfeige verpasst hat, unter der ich mich nicht rechtzeitig wegducken konnte, habe ich mich kurz geschüttelt und bin dann, nicht immer ganz der Wahrheit entsprechend, zu dem Schluss gekommen: Hat ja gar nicht wehgetan. Man mag dies als die klassische Form von Selbstbetrug bezeichnen, aber ich komme damit gut über die Runden.

Nachdenkliche Menschen machen es anders. Die setzen sich mit der »Wirklichkeit« auseinander, scheuern sich an ihr wund und streuen sich zur Krönung noch Salz in die selbst zugefügten Wunden. Nach dem Abendessen im kleinen Kreis eine ausgiebige Bestandsaufnahme des deprimierenden Zustands der Welt im Allgemeinen und der eigenen Düsternis im Besonderen, anschließend ein Film von Lars von Trier, und vorm Einschlafen noch eine halbe Stunde Nietzsche. Das macht es halt schwierig, frohgemut dem neuen Tag entgegenzuschlummern. Der ja wird eh wieder scheiße.

Diese Einstellung gab es für mich nie, dabei habe ich zu dem düsteren Denker eine ganz besondere Beziehung. Dass ich die amerikanische Schulklasse meines Sohnes nach Weimar eingeladen hatte, um den kalifornischen Surfern die Wiege deutschen Geistesschaffens nahezubringen, hatte für mich gruselige Folgen. Ein Nietzsche-Fellow war von diesem Kulturbeitrag dermaßen angetan, dass er mir nach einer Führung durch das Haus des Philosophen das exklusive Angebot machte, in Nietzsches Sterbezimmer allein zu übernachten. Ich entwickelte die eigenartige Panik, in dem gedankenschweren Gemäuer entweder nie mehr oder als Genie aufzuwachen. Die philosophische Geisterbahnfahrt wollte ich mir aber auch nicht entgehen lassen. Also bat ich Tristans Freund Enzo, sich die Nachtwache mit mir zu teilen. Falls der in seiner Todesstunde bereits verwirrte Geist des großen Zweiflers mich in dieser Nacht heimgesucht haben sollte, hat er keinen größeren Schaden bei mir angerichtet.

Enzo beginnt seine häufigen Flirtgespräche seitdem mit der Frage: »Ey, sagt dir Friedrich Nietzsche was?«

Immer war die Erwartung des Positiven in mir größer als die Angst vor Enttäuschung. Ich habe meine Hoffnungen geschmeidig der Realität angepasst, immer zu meinen Gunsten getrickst und nie auf Dinge gehofft, von denen ich wusste, dass sie sowieso nicht eintreten würden. Auf manche Bereiche habe ich von vorneherein keine besonderen Hoffnungen gesetzt.

Politik zum Beispiel. Heute scheint sie sich dem Verständnis vieler Bürger entzogen zu haben. Während ich dies schreibe, irren Tausende protestierend durch Dresden und andere deutsche Städte, halten sich für »das Volk« und fühlen sich gleichzeitig von dunklen Kräften heimgesucht und von ihren Politikern verlassen. Die Gegenseite sieht in diesen verlorenen Schafen entweder rechte Dummköpfe, die nicht verstanden haben, wie Demokratie funktioniert, oder ausländerfeindliche Querulanten, die im Weltbild von gestern hängengeblieben sind. Und alle nehmen für sich in Anspruch *politically correct* zu handeln. Ich bin in der Illusion groß geworden, dass die beiden Begriffe deckungsgleich sind: Politiker waren in meinen Augen korrekt, sonst hätte sie ja keiner gewählt, und ihre Politik war es demzufolge auch. Außerdem erweckten sie den Eindruck, dass die wussten, was sie taten. Die Welt war in Ost und West geteilt, auf der anderen Seite saßen die Bösen, wir gehörten jetzt wieder zu den Guten. Von Konrad Adenauer über Willy Brandt bis Helmut Schmidt standen Männer in der ersten Reihe, die zu wissen schienen, was der Nation guttat, denn es ging ihr gut. Politiker zu werden war niemals eine Option für mich, aber ich war überheblich genug, es mir zuzutrauen. Die sehr abwegige Überlegung, mich Ende der Siebzigerjahre in den Kulmbacher Stadtrat wählen zu lassen, war allerdings ein Versuchsballon, der sehr schnell platzte. Ich bekam einen Listenplatz bei den »Freien Wählern« und sprach sogar auf ein paar Wahlveranstaltungen. Von einer politischen Vision war ich dabei nicht getragen und kriegte schnell dermaßen kalte Füße, dass ich mich noch vor der Wahl aus dem Staub machte. Seitdem habe ich viele politische Reden gehört, die den meinen nicht unähnlich waren.

In meinem Entertainer-Leben habe ich immer wieder die Nähe zu Politikern unterschiedlicher Parteien gesucht, weil sie mich mit ihrer Persönlichkeit fasziniert haben. Öffentlich eine klare Position zu beziehen war niemals meine Stärke, und mich für eine Überzeugung von der Menge auspfeifen zu lassen wäre mir nicht in den Sinn gekommen. Gerhard Schröder und Klaus Wowereit habe ich als charismatische Figuren wahrgenommen, die mir schon deswegen ausgesprochen sympathisch waren, weil sie auch bei starkem Gegenwind nicht sofort umknickten.

Im persönlichen Umgang entdeckte ich des Öfteren menschliche Qualitäten, die ich dem Politiker abgesprochen hätte. Guido Westerwelle sah ich zum Beispiel eher kritisch, aber lernte ihn zu seiner Zeit als Vizekanzler und Außenminister privat näher kennen. Dabei entdeckte ich an ihm einen Ernst und eine so tiefe Überzeugung für seinen liberalen Standpunkt, dass sich das unfreundliche Bild, das die Medien weitgehend von ihm gezeichnet hatten, für mich ins positive Gegenteil verkehrte.

Es gab in meiner Zeit einen sehr deutlichen Wechsel im Erscheinungsbild von Politikern. Meine Jugend war geprägt von ernsten, staubtrockenen Senioren wie Konrad Adenauer und Gustav Heinemann oder polternden Streithanseln wie Herbert Wehner und Franz Josef Strauß. Immerhin waren sie unverwechselbar. Heute ist das alles ein Einheitsbrei. Ich verwechsle Minister und vermisse brillante Redner und hitzige Debatten, wie ich sie aus dem Bundestag früherer Jahre kannte. Zwei Überlebende aus dieser Politikergeneration möchte ich herausheben. Beide haben mich politisch und menschlich überzeugt. Mit einem verbindet mich nur ein kurzes Erlebnis. Es war in der turbulenten Zeit der Wiedervereinigung, als man im Freudentaumel auch bunte Vögel wie mich auf Politiker losließ. Die journalistische Befähigung spielte in dieser Phase eine weniger wichtige Rolle als sonst. Ich war für das ZDF in Berlin unterwegs und wurde von den Politikern, die ich vor die Kamera zerren wollte, kaum ernst genommen. Mit Ausnahme eines jungen Ministers kehrten mir die Granden der politischen Szene meist schnell den Rücken. Diese Ausnahme stürmte, den Leibwächtern mehrere Schritte voraus, in einer Berliner Hotellobby auf mich zu und bremste tatsächlich vor dem Mikrofon, das ich ihm hoffnungsvoll entgegenstreckte: Innenminister Wolfgang Schäuble. Zu dieser Zeit ein junger, dynamischer Politiker, der nichts mit den älteren Herren zu tun hatte, die mir als bräsige Mandatsträger bis dahin begegnet waren. Umso entsetzter war ich, als mich ein paar Monate später die Nachricht von dem Attentat auf ihn erreichte. Ich bin ihm seither ein paarmal begegnet, ihm ist in seiner politischen und persönlichen Karriere keine Niederlage erspart geblieben, aber er hat sich immer wieder durchgekämpft und ist meiner Meinung nach zu Recht einer der beliebtesten Politiker dieser Republik. Er ist ein Mann, zu dem ich Vertrauen habe.

Das gilt auch für das liberale Urgestein Hans-Dietrich Genscher. Mit ihm hatte ich über ein paar Jahre sehr engen Kontakt, wir besuchten uns auch privat und hatten gemeinsam viele lustige Abende. Er bot mir bald das vertrauliche Du an, aber wenn ich ihn in einer meiner Sendungen zu Gast hatte, erschien es mir in seinem Falle doch unangebracht, diese deutsche Politlegende kumpelhaft als »Hans-Dietrich« anzusprechen. Ein paarmal erlöste er mich aus dieser Zwickmühle, indem er selbst die Initiative ergriff. Der blitzgescheite Ex-Außenminister ist nicht nur ein blendender Redner, sondern auch ein glänzender Unterhalter. Ich habe mir immer wieder geschworen, mir wenigstens die besten seiner Witze zu merken. Er hat Dutzende davon auf Lager, und mir fällt schon wieder kein einziger ein. Obwohl er sein politisches Geschäft sehr ernst nahm, war er fast immer, wenn ich ihn traf, in blendender Stimmung.

Das habe nicht mal ich als Entertainer in dieser bewundernswerten Beständigkeit geschafft. Nur weil man beruflich dauernd durch Beifall und Scheinwerferlicht schreitet, nimmt das Leben ja nicht automatisch Rücksicht auf den Erhalt der guten Stimmung. Ich habe mich immer damit verteidigt, dass positive Aufgeräumtheit mein einziges Betriebskapital ist, und es daher geradezu als meine Pflicht erachtet, diese Wesensart gegen Unfälle und Naturkatastrophen zu versichern.

Zeitlebens habe ich ausschließlich davon existiert, anderen Menschen die schlechte Laune zu vertreiben, und zwar ungeachtet meiner eigenen. Wäre das immer nur mit großem Kraftaufwand möglich gewesen, hätte ich nicht so lange durchgehalten. Hätte ich mich jedes Mal in Stimmung saufen müssen, wäre ich heute ein schwerer Trinker. Und hätte ich mir die Fröhlichkeit von anderen Menschen transplantieren müssen, dann wäre ich eine dieser Aufsagemaschinen geworden, die von ihren Telepromptern die Gags vorlesen, die andere da reingehackt haben. Das wollte ich nie, das brauchte ich nie. Mein Hirn hat immer zügig geliefert, manchmal habe ich die Ergebnisse zu schnell veröffentlicht, aber insgesamt war die Trefferquote ausreichend. Da spüre ich auch keine Ermüdungserscheinungen.

Körperlich fit zu bleiben verlangt einen gewissen Einsatz und vor allem eine Disziplin, mit der ich nicht überreich gesegnet bin. Natürlich weiß ich, dass die Hoffnung allein nicht selig macht, und überwinde den inneren Schweinehund der Bequemlichkeit jeden Tag aufs Neue. Ich finde es gar nicht so schlecht, dass mich mein Beruf zu einer gewissen Eitelkeit zwingt. Schließlich muss ich in die andersartigen Anzüge, die mir immer noch gefallen, auch immer noch reinpassen. Und ich möchte einer jungen Kritikergeneration nicht auch noch einen Bierbauch frei Haus liefern – den endgültigen Beweis dafür, dass es ein Mann hinter sich hat.

Von Tinnitus und Burnout bin ich zwar bisher verschont geblieben, aber mein Blutdruck ist zu hoch. Deswegen lebe ich nur fünfzig Wochen des Jahres wie ein normaler Mensch und ziehe mich in den beiden übrigen in die radonbestrahlte Einsamkeit des Gasteinertals in Österreich zurück. Dort absolviere ich beharrlich die Mayr-Entschlackungskur, seitdem sie mir Helmut Kohl in seiner ganzen Körperfülle persönlich ans Herz gelegt hat – und das ist über fünfundzwanzig Jahre her. Einige Male kurten wir sogar zeitgleich, und ich mampfte meine Fastensemmeln gemeinsam mit ihm in der Zirbelstube im Kurhotel St. Georg. Während ich vor Hunger das Grünzeug aus dem Hergottswinkel hätte fressen können, saß er wie ein Buddha in der anderen Ecke und lebte von der Substanz.

Man hat immer wieder versucht, mir dieses »Semmelgekaue« auszureden. Das trockene und im Idealfall Dutzende Male wiedergekäute Brötchen ist laut F. X. Mayr nichts anderes als ein Reinigungsinstrument, das den wohlstandsverklebten Darm entgiftet, dessen Innenwände durch das tägliche Fluten mit Bitterwasser gleichzeitig blankgeputzt werden. Zwei Dinge sind zum Durchhalten dieser jährlichen Prüfung für mich entscheidend: Erstens die Tatsache, dass sie in Österreich stattfindet. Der Katechismus der Mayr-Kur kennt Worte wie »einspeicheln«, »Kotbauch« und »Speisebrei«, die nur erträglich sind, wenn sie im österreichischen Idiom ausgesprochen werden. Der noch wichtigere, zweite Faktor ist der ärztliche Betreuer, in dem ich meinen persönlichen Rasputin gefunden habe. Dr. Bodo Werner, der Mayr-Arzt, der mich in Hofgastein von Anfang an betreut hat, befürchtet zwar ständig den unmittelbar bevorstehenden Zusammenbruch des internationalen Finanzsystems, ist aber davon überzeugt, dass ich diesen um Jahre überleben werde, wenn ich seinen Anweisungen folge. Meine Arterien seien erheblich jünger als ich selbst und die Fließfähigkeit meines Blutes besser als die seines eigenen.

Immer wenn ich in den Tunnel hineinfahre, der das Gasteinertal vom Rest der Welt trennt, denk ich an den Eingang zu Dantes Hölle. Verlasse ich das Tal vierzehn Tage später in der Gegenrichtung, bin ich in bester körperlicher Verfassung und vier Kilo leichter. Das führt zu der interessanten Berechnung, dass ich mittlerweile mehr Kilos in Österreich zurückgelassen habe, als ich aktuell an Lebendgewicht mit mir herumtrage. Ich bin also symbolisch dort bereits einmal beerdigt und plane eine Anfrage an die dortige Finanzbehörde, ob ich aufgrund dieser Tatsache die österreichische Erbschaftssteuerregelung in Anspruch nehmen kann, die wesentlich günstiger ist als die deutsche und günstiger als die amerikanische sowieso.

So weit ist es aber noch nicht, obwohl ich seit einiger Zeit in Kalifornien günstige Angebote verschiedener Krematorien erhalte. Geheimnisvolle Algorithmen haben mich offensichtlich bei »Klingeltöne« aus- und bei »Bestattungsinstitute« einsortiert. Ich arbeite mit allen mir zur Verfügung stehenden Kräften gegen diesen Trend. Deswegen habe ich mich vor einigen Jahren entschieden, Joe zu engagieren. Joe ist »Personal Trainer«, und mit ihm beginne ich in schöner Regelmäßigkeit meine kalifornischen Tage. Er begrüßt mich entweder mit einem herzhaften »Morning, chief!« oder »How is my boy?«, und dann lässt er mich schwitzen. Ich schwitze tatsächlich, und das ist neu. Entweder habe ich früher nicht geschwitzt, oder ich habe sofort aufgehört, wenn ich anfing zu schwitzen, was mir logischer erscheint.

Die Schweißflecken, die sich da langsam auf meinem T-Shirt ausbreiten, bis es klatschnass an mir klebt, üben eine gewisse Faszination auf mich aus. Ich tue was, und man sieht es. Ich schwitze, also lebe ich noch. Mein Bizeps ist härter, mein Trizeps sichtbar geworden. Das sind gefühlte Etappensiege gegen das Alter, das versucht, mich einzuholen. Ich weiß, wer auf Dauer das Rennen machen wird, aber ich werde vorauslaufen, so lange es geht.

LIEBE

Johannes Mario Simmel ist es aufgefallen, dass »Liebe« nur ein Wort ist. Allerdings eines, vor dem ich größten Respekt habe. Auch mein Leben in den USA hat daran nichts geändert. Dort ist *love* nichts als ein wohlfeiles Versatzstück beliebiger Konversationen. Männer können nicht mit ihren Frauen und Mütter nicht mit ihren Söhnen telefonieren, ohne sie dabei mehrfach ihrer Liebe zu versichern. Ein »love you« am Ende des Gesprächs ist selbst bei wackligen Beziehungen Pflicht, bedeutet aber nichts. McDonald's bemüht mit dem Slogan »I'm lovin' it« das große Gefühl der Liebe sogar für seine Hackfleischklopse.

Ich habe das Wort in meinem Leben nur einer Handvoll Menschen ins Gesicht gesagt. Und umgekehrt hab ich es auch nicht so oft gehört. Wenn es in Fanbriefen stand, war es meistens die unschuldige Version der kindlichen Begeisterung. Richtig verknallt in mich haben sich nur ein paar verirrte Zuschauerinnen und, wenn ich mich recht entsinne, auch ein einzelner Herr.

Die Vorstellung, dass ein Fernsehschaffender dauernd pikante Liebesbotschaften von schönen Frauen bekommt, ist ohnehin falsch. Als ich selber noch daran glaubte, habe ich mich mal schön blamiert. Ich lebte noch allein in meinem Apartment am Olympiagelände und entdeckte in einem Kuvert mit blassblauer Frauenhandschrift eine Handvoll Kräuselhaare, die ich meinem Bruder, als er mich aus seiner Klosterschule besuchte, als Beweis meiner wachsenden Begehrtheit präsentierte. »Du blöder Hund«, war seine Reaktion, »ich habe mir hier beim letzen Mal den Bart abrasiert und wollte dir nicht den Ausguss verstopfen, deshalb habe ich die Stoppeln in dem Fan-Umschlag entsorgt!« Dermaßen auf den Boden der Tatsachen zurückgeholt, bin ich seitdem nicht mehr davon ausgegangen, dass mir liebestolle weibliche Fans eindeutige Botschaften senden oder mir in Hotellobbys auflauern würden. Ich sollte recht behalten.

Trotzdem wurde ich meine ganze Karriere lang von Menschen begleitet, die mich geliebt haben müssen und die ich nicht immer in einer Weise zurückgeliebt habe, die sie verdient hätten. Einige davon marschieren immer noch in meinem Tross, andere habe ich auf dem Weg verloren. Antonio Geissler wurde so etwas wie mein Blutsbruder, nachdem er mir in meinen ersten Discojobs die Platten nachgeschleppt hatte. Er war gelernter Gas- und Wasserinstallateur, kam aus der Gegend von Aschaffenburg und sah besser aus als Costa Cordalis in der Blüte seiner Tage. Ich überredete ihn, aus seiner unterfränkischen Heimat nach München überzusiedeln, und machte ihn im BR zu meinem »Assistenten«. Ein stiller, intelligenter Zeitgenosse, der mich begleitete, als ich auf Werbetour für eine Zickzack-Nähmaschine ging, und sich mit mir das Steuer teilte, als ich einen klapprigen Suzuki-Jeep mit Höchstgeschwindigkeit 120 von München nach London überführte. Er hörte sich meine Sorgen an und erzählte mir seine.

Wir sind zu Auftritten mit dem Auto durch die Nacht gefahren, tauchten überall zusammen auf, er sah aus wie ein Rockstar, für einen Leibwächter war er zu schmächtig, und man hielt ihn für meinen Manager. Vielleicht war er das auch, obwohl ich immer behauptet habe, ohne Manager klarzukommen. Auf jeden Fall war er als Partner und Berater 25 Jahre lang ordnend im Hintergrund meines Lebens aktiv.

Antonio war auch in einem Moment an meiner Seite, an dem meine Karriere an einem seidenen Faden hing: Die Nachtfahrt zu *Wetten, dass..?*, als ich die Sendung wieder von Wolfgang Lippert übernahm. Das hätte schiefgehen können, und mir ging der Arsch auf Grundeis. Antonio hat mir damals auf der Autobahn die Angst weggequasselt, weil er von mir überzeugt war und zu wissen glaubte, dass es gut gehen würde. Es ging gut. Und heute weiß ich, dass es ihm gut geht. Er ist TV-Produzent, besitzt ein Haus in der Nähe des Starnberger Sees, und wenn das Klo überläuft, ist er froh, dass er, im Gegensatz zu vielen anderen seiner produzierenden Konkurrenten, etwas Anständiges gelernt hat.

Dass ich heute arbeiten darf, aber nicht muss, verdanke ich dem Mann, der angefangen hat, auf mein Geld aufzupassen, als ich angefangen habe, mehr als überlebensnotwendig zu verdienen. Ich habe immer lieber zwei Stunden länger auf einer Bühne gestanden, als mir zehn Minuten Steuerbescheide oder irgendwelche Abrechnungen anzuschauen. Diese Liederlichkeit teile ich mit anderen Menschen aus dem Showgeschäft, von denen allerdings viele einen hohen Preis dafür gezahlt haben. Die hatten alle nicht Dr. Peter Schmalisch als Steuer- und Rechtsberater. Im Gegensatz zu anderen Promis musste ich nie im Morgengrauen die Steuerfahndung in mein Haus lassen und habe, auch wenn ich das mal anders in der Zeitung lesen konnte, keine »Millionen im Osten« vergraben. Deswegen drückte ich auch ein Auge zu, als Dr. Schmalisch zum Honorarkonsul von Uruguay berufen wurde. Vielleicht muss ich ja doch noch irgendwann irgendwo um Asyl nachsuchen.

Der Münchner Jurist ist seit Jahrzehnten ein guter Freund von mir und sieht mir mittlerweile nach, dass ich entgegen seinem Rat immer nur in Immobilien investieren wollte, die mit Efeu bewachsen waren und in die ich selber einziehen konnte. Er muss es auch irgendwie hinbekommen haben, dass ich nicht meine gesamten Finanzen verwohnt habe, sondern dass ein bisschen was davon auf der hohen Kante liegt.

Der dritte Mann im Bunde derer, die für mich durchs Feuer gegangen sind und es immer noch tun würden, ist ein TV-Urgestein, das nach seiner Pensionierung erst mal das Ende der Welt für sich gekommen sah. In den wichtigsten Jahren meiner Karriere war Manni Teubner ZDF-Unterhaltungschef und damit auch für *Wetten, dass..?* verantwortlich. Er vertraute meiner Spontankunst, und es reichte ihm, wenn ich am Donnerstagabend in der Stadt auftauchte, in der jeweils die Sendung stattfand.

In den letzten Jahren hatte ich es sogar zu einem festen Fahrer gebracht, der mich vor der Sendung am Flughafen abholte. »Olli« begrüßte mich in seinem Mainzer Dialekt, egal, wo wir waren, mit demselben Satz: »Isch hass die Stodt.« Das lag entweder an zu vielen Einbahnstraßen oder daran, dass er keinen passenden Italiener gefunden hatte. Dort trafen sich Manni, der verantwortliche Redakteur und ich vor jeder Show zum sogenannten »Lammsattel«, obwohl es den selten gab. In manchen Restaurants hingen da schon die Fotos von unserem letzten Herrenabend, und da hängen sie hoffentlich noch heute. Von Erfurt weiß ich's, da war ich kürzlich noch mal zur Kontrolle, und in Luzern habe ich in der Hotelbar einen Tisch unterschrieben, an dem saß ich gerade wieder.

Zurück zu Manni. Der fuhr erst als langhaariger ZDF-Reporter mit dem Interrailticket durch Deutschland und war dann verantwortlich für den Talk *Aus der Alten Oper*. Als er mich übernahm, hatte er schon keine Haare mehr auf dem Kopf, und niemand hat uns je verwechselt. Wäre Teubner einer der üblichen öffentlich-rechtlichen TV-Schaffenden, hätte er während der Generalproben zu *Wetten, dass..?* wechselweise sich oder mich erschossen. Anstatt die Lebensläufe meiner Gäste schon im Kopf zu haben, imitierte ich sie und machte mich über manche von ihnen lustig. Man glaubte immer, mich warnen zu müssen, wenn der seltene Fall eintrat, dass die Original-VIPs schon am Freitagabend in der Halle waren. Manche von ihnen wären am Samstag nicht mehr erschienen, hätten sie die Probe miterlebt. Als ich befürchtete, dass Teubner mit der Leitung der Abteilung und der gleichzeitigen Vorbereitung von *Wetten, dass..?* arbeitstechnisch überfordert war, und nach jemandem rief, der sich »von früh bis spät und von Montag bis Freitag« nur um »Wetten und Gäste« kümmern müsse, war er schwer beleidigt. Unsere Freundschaft hat das überdauert, und gemeinsame Besuche beim Italiener werden immer noch als »Lammsattel mit Manni« in meinem Kalender notiert.

Man weiß schon gar nicht mehr, ob »Freund aus alten Zeiten« oder »Mann der ersten Stunde« politisch noch korrekt ist, aber egal: Fritz Egner ist beides. Seine Radiobegeisterung führte dazu, dass er beim US-amerikanischen Militärsender AFN in München als Techniker angeheuert hatte; und auf dieser Welle hörte ich erstmals von ihm. Er war dort »Fritz the tap dancing engineer«. Wir trafen uns kurz danach und bemerkten unseren identischen Frauengeschmack schnell an der Tatsache, dass er meine Freundin anbaggerte, ohne zu wissen, dass ich schneller gewesen war. Musikalisch trennen uns Welten; er betet James Brown an und liebt jede Form von schwarzer Musik, obwohl er weder tanzen noch steppen kann.

Egner fing im Bayerischen Rundfunk an, als ich dort was zu sagen hatte, das Format *Fritz & Hits* am Sonntagvormittag hat ihm nie jemand streitig gemacht. Wir beide haben lange Seite an Seite gekämpft und tun das manchmal sogar heute noch. Für manche Hörer ist das dann so, als würden Simon and Garfunkel noch mal gemeinsam zur Gitarre greifen. Für Fritz, der es mit der Kindersendung *Dingsda* und mit *Vorsicht Kamera* auch zu einigem Fernsehruhm gebracht hat, bin ich bis heute immer als Freund und immer wieder mal als Hauspsychologe tätig. Er neigt extrem zur Schwarzseherei. Das hat er von seiner Vorliebe für Soulmusik. Dafür kann ich mich darauf verlassen, dass Fritz sich ans Beichtgeheimnis hält. Wenn nicht, habe ich das eine oder andere Problem.

Es ist vielleicht nicht ganz gerecht, dass es nur die bunteren Vögel in die Liste meiner Lieblinge schaffen, aber der entscheidende Punkt ist, dass sie alle die Langstrecke mit mir gelaufen sind. Den Ingwer-Papst Alfons Schuhbeck zum Beispiel habe ich schon in den Achtzigern kennengelernt, als er in Waging am See im Parterre seines Restaurants Touristen mit Schnitzeln abfüllte, um sich sein Feinschmeckerstübchen im ersten Stock leisten zu können. Kochen als Showkonzept war noch gar nicht erfunden, da ließ ich ihn in der *B3-Radioshow* schon mit ausgefallenen Rezepten auf meine Hörerinnen los. Ich werde nie vergessen, wie er sich für diesen Karrierestart revanchiert hat. An einem Heiligen Abend gegen Ende des vergangenen Jahrtausends war meine Frau gerade dabei, in unserem Haus am Ammersee den Christbaum anzuzünden, da stand Alfons im Schneetreiben vor der Tür und schwenkte eine Feinschmeckerplatte mit Hummer und Pastetchen.

Wir sind jetzt fast dreißig Jahre befreundet, und er gehörte wie Manfred Teubner zur »Marinekameradschaft Lohengrin«, mit der ich in meinem gleichnamigen Motorkahn ein paar Jahre lang deutsche Wasserstraßen abfuhr. Ein Regierungssprecher war auch dabei, und der Höhepunkt unserer Seemannskarriere war eine Vorbeifahrt am Berliner Kanzleramt auf der Spree. Der Ministerialbeamte hatte seine Chefin informiert, und die gesamte Besatzung stand in Paradeuniform, einem blauen T-Shirt, salutierend an Deck. Man sagt, die Kanzlerin habe milde lächelnd durch den Vorhang geblickt.

Nun haben Männerfreundschaften ja oft nur die Alibifunktion, sich zu Hause dünnemachen zu können. Ich kann aber auch mit einem gewissen Stolz darauf verweisen, dass es zumindest drei Frauen sehr lange in meiner unmittelbaren Nähe ausgehalten haben; sie mögen mich nicht immer geliebt haben, aber sie sind mir bis heute treu geblieben. Auch das spricht gegen die Machoattitüde, die kritische Zuschauerinnen immer wieder bei mir zu entdecken glaubten. Das Gegenteil ist wahr. Bei meinen drei Mitarbeiterinnen hatte ich nie viel zu melden, obwohl mir eine davon fast noch auf Kindesbeinen zugelaufen war. Gaby Helgemeir war in der Hausverwaltung des Bayerischen Rundfunks nicht glücklich geworden und hatte sich bei der »Leichten Musik« beworben. Dort landete sie in der *Radioshow*, am Schreibtisch von Günther Jauch. Bayerischer als Gaby konnte man kaum sein, auch wenn sie ihr Dirndl schnell gegen schwarze Lederklamotten eintauschte. Bei uns gingen ja keine Volksmusiker ein und aus, sondern Rock 'n' Roller. Noch viele Jahre später hat sie mir vorgehalten, dass ich diese Entwicklung in meiner Widmung auf einer Autogrammkarte etwas unsensibel kommentiert hatte: »Vom Bauernschrank zum Edelpunk!« Zumindest der Reim war in Ordnung.

Als ich dem Bayerischen Rundfunk den Rücken kehrte, folgte mir Gaby unter Verzicht auf die sichere Beamtenrente. Dreißig Jahre später habe ich ihr kürzlich den Versorgungsanspruch auf Lebzeiten garantiert. Ihre Zuneigung musste ich mir allerdings immer mit zwei Katzen und drei bis vier Hasen teilen. Wenn eines ihrer Tiere das Zeitliche segnete, wurde der Bürobetrieb vorübergehend eingestellt.

Noch tierfreundlicher ist nur meine Maskenbildnerin Uschi Weber, die ich noch unter ihrem Mädchennamen »Ries« in meiner Telefonliste habe, obwohl ihre Kinder inzwischen fast erwachsen sind. Sie weigert sich, Fleisch zu essen, meidet Alkohol und saß zu meiner Verzweiflung immer wieder tief in der Nacht mit einer Rhabarberschorle oder vor einem Karotten-Ingwer-Süppchen neben mir in Hotelbars, in denen ich mir mit Caipirinhas verkorkste Sendungen schönsoff. Uschi wäre völlig ohne Fehl und Tadel, wenn sie nicht auch die Kelly-Family geschminkt hätte. Aber anders als in meinem Fall gab es ja dort nichts zu kämmen, also hielt sich meine Eifersucht in Grenzen.

Meine Frisur gab natürlich auch immer wieder Anlass zu Spott und Hohn. Ich war ja meistens dabei, als sie entstand, und kann bezeugen, dass aus meinen Haaren nichts anderes zu machen ist. Was Uschi nach hinten kämmt, fehlt mir vorne, und jeder Versuch, mit einer sportlichen Kurzhaarfrisur das Problem endgültig zu lösen, scheiterte am Widerspruch von allen, die entsprechenden Tests beigewohnt haben.

Zu denen gehört auch Hanni Schülke, die wie Gaby Helgemeir aus Fürstenfeldbruck stammt und ebenfalls schon seit zwei Jahrzehnten in meinem Wanderzirkus mitreist. Sie hat mir Hunderte von Hosenbeinen eingenäht und mich weit über tausendmal mit der Fusselbürste gestriegelt. In ihrer bayerischen Muttersprache ist sie »fürs Gwand« zuständig, aber wenn wir Werbung machen, erscheint sie zum »Fitting«, und an ihrer Tür klebt das Schild »Kostüm«. Während Uschi damit fertigwerden muss, dass es auf dem Kopf weniger wird, muss Hanni damit umgehen, dass es im Hüftbereich Zuwächse gibt. Wie in einer langen Ehe ist auch in solchen Beziehungen irgendwann der Moment der Wahrheit gekommen. Was früher noch »a poar Zantimeter« oder »a bissl föster« war, gerät heute schnell zum »Baicherl«. Welche Taktlosigkeiten ich mir gegenüber meinen weiblichen Gästen auch immer erlaubt haben mag, in diesem Matriarchat aus Gaby, Hanni und Uschi habe ich für viele davon gebüßt.

Auch wenn ich Ihnen hier meine Mitarbeiter unter dem hochtrabenden Begriff »Liebe« vorgestellt habe, verdienen sie diese Einordnung. Ihnen verdanke ich meinen Erfolg in einem Maße, das ihnen nicht bewusst sein mag. Ich habe immer wieder feststellen müssen, dass ich nur in einer aufgeräumten Stimmung in der Lage bin, mein Publikum von mir zu überzeugen. Nicht immer rechtfertigt die aktuelle Situation eine solche Stimmung. Die Menschen in meiner Umgebung mussten sich oft finstere Monologe von mir anhören und waren manchmal bis kurz vor der Show damit beschäftigt, mir meine Endzeitvisionen auszureden. Das waren psychologische Noteinsätze beim Haareföhnen und Knopfannähen. Wieder fit für den Einsatz, habe ich dann den Applaus und auch die Kohle dafür ganz allein abgeräumt, und ich bin froh, dass ich meinen Wegbegleiterinnen an dieser Stelle dafür einmal öffentlich danken kann.

An eine andere, etwas schrägere Freundschaft hat sich das Publikum nicht nur gewöhnt, RTL hat sie mit der Show *Die 2 – Gottschalk & Jauch gegen ALLE* sogar zum TV-Format erhoben. Günther Jauch ist einer der ganz wenigen öffentlichen Menschen, den ich als Freund bezeichnen würde. Er selber würde den Kopf wiegen und sich das länger überlegen als ich, aber dann doch zu einer ähnlichen Einschätzung kommen, was meine Person betrifft. Die Tatsache, dass man ihn lange kennt, bedeutet nämlich nicht unbedingt, dass man ihn auch gut kennt. Ich kann Ihnen aber versichern, dass Sie alles, was Sie an Günther Jauch mögen, zu Recht mögen.

Er bringt mich mit seiner Selbstbescheidung zwar manchmal zur Weißglut, gleichzeitig bewundere ich ihn dafür, weil sie mir an vielen Stellen fehlt. Ich schaffe es immer, so viele Glücksbausteine heranzuschleifen, dass ich mich damit problemlos einmauern kann. Günther wiederum traut seinem Glück auch dann nicht, wenn es ihm in geradezu unverschämter Weise hinterherläuft. Er ist der einzige Mensch, auf den ich eigentlich neidisch sein könnte. In allen Umfragen einschließlich »Sexappeal« liegt er verbindlich vor mir. Sein Kontostand ist in der Gesamtabrechnung vermutlich wesentlich höher als meiner, aber seine Töchter sind trotzdem weniger anspruchsvoll als meine Söhne. Während ich aus dem Quotenolymp ausziehen musste, thront er dort gleich bei zwei Sendern mit seinem Sonntagstalk und dem nicht totzukriegenden Millionärsquiz. Er müsste eigentlich ein wesentlich glücklicherer Mensch sein als ich, wenn er das alles auch so sehen würde, aber es liegt fast immer, wenn ich ihn treffe, irgendein Schatten auf seinem Dasein.

Am besten beschreibt eine kleine Anekdote unsere unterschiedliche Denkungsart: Mein Sohn kam mit einer fehlerfreien Arbeit aus der Schule, in der ich hinterher doch noch ein paar vom Lehrer unentdeckte Patzer fand. Fein säuberlich haben wir gemeinsam unter meiner frevelhaften Regie nachgebessert, damit nicht noch im Nachhinein irgendwas an der guten Benotung verrutschen konnte. Günther hingegen reagierte in einem anderen Fall mit Unverständnis auf die Tatsache, dass seine Tochter für eine Arbeit mit mehreren Fehlern eine Eins bekommen hatte. Statt seiner Tochter zu gratulieren, stellte er die pädagogische Befähigung der Lehrkraft infrage.

Außerdem sieht er in meinem Hang zur Exotik, auch wenn er ihn amüsiert zur Kenntnis nimmt, immer sofort den Quell möglicher Probleme. Kaufe ich ein Schloss, sieht er schon die Zugbrücke klemmen, mein alter Rolls-Royce hat wahrscheinlich Rost im Boden, und mein Haus in Kalifornien steht sicher nur bis zum nächsten Erdbeben. Das hat zur Folge, dass ich ihn meist meines Glücks versichere und ihm sein eigenes Elend auszureden versuche. Wenn er sich von den ARD-Fürsten mit der Themenauswahl seines Sonntagabendtalks gepiesackt sieht, muss ich ihn daran erinnern, dass sie mich dort längst rausgeschmissen haben. Und wenn er klagt, dass seine Produktionsfirma viel Stress macht, merke ich an, dass ich deswegen nicht unter Druck stehe, weil ich in Malibu die Füße hochlege, während er in Deutschland den Kopf hinhält. Dann furcht er die Stirn und erzählt mir, dass er sich ernsthaft mit dem Gedanken trägt, demnächst etwas kürzerzutreten. Was er nie tut. Vielleicht hätte er seine Passion in der Winzerei finden können, mit der er sich beschäftigt, seitdem er nach längerem Zögern ein Weingut übernommen hat, das immer schon in den Händen seiner Familie war. Leider ist seine Stimmung seitdem auch noch vom Wetter abhängig.

Familie, Freunde, Weggefährten. Jeder hat sie und liebt sie mal mehr, mal weniger, mal leidenschaftlich, mal wider Willen. In meinem Beruf gibt es noch eine weitere Ebene: die Liebe zum Publikum. Das ist weder Ranschmeiße noch billiges Pathos. Ich bin mir sicher, ich verdanke meinen Erfolg zu einem großen Teil der Tatsache, dass ich meine Zuschauer wirklich in mein Herz geschlossen habe. Für die meisten Menschen werde ich ja erst durch den Druck auf die Fernbedienung zur Wirklichkeit. Wenn dann nur eine leere Plauderhülse auf dem Bildschirm sichtbar wird, wandert der Finger automatisch zum nächsten Knopf. Wer es, wie ich, fast auf dreißig Jahre Fernsehleben gebracht hat, der darf von einer »festen Beziehung« zur anderen Hälfte sprechen, ohne die es in meinem Geschäft nicht geht. Diese andere Hälfte bestand für mich nie aus »den Leuten«, einer anonymen Masse, sondern immer aus Menschen, die ich schon deswegen mochte, weil sie mir eine Chance gaben. Ich konnte mich deswegen nie an diese »Zielgruppen«-Arithmetik gewöhnen, weil mir jeder Zuschauer gleich viel bedeutet. Ob alt oder jung, krank oder gesund, hübsch oder hässlich, arm oder reich.

Über die Jahrzehnte ist daraus eine gegenseitige Beziehung geworden, und ich habe langsam das Gefühl, jedem Einzelnen meiner Zuschauer schon irgendwann einmal persönlich begegnet zu sein. Die meisten davon haben keinen Zweifel daran gelassen, dass sie mich auch gerne in den Arm nehmen würden. Viele haben es getan, und ich habe es zugelassen. Ich finde, das geht in Ordnung.

P.S. I LOVE YOU

Beatles

Es gibt Menschen, die Bücher wie dieses nur kaufen, um festzustellen, ob sie darin vorkommen. Ich entschuldige mich bei allen, die jetzt enttäuscht sind. Bedanken möchte ich mich bei Else Buschheuer, die meinen ersten Versuch als Autor geduldig und freundschaftlich betreut hat. Sie hat mich vor inhaltlichem Unsinn bewahrt, von gedanklichen Irrwegen zurückgeholt und nebenbei eine Million Kommafehler verhindert. Von dem Schock, eine Mail von Botho Strauß in meinem Spamordner gefunden zu haben, hat sie sich inzwischen hoffentlich erholt. Dank auch an Stefan Kuzmany von *Spiegel Online*, der die Entstehung dieses Buches kritisch und wohlwollend begleitet hat, obwohl ich ein völlig anderes mit ihm geplant hatte. Zofia Smolna hält mein Elternhaus in einem Zustand, als sei meine Mutter nur kurz einkaufen, und jedes Mal, wenn ich nach Kulmbach komme, liegen frische Krupnioks im Kühlschrank. Dobrze!

BILDNACHWEIS